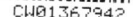

Asia occidental después de Washington
desmantelando el Oriente Medio colonizado

Tim Anderson

Asia Occidental después de Washington:
desmantelando el Oriente Medio colonizado

....

Tim Anderson

....

Traducido del ingles por Marlene Marquez-Obeid

Primera edición en español, 2024

Centre for Counter Hegemonic Studies
https://counter-hegemonic-studies.site/

Versión en inglés publicada por Clarity Press, Atlanta Georgia, 2023
https://www.claritypress.com/product/west-asia-after-washington-dismantling-the-colonized-middle-east/

Tabla de contenido

1. La resistencia de Asia Occidental en un orden global cambiante
2. Aprender del enemigo

Parte 1: El legado de la ambición fallida

3. Las guerras de declive hegemónico
4. Las raíces del fascismo occidental
5. La cultura sionista de la cancelación: darle la vuelta al racismo
6. La carta kurda en Siria
7. La purga de cristianos del "Nuevo Oriente Medio"
8. Dentro de Idlib sirio
9. La traición a Yemen

Parte 2: Recrear el futuro

10. La retirada estratégica de Washington
11. El fantasma de Soleimani
12. El desmantelamiento del apartheid de Israel
13. Siria, asedio y recuperación
14. Un "puente terrestre iraní" hacia China
15. La economía de resistencia y la integración regional de Irán
16. El desafío de la multi-polaridad
17. ¿Por qué Asia Occidental después de Washington?

1. La resistencia de Asia Occidental en un orden global cambiante

A medida que fracasan las múltiples guerras de Washington por un "Nuevo Oriente Medio" (NOM), el orden global se está volviendo contra el gigante norteamericano. China no sólo está desplazando a los Estados Unidos como centro productivo y económico del mundo, sino que nuevas organizaciones globales están compitiendo con las creadas por los angloamericanos. Este libro sostiene que es en ese contexto global donde debemos entender la trayectoria de los países árabes e islámicos del "Oriente Medio", ahora llamado a menudo "Asia Occidental".

La resistencia sostenida a las intervenciones del NOM obligó a Washington a retirarse parcialmente de Asia Occidental. En 2019, la administración Trump retiró parte de la ocupación estadounidense del norte de Siria, mientras que su fallida guerra contra Yemen llevó a la búsqueda de conversaciones de paz. A pesar de las medidas de Trump para consolidar el dominio israelí sobre los territorios palestinos, surgieron múltiples informes que calificaban al régimen israelí como un Estado de apartheid que debía ser desmantelado (CCHS 2022); eso, a su vez, incitó al conflicto entre los sionistas liberales y la facción abiertamente fascista que ahora gobierna Tel Aviv. Frustrado por los aparentes avances del bloque liderado por Irán, en enero de 2020 Trump asesinó a los principales héroes nacionales iraníes e iraquíes, Qassem Soleimani y Abu Mahdi al Muhandis, imaginando que así podría decapitar la resistencia regional. En cambio, lo que surgieron fueron llamados generalizados para la eliminación de la presencia militar estadounidense de toda la región. Las facciones iraquíes se unieron por primera vez para exigir la retirada de la ocupación estadounidense, mientras que las facciones de la resistencia palestina reconocieron abiertamente su deuda tanto con Soleimani como con Irán. En 2021, la administración Biden llevó a cabo una retirada caótica y humillante de 20 años de ocupación de Afganistán, provocando conmociones en todos los demás colaboradores estadounidenses en la región, desde los separatistas kurdos hasta los israelíes.

Al mismo tiempo, la desilusión global con las instituciones occidentales lideradas por EE.UU. había ido creciendo, lo que llevó a la creación de contrapartes del este y del sur. En América Latina, el ALBA, UNASUR y la CELAC llenaron un vacío regional dejado por el rechazo popular al proyecto del Área de Libre Comercio de las Américas (ALCA) de Washington. China se unió a la Organización Mundial del Comercio (OMC) en 2001 pero, insatisfecha con la gobernanza tanto de la OMC como del FMI, formó la Organización de Cooperación de Shanghai (OCS) y se unió a Rusia y otros países del cada vez más popular grupo BRICS (Devonshire-Ellis 2022). La expansión de las guerras apadrinadas por Estados Unidos y las medidas coercitivas unilaterales ("sanciones") finalmente llegaron a Rusia y China. Estados Unidos, en declive económico, imaginó que podía actuar impunemente contra sus supuestos rivales. Eso sólo añadió impulso al contrapeso en la reestructuración global y a la búsqueda de alternativas al dólar. Todo esto tiene implicaciones importantes para los Estados y pueblos independientes de Asia Occidental.

Sin embargo, en los círculos occidentales, el mundo se ve más a menudo en términos del "excepcionalismo" estadounidense. Muchos escritos sobre relaciones internacionales, y sobre "Oriente Medio" en particular, implican que los principios de "soberanía" y "no intervención" de la Carta de las Naciones Unidas están subordinados a la necesidad de una gran potencia hegemónica para "estabilizar" y, sugieren, así traer un orden necesario al mundo. Esa gran potencia, ya sea representada o dirigida por los Estados Unidos de América, no puede estar sujeta a las mismas reglas que las demás. Estas ideas se ven reforzadas por siglos de privilegio angloamericano.

Este libro adopta un enfoque distinto, utilizando como punto de partida el derecho de los pueblos a la autodeterminación y la consiguiente necesidad de que los Estados poscoloniales construyan sistemas sociales fuertes e independientes frente al implacable poder hegemónico. Se necesitan Estados independientes fuertes para construir y luego defender políticas distintas, como el control de los recursos nacionales y los servicios públicos. La historia ha demostrado que los Estados independientes débiles son fácilmente desestabilizados y destruidos; los que sobreviven son tildados de "dictaduras" por hacer frente a los dictados imperiales. Para estudiar dicha resistencia es necesario un enfoque contra-hegemónico, donde las voces, experiencias y alianzas de los pueblos independientes importen.

Este es mi tercer trabajo de investigación sobre la región de Asia Occidental. *La guerra sucia en Siria* (Anderson, 2016) se propuso exponer la masiva guerra apadrinada contra el pequeño pero resistente Estado-nación sirio, el régimen más secular y pluralista de la región. Después de eso, *El eje de resistencia: Hacia un Oriente Medio independiente* (*Axis of Resistance: Towards an Independent Middle East*; Anderson 2019) argumenta que las múltiples guerras contra el pueblo de Palestina, El Líbano, Siria, Irak, Irán y Yemen sólo pueden entenderse como una única guerra regional. En este volumen, *Asia Occidental después de Washington: a desmantelar el Oriente Medio colonizado*, sostengo que aspectos importantes del futuro de la región, en el contexto global cambiante, pueden evaluarse razonablemente a partir sobre las pruebas de las tendencias actuales, sin recurrir mucho a la especulación.

Este libro da por sentado –ya que se ha argumentado y bien documentado en los dos anteriores– que a principios de siglo Washington lanzó una serie de invasiones y guerras apadrinadas contra todos los pueblos y Estados independientes de la región en nombre de la creación de un 'Nuevo Oriente Medio'. Esa ofensiva implicó un ataque masivo de propaganda y el uso de grandes ejércitos terroristas sustitutos, especialmente grupos islamistas sectarios armados y financiados por Washington y sus aliados regionales, especialmente Arabia Saudita, Qatar, Turquía e Israel. La resistencia a esa guerra regional condujo a la formación de un bloque regional flexible liderado por Irán, que ahora está estableciendo relaciones más sustanciales con los bloques contra-hegemónicos más amplios liderados por China y Rusia, en particular los BRICS y la Organización de Cooperación de Shanghai (OCS).

Entre otras cosas, esta alianza está haciendo realidad lo que la inteligencia norteamericana ha temido durante mucho tiempo y ha denominado un "puente terrestre iraní", que se extiende hasta el Mediterráneo en el oeste y hasta la China en el este (Stratfor 2011). Ese vínculo entre Asia Oriental y Europa se centra en Irán, el Estado independiente más grande del llamado "Oriente Medio". Desde una perspectiva sionista, se cree que este "puente terrestre" representa, "a largo plazo, la amenaza existencial más grave para Israel" (Milburn 2017: 35) porque forma un frente de resistencia unido en apoyo del pueblo palestino colonizado.

Por otra parte, la integración territorial del Mediterráneo a China representa una gran esperanza para los pueblos independientes de la región, y especialmente para los pueblos de Palestina, El Líbano, Siria, Yemen, Irak e Irán, que han sido divididos por las invasiones, guerras apadrinadas, ocupaciones y asedio económico durante décadas. Los enlaces por carretera, ferrocarril, energía y comunicaciones que otras naciones persiguen han sido negados a los pueblos de Asia Occidental bajo una implacable estrategia de "divide y vencerás" encabezada por los Estados Unidos. Se han utilizado contra ellos agencias como la OTAN, la Unión Europea, el FMI, el Banco Mundial y el sistema SWIFT. Esto ayuda a explicar por qué hay tanto entusiasmo en Asia Occidental por la reestructuración global representada por los BRICS y la OCS.

Naturalmente, existen diferencias y asimetrías sustanciales en ideología e historia entre los pueblos y Estados de Asia Occidental. Irán representa la más religiosa de todas las naciones independientes y Siria la menos, pero eso no ha impedido altos niveles de cooperación. De manera similar, los Estados sirio e iraní resistieron el ataque occidental mientras los Estados iraquí y afgano fueron aplastados, el movimiento democrático en Bahréin fue aplastado, el Estado libanés sigue paralizado desde su nacimiento, mientras que en Yemen surgió una revolución única. Es cierto que una resistencia exitosa genera voluntad política a más largo plazo, mientras que las derrotas históricas la aplastan. Sin embargo, todas estas naciones comparten una historia, una cultura y unos principios comunes de coexistencia, cooperación y desarrollo autónomo.

Los acontecimientos políticos económicos y las alianzas regionales de Asia Occidental, como en otros lugares, tienen mucho que ver con historias únicas y poco que ver con el idealismo externo. Este simple hecho pasa desapercibido en muchas polémicas occidentales, que hablan puerilmente de "buenos versus malos" y confunden el apoyo a la independencia y la autodeterminación con la adulación de una cultura de resistencia particular. Este escritor ha tenido que aclarar y resaltar, por ejemplo, el apoyo al papel de liderazgo de Irán en Asia Occidental en términos estratégicos (ver gráfico uno). En otras palabras, no es necesario ser musulmán ni fanático de los Estados religiosos para apreciar el importante papel de contrapeso desempeñado por el Irán revolucionario.

• • • •

> This person, who would not vote for any religious state, is a strategic supporter of the **Islamic Republic of Iran** because:
> - The **Iranian Revolution** kicked out a foreign power which had crippled the country and prevented independent development;
> - The leadership of this Revolution was and remains **Islamic**;
> - **Iran** has invested in its people, making massive advances in the health and education of its girls and boys (per UNDP);
> - **Iran** directly supports the resistance of the independent peoples and states of the region - **Palestine, Syria, Iraq, Yemen, Lebanon** - for the most part without sectarian consideration;
> - **Iran** leads a **West Asian Alliance** with the best chance of liberating the region from US-Israeli-Saudi zionism and terrorism.

Gráfico uno: ¿Por qué solidarizar con Irán?

La resistencia importa, y la resistencia de Asia Occidental se ha regionalizado y globalizado en respuesta a las intervenciones hegemónicas. Sostengo que las historias particulares de esta resistencia son importantes y deben considerarse junto con el orden global cambiante. Con esa lógica, este libro se divide en dos partes: la primera, que traza la evolución de la historia política del conflicto regional, y la segunda, que mira hacia el futuro.

En la primera parte: El legado de la ambición fallida, "Las guerras de declive hegemónico" vincula el declive económico de los EE.UU. con la mayor amplitud de su guerra (especialmente la guerra apadrinada y económica) en el mundo, destacando algunas doctrinas imperiales revisadas de intervención. En vista del frecuente recurso occidental a pretextos de intervención basados en los "derechos humanos", "Las raíces del fascismo occidental" rastrea la historia de los peores regímenes abusivos desde el colonialismo europeo hasta el fascismo y la colaboración fascista del siglo XX hasta las múltiples guerras del siglo XXI. "La cultura sionista de la cancelación" examina la campaña global que acusa de "racistas" a todos los críticos de la colonia israelí; Se trata de una inversión extraordinaria, ya que el racismo más profundo surge precisamente del colonialismo. "La carta kurda" en Siria muestra el uso del separatismo kurdo como una herramienta adicional de intervención y fragmentación, utilizando falsas afirmaciones de autodeterminación que son paralelas a las de los colonos israelíes.

Los kurdos son una de varias minorías en el noreste de Siria, con la facción separatista dirigida por kurdos turcos. El capítulo "La purga de cristianos del 'Nuevo Oriente Medio'" trata de un fenómeno que se menciona a menudo pero que no se comprende bien. Explica cómo las intervenciones occidentales han desplazado a las antiguas comunidades cristianas del mundo árabe y musulmán. Dentro de Siria, Idlib ofrece una visión de la liberación parcial de esa provincia al noroeste de Siria de los grupos armados patrocinados por la OTAN y afiliados a Al-Qaeda, un proceso prolongado por las amenazas de escalada de la OTAN. Finalmente, "La traición a Yemen" traza la única revolución real que surgió de la llamada Primavera Árabe, pero que ha sido traicionada por la mayor parte de la comunidad internacional. Mientras que el asedio económico a Siria, El Líbano, Irak e Irán emplea medidas coercitivas unilaterales, en violación del derecho internacional, las sanciones al gobierno revolucionario y a la mayoría del pueblo de Yemen han sido plenamente respaldadas por el Consejo de Seguridad de la ONU.

La segunda parte: "Recrear el futuro" comienza con una breve reseña de la "retirada estratégica de Washington" de la región de Asia Occidental, seguida de un capítulo sobre el legado del asesinado comandante iraní Qassem Soleimani, ya que el fantasma de Soleimani todavía acecha a la ocupación extranjera. Basado en pruebas y trayectorias, el capítulo "El desmantelamiento del apartheid de Israel" considera la lógica que impulsa la desaparición de la colonia israelí, sugiriendo que su disolución llegará antes de lo esperado pero con la participación de aquellos sionistas liberales descontentos. Sin embargo, ni siquiera la igualdad de derechos para los palestinos en su propia tierra resolverá automáticamente las cuestiones de los crímenes de guerra, el robo de tierras y los refugiados. "Siria, asedio y recuperación" explica el cruel bloqueo económico contra Siria que se ha extendido a gran parte de la región, y las perspectivas de recuperación a corto y mediano plazo. "Un puente terrestre iraní hacia China" estudia lo que es, por un lado, el gran temor de los colonos e imperialistas, pero, por el otro, la gran promesa para los pueblos de la región: una amplia reintegración de la región al mundo oriental y meridional. "La economía de resistencia y la integración regional de Irán" estudia los esfuerzos de Irán por convertir en virtud el bloqueo económico que enfrenta, utilizando medidas de asedio estadounidenses para fortalecer la industria nacional, al tiempo que vincula esa "economía de resistencia" con el crecimiento de un bloque regional contra-hegemónico. "El desafío de la multi-polaridad" da un paso atrás para revisar el concepto de "multi-polaridad", cada vez más visto como algo contrario al sueño de Washington de mantener un orden unipolar. "Asia Occidental después de Washington" reúne los hilos clave del libro, junto con algunas reflexiones sobre la idea de larga data de una Federación Levantina.

• • • •

Referencias

Anderson, Tim (2016) The Dirty War on Syria, Global Research, Montreal

Anderson, Tim (2019) Axis of Resistance: towards a new Middle East, Clarity Press, Atlanta

CCHS (2022) 'SIX (6) important reports on Israeli Apartheid', 24 February, online: https://counter-hegemonic-studies.site/israeli-apartheid-6/

Devonshire-Ellis, Chris (2022) 'The New Candidate Countries For BRICS Expansion', Silk Road Briefing, Nov 09, online: https://www.silkroadbriefing.com/news/2022/11/09/the-new-candidate-countries-for-brics-expansion/

Stratfor (2011) 'The Geopolitics of Iran: Holding the Center of a Mountain Fortress', WorldView, 16 December, online: https://worldview.stratfor.com/article/geopolitics-iran-holding-center-mountain-fortress

Milburn, Franc (2017) 'Iran's Land Bridge to the Mediterranean: Possible Routes and Ensuing Challenges', INSS, Strategic Assessment, Volume 20, No. 3, October, online: https://www.inss.org.il/publication/irans-land-bridge-mediterranean-possible-routes-ensuing-challenges/

2. Aprender del enemigo: fallos metodológicos en el análisis de la guerra occidental

"No hay mayor peligro que subestimar a tu enemigo".
Lao Tsé

• • • •

El papel de Washington en al menos ocho guerras del siglo XXI en Oriente Medio (contra los pueblos de Palestina, Afganistán, Irak, Líbano, Libia, Siria, Irán y Yemen) ha sido objeto de acalorados debates entre dos grandes bandos: aquellos (incluido este escritor) que las consideran a todas guerras ilegales, de agresión, y aquellos que imaginan que no están conectadas o las defienden como las medidas policiales necesarias de una hegemonía global.

Sin embargo, este debate está plagado de métodos deficientes y, en particular, de un sesgo estratégico que adopta elementos obligatorios de "lealtad", sin estudiar lo que se consideran hechos y perspectivas "enemigas". Eso paraliza incluso las discusiones más articuladas y aparentemente críticas.

No obstante, no poder leer y comprender al enemigo es peligroso, como dijo Lao Tse hace muchos siglos, lo que lleva a la creación de una cultura ignorante de autoengaño, al "sí, sí" (*Yes man*). La negativa a leer y aprender de un enemigo importante es simplemente un cinismo infantil o ignorante.

Permítanme ilustrar este problema con algunos artículos de las guerras del 'Nuevo Oriente Medio', un artículo sobre Yemen de Bruce Riedel (*Brookings*, 2017), otro sobre Irán de Hassan Hassan (*Politico*, 2020) y una discusión sobre terrorismo de Paul Pilar (Arte de Gobierno Responsable, 2021). Estos están lejos de ser los peores análisis de guerra occidentales, pero todos comparten problemas similares en el método.

1. El elemento obligatorio pero engañoso: la lealtad estratégica

Muchos años después de estas diversas guerras, para "calificar" como discusión sobre la guerra publicable, los colaboradores de las revistas occidentales ofrecen alguna expresión inicial de lealtad al proyecto occidental en general, si no a todas sus tácticas. En la versión más obvia de este fenómeno, el analista se identifica directamente con el Estado que es partido en guerra y habla en primera persona del plural ("nosotros").

Así, Riedel habla de "nuestros enemigos de facto" y pregunta "por qué estamos en guerra" con "los hutíes" (es decir, el gobierno yemení liderado por Ansaralá), mientras que Pillar se refiere a "nuestros aliados" y Hassan a "nuestros adversarios". Éste es un signo inmediato de una orientación sesgada, pero también de un deseo de agradar y así conseguir el apoyo de posibles clientes.

La lealtad se expresa también mediante una temprana denuncia del enemigo. La mayoría de las críticas permisibles de los medios occidentales a Israel, por ejemplo, comienzan con una denuncia de la resistencia palestina o del apoyo iraní a la resistencia. Al menos, la lealtad al poder dominante debe demostrarse sugiriendo algún tipo de equivalencia moral entre ese poder y los otros dominados.

Los objetivos del terrorismo también deberían ser grupos relativamente privilegiados. En el caso de la crítica de Pillar al terrorismo israelí, que en sí misma se aleja de la defensa occidental normal del Estado sionista, elige a las víctimas británicas anteriores del terrorismo israelí, en lugar de los muchos miles de víctimas palestinas contemporáneas y establece una equivalencia moral con la resistencia palestina para legitimar a esta última, que luego suele reducirse a "Hamas" y sus supuestos "cohetes mal guiados". Todo esto es necesario para que el artículo del escritor califique para publicación y consumo en occidente.

La terminología también juega un papel importante a la hora de demostrar lealtad, describiendo al enemigo como un "régimen" (implícitamente ilegítimo) y a la potencia occidental interviniente disfrazada de un supuesto papel estabilizador o de resolución de conflictos.

En este sentido, Hassan habla de la influencia iraní como "un problema para Estados Unidos" y del gobierno sirio como un "régimen". Se dice que las naciones de Oriente Medio están divididas por conflictos sectarios (por ejemplo, suníes contra chiítas) y otras "complejidades". Por otro lado, Washington enfrenta problemas como "aliado estabilizador". Pillar habla de la idea respaldada por Arabia Saudí de repartir (y debilitar) Yemen como una "solución federal".

2. Crítica permitida, dentro del espacio permitido

Teniendo en cuenta el papel estabilizador y de resolución de problemas de Washington, se permiten críticas principalmente en lo que respecta a las tácticas. Aceptar la benevolencia de las prerrogativas hegemónicas es un principio general de calificación. No importa que esto tenga poco que ver con el derecho internacional poscolonial.

Así, Riedel escribe que los Estados Unidos supuestamente busca una "solución política" en Yemen, mientras que Hassan habla de que Washington busca "estabilizar" la región frente a las agendas supuestamente oportunistas de Irán y los saudíes.

Riedel también resaltó a Yemen como un "problema complejo" para el presidente estadounidense Obama, mientras que Pillar coincidió reconfortantemente en que es necesario que Washington "realice negocios" tanto con Israel como con Arabia Saudita, a pesar de su terrorismo. Pero no se plantea ninguna pregunta real sobre qué negocios tiene Estados Unidos al iniciar guerra tras guerra en la región de Oriente Medio.

De hecho, cualquier cuestionamiento serio de los objetivos generales o la estrategia de las intervenciones occidentales probablemente invalidaría o descalificaría el artículo. No se publicaría. Sin embargo, se permiten críticas sobre el fracaso táctico y crónico de las guerras intervencionistas para lograr sus objetivos.

3. ¿Qué se puede aprender del enemigo?

Los medios estatales integrados (que incluyen a la mayoría de los medios corporativos, ya que suelen ser socios clave de los Estados occidentales) suelen alejar a las audiencias masivas de los medios enemigos, particularmente en tiempos de guerra. Muchos analistas también se adaptan a esa prohibición o son víctimas de ella.

En las últimas décadas hemos visto muchas exhortaciones llamandonos a mantenernos alejados de los "medios del régimen" de China, Rusia, Cuba, Venezuela, Irán, Siria, etc. Los medios enemigos del "régimen" a menudo son etiquetados como tales en las redes sociales occidentales. No es así con la BBC, Voice of America, etc. De hecho, el gobierno de EEUU ha estado ocupado eliminando docenas de sitios web iraníes (DOJ 2021) y prohibe o bloquea cuentas de redes sociales rusas (AFP 2021), venezolanas, chinas, cubanas y otras vinculadas a estas diversas naciones "enemigas".

El problema para los analistas de guerra occidentales, que se han visto obligados a adoptar este dictado, es que sus análisis están necesariamente limitados y no abordan o pasan por alto lecciones importantes. En general, es miope ignorar las fuentes "enemigas" porque podrían considerarse "sesgadas" o "poco confiables". Cualquier fuente con información detallada (a diferencia de propaganda y eslóganes) puede ser informativa, si se lee correctamente, al menos de las siguientes maneras.

A. *Concesiones y admisiones*: Las fuentes sesgadas o enemigas, cuando contienen información detallada, pueden proporcionar información significativa sobre asuntos particulares. Si bien las concesiones pueden ayudar a evitar debates inútiles e interminables, por ejemplo, altos funcionarios estadounidenses admitieron en 2014 que los aliados de Estados Unidos estaban financiando y armando prácticamente a todos los grupos terroristas de Oriente Medio, incluido ISIS, en apoyo a los esfuerzos de Estados Unidos para derrocar al gobierno sirio (HOS 2020).)—Fuentes sirias e iraníes lo han dicho desde hace algunos años. Las admisiones estadounidense ayudaron a exponer la farsa.

B. *Alertas de información y argumentos*: Las fuentes hostiles o "poco confiables" pueden alertarnos sobre información o argumentos notables, incluida la información fáctica independiente, además de permitir el descubrimiento de vulnerabilidades en los argumentos enemigos. Cualquier investigador u observador serio debe permanecer abierto a la posibilidad de que la información procedente de fuentes hostiles puede ser correcta y valiosa, al menos en algunos asuntos concretos, para poder proporcionar análisis más precisos. Los medios israelíes, por ejemplo, lo entienden bien y han hecho que las declaraciones del líder de Jezbolá, Jasan Nasrala, sean de lectura prácticamente obligatoria, mientras que el hombre está efectivamente prohibido en muchos otros medios occidentales, incluidas las redes sociales (Anderson 2019).

La lección para los analistas –y de hecho tanto para las publicaciones que los limitan como para los formuladores de políticas que recurren a ellas para su propia comprensión y formulación de políticas– debería ser cómo leer inteligentemente las fuentes "enemigas", en lugar de evitarlas. Esto debe hacerse respetando los principios, utilizando herramientas forenses tradicionales y reconociendo al mismo tiempo el interés propio. Esto requiere desarrollar la capacidad de distinguir entre declaraciones egoístas y admisiones contra intereses, una distinción común en el derecho.

El aprendizaje en este sentido tiene más que ver con observar el detalle del argumento y la evidencia particular, y menos con la adopción y recitación de conclusiones.

Referencias

AFP (2021) 'Russia Demands Explanation From Facebook Over Blocked Accounts', The Moscow Tines, 4 March, online: https://www.themoscowtimes.com/2021/03/04/russia-demands-explanation-from-facebook-over-blocked-accounts-a73152

Anderson, Tim (2019) 'Nasrallah: Banned in the West but Mandatory Viewing in Israel', Tajammo3, 22 July, online: https://www.tajammo3.org/24388/nasrallah-banned-in-the-west-but-mandatory-viewing-in-israel.html

DOJ (2021) 'United States Seizes Websites Used by the Iranian Islamic Radio and Television Union and Kata'ib Hizballah', The United States Department of Justice, 22 June, online: https://www.justice.gov/opa/pr/united-states-seizes-websites-used-iranian-islamic-radio-and-television-union-and-kata-ib

HOS (2020) 'Syria by admissions – revisited', Hands Off Syria, 13 November, online: https://www.youtube.com/watch?v=fjtdJX2gVmI

Hassan, Hassan (2020) 'The Middle Eastern Problem Soleimani Figured Out', Politico, 1 December, online: https://www.politico.com/news/magazine/2020/01/12/iran-middle-eastern-problem-soleimani-figured-out-097350

Pillar, Paul R (2021) 'How we conveniently ignore the 'terrorists' among our allies', Responsible Statecraft, 15 June, online: https://responsiblestatecraft.org/2021/06/15/lazy-use-of-the-terrorist-label-makes-for-bad-foreign-policy/

Riedel, Bruce (2017) 'Who are the Houthis and why are we at war with them?', 18 December, online: https://www.brookings.edu/blog/markaz/2017/12/18/who-are-the-houthis-and-why-are-we-at-war-with-them/

Parte 1: El legado de la ambición fallida

3. Las guerras de declive hegemónico

Gráfico uno: cementerio de aviones de guerra, Arizona

Las nuevas guerras fallidas en Oriente Medio patrocinadas por Washington se entienden mejor en el contexto del aumento más amplio del conflicto global, provocado principalmente por la ansiedad de Estados Unidos de perder su supuesto lugar dominante en el mundo. Las luchas y los realineamientos en Asia Occidental se ven mejor como parte de una serie más amplia de guerras híbridas del siglo XXI, incluidas las guerras económicas, vinculadas a este fallido proyecto hegemónico norteamericano.

Existen varios informes recientes sobre la escalada de violencia impulsada por Estados Unidos (Turse y Speri 2022; TUFTS 2022; Kushi y Toft 2022), principalmente a través de guerras patrocindas. Un estudio reciente señala que los Estados Unidos "intervino militarmente más de 200 veces después de la Segunda Guerra Mundial" y 100 veces "durante la era posterior a la Guerra Fría". Contrario a muchos de sus objetivos declarados, EEUU tiende a intervenir "en países con niveles más altos de democracia" (Kushi y Toft, 2022).

Mientras subvertía a los Estados latinoamericanos independientes, Washington respaldó golpes e invasiones en el norte de África, impulsó múltiples guerras en Asia Occidental en nombre de un "Nuevo Oriente Medio" y siguió obsesionado con bloquear los vínculos entre Europa y Asia. Con docenas de países sujetos a "sanciones" unilaterales y con siniestras amenazas contra terceros Estados que se niegan a cumplir con la última guerra de asedio, el viejo orden neoliberal está perdiendo su brillo liberal.

¿Hacia dónde conducen estas guerras? ¿Habrá una guerra entre Estados Unidos y China, como sugieren los defensores de la "trampa de Tucídides" (Allison 2017)? La globalización del conflicto puede significar que eso podría no suceder, pero ya hay docenas de guerras patrocinadas por los Estados Unidos (Turse y Speri 2022; TUFTS 2022). Este capítulo sostiene que la mayoría de estos están impulsados por el miedo de la potencia hegemónica en declive de perder su lugar dominante en el mundo (Cooley y Nexon, 2020). Los múltiples intentos de debilitar, desestabilizar y dividir a rivales y Estados independientes giran en torno a esa preocupación.

Las administraciones de Trump y Biden representan variaciones tácticas de esta misma estrategia, para salvar el gobierno "excepcional" de los Estados Unidos. Los republicanos han tendido a enfatizar su rivalidad con China, mientras que los demócratas mantuvieron un mayor enfoque sobre Rusia. Sin embargo, la motivación general sigue siendo la misma. Irán es visto como un objetivo común (Porter 2015), ya que lidera la coalición de Estados y pueblos independientes de Asia Occidental: Palestina, Siria, Yemen y las fuerzas de resistencia en el Líbano e Irak. Venezuela desempeña un papel similar al de Irán, al apoyar a los Estados independientes en las Américas. Otros Estados que amenazan con desobediencia o normalizan con "polos" de poder independientes han sido objeto de presión o sanciones. En el sur de Asia, por ejemplo, India y Pakistán son presionados (Pasricha 2022; Gul 2022) por su renuncia a participar en la última guerra híbrida contra Rusia.

¿Qué conecta el declive económico de los EEUU con esta mayor amplitud de la guerra en el mundo? Veámoslo paso a paso: el declive estadounidense, aumento del conflicto y vínculos entre ambos. Luego hay algunas doctrinas revisadas de intervención.

1. EEUU en descenso, más guerra

Es ampliamente aceptado que la economía estadounidense está en relativo descenso, en comparación con otras economías en ascenso, principalmente la China. Desde su estudio histórico, Kennedy (1987: 438-439) argumentó que la fuerza de las grandes potencias es siempre relativa a sus competidores potenciales y está vinculada a los recursos y la productividad económica. La mayoría de estos imperios (Estados fuertes con proyectos de dominación mucho más allá de sus fronteras) terminan sufriendo extralimitaciones y un declive relativo. En consonancia con este patrón, las exportaciones y la manufactura en EEUU disminuyeron notablemente en los años 1980, mientras que la deuda federal y el gasto deficitario crecieron; estos son indicadores típicos de retroceso económico (Kennedy 1987: 432, 526). De manera similar, Bernstein y Adler (1994) señalan el estancamiento de la economía estadounidense en la década de 1990, acompañado de "la caída de los salarios reales, el lento crecimiento de la productividad y la pérdida de competitividad internacional en las principales industrias". Incluso los medios estatales estadounidenses (VOA 2022) reconocen el creciente consenso: China superará a los EEUU como la economía más grande y poderosa en unos pocos años. Estudios del grupo de investigación británico *CEBR* muestran que el tamaño de la economía de China superaría a la estadounidense en 2030 y la dinámica de su infraestructura internacional también la dejaría "en mejor posición" (CEBR 2022). Esto es antes de que se realice cualquier ajuste de precios en términos de paridad de poder adquisitivo (PPA). Según esta medición, China ya ha superado a los EEUU.

El deterioro del poder económico norteamericano se remonta a finales de los años sesenta. Sin embargo, Washington mantuvo su influencia global a través del dólar y las instituciones posteriores a la

Segunda Guerra Mundial –la OTAN, el FMI, Banco Mundial y la OMC– que aún domina (Shor 2010: 65). No obstante, un informe del Consejo Nacional de Inteligencia de 2008 predijo que "la fuerza relativa de Estados Unidos –incluso en el ámbito militar– disminuirá y su influencia se volverá más limitada" (Consejo Nacional de Inteligencia 2008: vi).

Se comenta sobre este declive relativo y el ascenso económico simultáneo de China como la "trampa de Tucídides", basándose en las observaciones del historiador griego Tucídides sobre la rivalidad y la guerra preventiva entre Atenas y Esparta. Esta "trampa" –también llamada "teoría de la guerra hegemónica" (Gilpin 1988)– podría ser un lente útil para comprender las relaciones entre EEUU y China hoy (Allison 2017). Allison estudió dieciséis rivalidades de este tipo a lo largo de los últimos 500 años y concluyó que la guerra estalló en 12 de ellas. Se dice que los elementos "intrínsecos" de un Estado hegemónico (por ejemplo, una moneda sobrevaluada) cambian "la distribución de capacidades" a otros, causando inestabilidad y potencialmente guerra (Gilpin 1981: 109-130; Wohlforth 2014). Layne sostiene que "aceptar la salida unipolar... será la 'gran preocupación estratégica central'" de Estados Unidos en el futuro cercano (Layne 2012: 1, 10). El proceso también ha sido enmarcado como "el mundo multipolar versus la superpotencia" (Schwenninger 2003).

Este dilema surgió cuando Washington imaginó que finalmente había obtenido el dominio que tanto ansiaba en los asuntos mundiales después del colapso de la Unión Soviética en 1991. Con respecto a la posible erosión de esta posición y el comienzo de los dilemas del declive a finales del siglo XX, Zbigniew Brzezinski abogó por un "nuevo tipo" de hegemonía, basándose en ideas de "estabilidad hegemónica". Esta doctrina afirma que el mundo necesita una única potencia dominante para asegurar los "bienes públicos" de la estabilidad y los "mercados libres" (Keohane 1984; Schmidt 1998;

Grunberg 2009). El Pentágono abordó este desafío en 2000 con su doctrina de Dominio de Espectro Completo, que veía la estrategia militar vinculada a la supremacía comunicacional, tecnológica y económica (USDOD 2000; Engdahl 2009). Según esta línea de razonamiento, la principal tarea de la política exterior estadounidense debería ser impedir el surgimiento de nuevos polos de poder, o peor aún, cualquier agrupación de polos de poder, especialmente aquellos que construyen vínculos potencialmente poderosos entre Europa y Asia (Brzezinski 1997). Después de todo, EEUU sigue siendo una potencia americana que, casi por accidente histórico, se afianzó en Europa y Asia.

Empero, el conflicto va en aumento. Las Naciones Unidas (2019) enuncian una "nueva era de conflictos y violencia", mientras que la Universidad de Uppsala (2015) observó un incremento en el número de guerras del siglo XXI. El mayor número de guerras bilaterales desde finales del siglo XIX se atribuye a veces simplemente a un aumento en el número de países (Dunn-Warwick 2011). En términos de fallecidos en guerra, las cifras absolutas disminuyen, con algunos "picos" posteriores a 1945 a principios de los años 50, principios de los 70, mediados de los 80 y en los años posteriores a 2012 (Roser et al 2016). No obstante, la disminución de las guerras entre las grandes potencias – disuadidas por la posesión generalizada de armas nucleares – se ven igualadas por un gran número de guerras patrocinadas impulsadas por Estados Unidos, incluidas más de 100 intervenciones militares estadounidense desde 1999 (TUFTS 2022). La mayoría se justifica con pretextos endebles o ficticios.

A principios del siglo XXI, Washington invadió Afganistán e Irak. Estos formaban parte de una estrategia del "Nuevo Oriente Medio" (Bransten 2006) que preveía que múltiples Estados del Oriente Medio y del Norte de África quedaran bajo el "paraguas" estadounidense. El general Wesley Clark informó que este plan implicaba el derrocamiento de "siete Estados en cinco años...

comenzando con Irak y Siria y terminando con Irán" (Conason 2007). Sin embargo, la forma de las intervenciones cambió, con el surgimiento de ideas de "poder inteligente" (Lewis 2009), que llevaron a múltiples guerras patrocinadas reforzadas por guerras de asedio económico. Esas medidas han sido denominadas engañosamente "sanciones", como si dichas medidas coercitivas unilaterales tuvieran algún fundamento en el derecho internacional. El paso a múltiples guerras apadrinadas semisecretas puede haber evitado la noción de que Estados Unidos y China se dirigían a una guerra directa (Allison, 2017). Sin embargo, podemos trazar el aumento de estas guerras patrocinadas y las guerras económicas, y podemos rastrear las fuentes de la mayoría de ellas hasta Washington y sus aliados.

En 2022, ex altos funcionarios del Pentágono confirmaron que una amplia gama de guerras patrocinadas, bajo el pretexto de "contraterrorismo", se estaban llevando a cabo casi en secreto. Según el Código de Defensa 127e de los Estados Unidos, el ejército estadounidense arma, entrena y proporciona información a fuerzas extranjeras en una amplia gama de países. Sólo entre 2017 y 2022 hubo informes de que se llevaron a cabo al menos 23 operaciones de este tipo, la mayoría en Oriente Medio (Siria, Líbano, Egipto, Irak y Yemen), pero también en África (Níger, Túnez, Libia, Mali, Camerún y Somalia).) (Turse y Speri 2022). Otro estudio documenta más de 100 "intervenciones militares" internacionales de EEUU desde 1999 (TUFTS 2022).

De manera similar, la guerra económica (generalmente denominada "sanciones") se ha convertido en una parte integral de la guerra contemporánea patrocinada e híbrida. Su uso ha crecido enormemente en las últimas décadas (Coates 2019; GAO 2020). Generalmente se practica contra naciones enteras y es necesariamente indiscriminada, pero Washington la considera una "alternativa menos costosa a la intervención militar [directa]"

(Felbermayr et al 2020: 1). Estos regímenes de sanciones se han cuadriplicado desde 1980, con 92 listadas en 1980 y 407 en 2016 (Felbermayr et al 2020: 54). De las 1.102 sanciones enumeradas en una base de datos de sanciones globales desde 1950, sólo 77 (o el siete por ciento) fueron impuestas por las Naciones Unidas; el otro 93 por ciento provino principalmente de EEUU, la UE y sus aliados de Europa occidental (Felbermayr et al 2020: apéndice). Hoy en día las sanciones se discuten en términos norteamericanos y europeos principalmente en cuanto y cuán efectivas son como herramientas de política exterior coercitiva.

Aun cuando las sanciones unilaterales no tienen base en el derecho internacional, ya que normalmente las aplican uno o más Estados en un intento de lograr objetivos políticos mediante la coerción. El derecho internacional prohíbe tal coerción, por el principio de no intervención y una prohibición implícita en la Carta de las Naciones Unidas. Esto se complementa con el derecho consuetudinario y convencional en áreas como el comercio, el transporte marítimo y las telecomunicaciones (Anderson 2019: Capítulo 3). La ilegalidad es obvia cuando hay una "intención ilegal", tal como dañar la economía de otra nación o tomar represalias para imponer un cambio político (Shneyer y Barta 1981: 468, 471-475). Por estas razones, el uso generalizado de "medidas coercitivas unilaterales" (MCU) se convirtió en un tema de preocupación en las Naciones Unidas a finales de la década de 1990 (ACNUDH 2020). El Relator Especial de la ONU sobre el impacto de las MCU en los derechos humanos ha informado que la ilegalidad estaba generalizada en estas "sanciones" unilaterales. Los principales infractores fueron los Estados de la OTAN. La mayoría de las MCU dañaron "indiscriminadamente" a poblaciones enteras y las sanciones secundarias contra terceros también dañaron los derechos humanos (ACNUDH 2021).

Las MCU a menudo están vinculados a intervenciones y guerras patrocinadas. No es coincidencia que las MCU de los EEUU contra Irán, Irak, Siria, Líbano y Yemen se correlacionen con las guerras indirectas que Washington libra contra estos mismos países (ver Tabla 1). Esta forma de guerra patrocinada también se correlaciona con el uso declarado por parte de EEUU del "poder inteligente", donde los representantes hacen la guerra y terceros pagan por ella (Barzehar 2008). Esta guerra híbrida a menudo se basa en pretextos de "derechos humanos".

Si nos fijamos en los países contra los que Estados Unidos y la UE han aplicado sanciones unilaterales, sólo en algunos casos hay paralelos entre las resoluciones de la ONU y el derecho internacional. El Cuadro 1 da una idea del alcance de estas MCU. El panorama se complica por el hecho de que las sanciones del Consejo de Seguridad de la ONU son en su mayoría contra individuos y entidades, mientras que las MCU de Washington son más a menudo contra países enteros. En el caso de Siria, por ejemplo, existen sanciones del Consejo de Seguridad de las Naciones Unidas contra algunas personas (de la República Popular Democrática de Corea y ciertos grupos terroristas), pero ninguna sanción de la ONU contra el Estado sirio (CSNU 2022); A pesar de carecer de la aprobación del Consejo de Seguridad de la ONU, EEUU y la UE imponen poderosas MCU contra el Estado y el pueblo sirio.

Table 1: Countries 'sanctioned' by the U.S.A and the E.U.		
	No.	Of which:
USA	20	**Non-UN**: Balkans (6 countries), Belarus, Burundi, Cuba, Nicaragua, Syria, Ukraine, Venezuela, Zimbabwe
EU	34	**Non-UN**: Belarus, Bosnia & HZ, Burundi, China, Egypt, Guinea, Haiti, Maldives, Moldova, Montenegro, Myanmar (Burma), Russia, Serbia, Syria, Tunisia, Ukraine, USA, Venezuela, Zimbabwe
UN	16	**UN backed**: Afghanistan, CAR, DR Congo, Eritrea, Guinea-Bisseau, Iran, Iraq, Lebanon, Libya, Mali, DPRK (Nth Korea), Somalia, South Sudan, Sudan, Yemen
Sources: European Union 2019, US Dept. of Treasury 2019a, UNSC 2022		

Tabla 1: Países "sancionados" por EE.UU. y la UE

Este aumento en conflictos y guerras no es simplemente "técnico" – sobre el cambio climático o por fuentes hídricas (BBC 2021; Vohra 2021)– sino que más bien tiene sus raíces en las dinámicas de poder social, principalmente en las ambiciones hegemónicas. Se trata de un patrón de conflicto bastante distinto de las grandes guerras del siglo XX, en las que grandes potencias e imperios entablaron enfrentamientos directos. La forma actual de guerra parece sustituir ese patrón anterior.

2. Doctrinas revisadas de intervención

Una mayor participación en guerras y en guerras patrocinadas daña el barniz de la "democracia occidental", a pesar de los nuevos pretextos para la intervención. Luego de la Segunda Guerra Mundial un nuevo conjunto de normas poscoloniales pareciera haberse establecido. Primero, la Carta de las Naciones Unidas (1945) reconoció un sistema de Estados soberanos, teóricamente iguales, con leyes que prohibían la intervención, en nombre de asegurar la paz y prevenir la guerra. En segundo lugar, las normas de descolonización fueron afirmadas e incorporadas, como "el derecho de los pueblos a la autodeterminación", en los dos Pactos Internacionales sobre derechos humanos (1966). Las sociedades humanas y el desarrollo humano dependen de estructuras sociales responsables y participativas, pero esas estructuras y procesos siempre resultan dañados por las intervenciones extranjeras.

A principios del siglo XXI, el Departamento de Estado de EEUU impulsó una nueva doctrina de "responsabilidad de proteger" (RdP) a través de un comité en la Organización de las Naciones Unidas (ONU). La Comisión Internacional sobre Intervención y Soberanía del Estado planteó en 2001 la idea de "soberanía como responsabilidad", centrándose en la violencia dentro de los Estados débiles o frágiles. La Cumbre Mundial del 2005 declaró que los Estados tenían la responsabilidad de prevenir grandes crímenes, pero si no lo hacían, la comunidad internacional debería estar "preparada para tomar medidas colectivas... a través del Consejo de Seguridad" (ONU 2005: 138-139). Gran parte de este texto fue adoptado en la resolución 1674 del Consejo de Seguridad de la ONU al año siguiente (CSNU 2006).

Sin embargo, como pronto se demostró, en esencia la RdP es una doctrina imperial que busca normalizar la guerra y mejorar las prerrogativas de las grandes potencias para intervenir. Edward Luck argumentó que no existe una contradicción necesaria entre esta doctrina y la soberanía estatal. Empero, admitió que las ideas de RdP "podrían ser utilizadas por Estados poderosos... para justificar intervenciones coercitivas emprendidas por otras razones" (Luck 2009: 17). De hecho, la RdP no cambió fundamentalmente el derecho internacional, pero sí atrajo mayor atención a los poderes de intervención del Capítulo VII del Consejo de Seguridad. La doctrina promueve "una nueva norma de derecho internacional consuetudinario" (Loiselle 2013: 317-341), sugiriendo incluso una obligación de intervenir. Esa es una distorsión grave.

La innovación en la doctrina de intervención proviene principalmente del lado liberal de la política estadounidense, que ha sido más innovador en la creación de lagunas jurídicas "excepcionales". La repulsión generalizada ante la invasión de Irak en 2003 con un pretexto notoriamente falso sobre la existencia de armas de destrucción masiva (Hoeffel, 2014) empujó a los liberales estadounidenses a tomar aún más la iniciativa. Se necesitaba mayor legitimidad para el proyecto del Nuevo Oriente Medio. Las guerras de información y la guerra irregular utilizando grupos terroristas sustitutos adquirieron mayor importancia. Este enfoque multifacético se basó en las nociones de intervención humanitaria y dominio de espectro completo (USDOD 2000).

Las guerras de información impulsaron lo que podríamos llamar "propaganda vejatoria": narrativas morales insistentes que buscan imponer límites al debate público. Los principales agentes de esto son los medios corporativos y estatales occidentales y aliados, complementados por una serie de ONG con fines especiales y financiadas por el Estado. Las grandes ONG como los Observadores de DDHH (*Human Rights Watch -HRW*) y Amnistía Internacional, con sede en EEUU, poseen poca rendición de cuenta, naturaleza participativa o independencia contrario a las ONG tradicionales de base comunitaria. Son corporaciones narrativas que se han integrado en el Departamento de Estado de Estados Unidos y su élite de política exterior asociada. Amnistía Internacional gasta alrededor de 280 millones de euros al año (Amnistía 2017); Observadores de DDHH, estrechamente alineado con el lado demócrata de la política estadounidense, cuenta con más de 220 millones de dólares en activos (*HRW* 2017: 5). Otras agencias más específicas, creadas específicamente para las guerras del Nuevo Oriente Medio, también han recibido cientos de millones de dólares de esos mismos Estados poderosos (ver Anderson 2018).

La guerra híbrida contemporánea se basa así en el idealismo liberal, aunque distorsionado hacia fines hegemónicos tradicionales (Anderson 2022): elevar la misión del agresor y descalificar la resistencia, en particular de los gobiernos estatales existentes que defienden sus propios territorios y pueblos soberanos. Incluye cooptar las normas populares contemporáneas de derechos humanos y subsumirlas en un lenguaje imperial-modernista, de modo que todos esos problemas de derechos humanos sean globalmente responsabilidad de Occidente para protegerlos. La delicada cuestión del derecho a la autodeterminación de los pueblos y las naciones se derrumba así en insistentes narrativas de Estados "fracasados" o "frágiles", de los cuales esos pueblos deben ser rescatados de sus propios "dictadores", hayan tenido o no sido elegido democráticamente.

Este abuso abierto de la doctrina RdP causó cierta consternación académica, y los analistas dijeron que la desastrosa intervención de la OTAN en Libia (Kuperman 2015) socavó la idea de la "norma" RdP, ya que la OTAN pasó de imponer una "zona de exclusión aérea" a atacar abiertamente la gobierno libio, "traicionando" así la confianza de la ONU mediante una intervención partidista (Dunne y Gelber 2014: 327-328). Brown estuvo de acuerdo y dijo que la intervención en Libia demostró que la sugerida 'naturaleza apolítica' de la responsabilidad de proteger "es una debilidad, no una fortaleza... la suposición de que la política puede ser eliminada del panorama es promover una ilusión y, por lo tanto, invitar a la desilusión" (Brown 2013: 424-425). La doctrina perdió su brillo intelectual pero a nivel popular tuvo un éxito considerable. A muchos liberales occidentales pareciera gustarles la idea de "salvar" a otros pueblos de sus propios sistemas sociales, y muy pocas organizaciones de medios occidentales denunciaron la idea inverosímil de que EEUU y sus aliados hubieran intervenido en Libia, Siria e Irak para luchar contra los mismos grupos terroristas. que sus 'aliados cercanos' habían admitido haber financiado y armado (Biden en RT 2014; Usher 2014; Dempsey en Rothman 2014). Ciertamente, las largas guerras patrocinadas contra Irak y Siria atrajeron mucho menos protesta occidental que las invasiones anteriores. La idea de "los salvadores occidentales" se comercializó con éxito.

No obstante, entre los pueblos objetivo de blanco, las guerras del "Nuevo Oriente Medio" destruyeron millones de vidas humanas, capital humano, estructuras sociales indígenas y procesos de rendición de cuentas, además de causar daños físicos y psicológicos continuos. Los Estados intervencionistas sufrieron pocas bajas en personal militar, pero privilegiaron las economías de guerra y socavaron el apoyo social y la confianza interna mediante continuos engaños. Dañaron el internacionalismo genuino y la solidaridad humana, la ciudadanía occidental y la democracia. La guerra imperial es un ataque a la ciudadanía y a la rendición de cuentas en el país y en el extranjero; pero las guerras de declive hegemónico también señalan una importante transición global.

Referencias

Allison, Graham (2017) Destined for War: Can America and China Escape Thucydides's Trap? Houghton Mifflin Harcourt, Boston

Amnesty (2017) 'Global Financial Report 2016', Amnesty International, online: https://www.amnesty.org/en/2016-global-financial-report/

Anderson, Tim (2018) 'Syria: the Human Rights Industry in Humanitarian War', Centre for Counter Hegemonic Studies, January, online: https://counter-hegemonic-studies.net/humanitarian-war-rp-1-18/

Anderson, Tim (2019) Axis of Resistance: towards an independent Middle East, Clarity Press, Atlanta GA

Anderson, Tim (2022) 'Hegemonic Neoliberalism: a historical re-evaluation, Journal of Australian Political Economy, No. 90, December, pp. 49-74

Barzehar, Kayhan (2008) 'Joseph Nye on Smart Power in Iran-U.S. Relations', Belfer Centre, 11 July, online: https://www.belfercenter.org/publication/joseph-nye-smart-power-iran-us-relations

BBC (2021) 'How water shortages are brewing wars', 17 August, online: https://www.bbc.com/future/article/20210816-how-water-shortages-are-brewing-wars

Bello, Walden (2019) 'China: An Imperial Power in the Image of the West?', 2 October, online: https://focusweb.org/publications/china-an-imperial-power-in-the-image-of-the-west/

Bernstein, Michael A. and David E. Adler (Editors) (1994) Understanding American Economic Decline, Cambridge University Press

Biden in RT (2014) 'Anyone but US! Biden blames allies for ISIS rise', 3 October, online: https://www.youtube.com/watch?v=11l8nLZNPSY

Bransten, Jeremy (2006) 'Middle East: Rice Calls For A 'New Middle East'', Radio Free Europe / Radio Liberty, 25 July, online: https://www.rferl.org/a/1070088.html

Brown, Chris (2013) The Anti-Political theory of Responsibility to Protect', Global Responsibility to Protect, Vol 5, Issue 4, 423-442

Brzezinski, Zbigniew (1997) The Grand Chessboard, Basic Books, New York

CEBR (2022) 'Chosun Ilbo – China's Economy Could Overtake U.S. Economy by 2030, Centre for Economics and Business Research, 5 January, online: https://cebr.com/reports/chosun-ilbo-chinas-economy-could-overtake-u-s-economy-by-2030/

Coates, Benjamin (2019) 'A Century of Sanctions' online: https://origins.osu.edu/article/economic-sanctions-history-trump-global[1]

Conason, Joe (2007) "Seven countries in five years", Salon, 12 October, online: https://www.salon.com/2007/10/12/wesley_clark/

Cooley, Alexander and Daniel H. Nexon (2020) Exit from Hegemony Ends: The Unravelling of American Power, Oxford University Press, New York

Dunne, Tim and Katherine Gelber (2014) 'Arguing Matters: The responsibility to protect and the Case of Libya', Global Responsibility to Protect, 6, 326-349

Dunn-Warwick, Peter (2011) '130+ years of steadily increasing war', Futurity, 29 June, online: https://www.futurity.org/130-years-of-steadily-increasing-war/

---

1. https://origins.osu.edu/article/economic-sanctions-history-trump-global?language_content_entity=en

Engdahl, F. William (2009) Full Spectrum Dominance: Totalitarian Democracy in the New World Order, Boxborough, MA, Third Millennium Press

European Union (2019) 'EU Sanctions Map', March, online: https://www.sanctionsmap.eu/#/main[2]

Felbermayr, G., A. Kirilakha, C. Syropoulos, E. Yalcin, and Y.V. Yotov (2020) 'The Global Sanctions Data Base', European Economic Review, Volume 129. Working paper here: https://ideas.repec.org/p/ris/drxlwp/2020_002.html

GAO (2020) 'The growing use of economic sanctions', 18 June, online: https://www.gao.gov/blog/growing-use-economic-sanctions

Gilpin, Robert (1981) War and Change in World Politics, Cambridge University Press, New York

Gilpin, Robert (1988) The Theory of Hegemonic War, The Journal of Interdisciplinary History, Vol. 18, No. 4, The Origin and Prevention of Major Wars, Spring, pp. 591-613, online: https://doi.org/10.2307/204816

Grunberg, Isabelle (2009) 'Exploring the "myth" of hegemonic stability', International Organization[3],

---

2. https://www.sanctionsmap.eu/#_6666cd76f96956469e7be39d750cc7d9_main

3. https://www.cambridge.org/core/journals/international-organization

Volume 44[4], Issue 4[5], Autumn 1990, pp. 431 – 477, online: https://doi.org/10.1017/S0020818300035372

Gul, Ayaz (2022) 'Western-Led Pressure Grows on Pakistan to Condemn Russia's Invasion of Ukraine', Voice of America, 1 march, online: https://www.voanews.com/a/western-led-pressure-grows-on-pakistan-to-condemn-russia-s-invasion-of-ukraine/6465104.html

Hoeffel, Joseph (2014) The Iraq Lie: How the White House Sold the War, Progressive Press, San Diego

HRW (2017) Financial Statements, year ended 30 June 2016, Human Rights Watch Inc, online: https://www.hrw.org/sites/default/files/supporting_resources/financial-statements-2016.pdf

Kennedy, Paul (1987) The Rise and Fall of the Great Powers, Random House, New York

Keohane, Robert, O (1984) After Hegemony: Cooperation and Discord in the World Political Economy, Princeton University Press, Princeton, N.J.

Kuperman, Alan (2015) 'Obama's Libya Debacle', *Foreign Affairs*, March/April, online: https://www.foreignaffairs.com/articles/libya/2019-02-18/obamas-libya-debacle

---

4. https://www.cambridge.org/core/journals/international-organization/volume/300DFE9C32773715C27C2885BE0ED3A1

5. https://www.cambridge.org/core/journals/international-organization/issue/28E860CA3FAE89EB760AD2249586AB33

Kushi, Sidita and Monica Duffy Toft (2022) 'Introducing the Military Intervention Project: A New Dataset on US Military Interventions, 1776–2019', Journal of Conflict Resolution, August, online here: https://counter-hegemonic-studies.site/kushi-toft-war-22/

Layne, Christopher (2012) 'This Time It's Real: The End of Unipolarity and the Pax Americana', International Studies Quarterly, 1-11, online: https://www.carlanorrlof.com/wp-content/uploads/2013/03/ThisTimeItsReal.pdf

Lewis, Paul (2009) 'Hillary Clinton backs 'smart power' to assert US influence around world', The Guardian, 14 January, online: https://www.theguardian.com/world/2009/jan/13/hillary-clinton-confirmation-hearing-senate

Loiselle, Marie-Eve (2013) 'The Normative Status of the Responsibility to Protect After Libya', Global Responsibility to Protect, Vol 5, Issue 3, 317-341

Luck, Edward C. (2009) 'Sovereignty, Choice, and the Responsibility to Protect', Global Responsibility to Protect 1, pp. 10–21

National Intelligence Council (2008) Global Trends 2025: a transformed world?, U.S. Government Printing Office, Washington, online: https://www.files.ethz.ch/isn/94769/2008_11_global_trends_2025.pdf

OHCHR (2020) Reports on unilateral coercive measures from the Office of the UN High Commissioner for Human Rights, online: https://www.ohchr.org/en/

unilateral-coercive-measures/reports-unilateral-coercive-measures-office-un-high-commissioner-human-rights

OHCHR (2021) A/76/174/Rev.1: Report on the targets of unilateral coercive measures: notion, categories and vulnerable groups, 13 September 2021, online: https://www.ohchr.org/en/documents/thematic-reports/a76174rev1-report-targets-unilateral-coercive-measures-notion-categories

Pasricha, Anya (2022) 'Resisting US Pressure, India Stays Neutral on Russia', Voice of America, 4 March, online: https://www.voanews.com/a/resisting-us-pressure-india-stays-neutral-on-russia-/6470494.html

Porter, Gareth (2015) Why Iran must remain a US enemy', Al Jazeera, 4 May, online: https://www.aljazeera.com/opinions/2015/5/4/why-iran-must-remain-a-us-enemy

Roser, Max; Joe Hasell; Bastian Herre and Bobbie Macdonald (2016) 'War and Peace', OurWorldInData, online: https://ourworldindata.org/war-and-peace

Rothman, Noah (2014) 'Dempsey: I know of Arab allies who fund ISIS', YouTube, 16 September, online: https://www.youtube.com/watch?v=nA39iVSo7XE

Schmidt, Helmut (1998) 'The Grand Chessboard: American Primacy and Its Geostrategic Imperatives', Review of Zbigniew Brzezinski (1997) The Grand Chessboard, online: https://ciaotest.cc.columbia.edu/olj/fp/schmidt.html

Schwenninger, Sherle (2003) 'The Multipolar World Vs. The Superpower', The Globalist, 5 December, online: https://www.theglobalist.com/the-multipolar-world-vs-the-superpower/

Shneyer, Paul A. and Virginia Barta (1981) 'The legality of the U.S. Economic Blockade of Cuba under International Law', Case Western Reserve Journal of International Law, Vol 13 Issue 3, 450-482

Shor, Francis (2010) 'War in the Era of Declining U.S. Global Hegemony', Journal of Critical Globalisation Studies, Issue 2, online: http://financeandsociety.ed.ac.uk/ojs-images/financeandsociety/JCGS_2_4.pdf

TUFTS (2022) 'Military Intervention Project (MIP)', Fletcher Centre for Strategic Studies, online: https://sites.tufts.edu/css/mip-research/

Turse, Nick and Alice Speri (2022) How the Pentagon uses a secretive program to wage proxy wars, The Intercept, 1 July, online: https://theintercept.com/2022/07/01/pentagon-127e-proxy-wars/

UN (2005) 2005 World Summit Outcome, 60/1, 24 October, online: http://www.un.org/womenwatch/ods/A-RES-60-1-E.pdf

United Nations (2019) 'A New Era of Conflict and Violence' online: https://www.un.org/en/un75/new-era-conflict-and-violence

Uppsala University (2015) 'Sudden rise in the number of wars', 9 January, online: https://phys.org/news/2015-01-sudden-wars.html

UNSC (2006) Resolution 1674, online: http://www.securitycouncilreport.org/atf/cf/%7B65BFCF9B-6D27-4E9C-8CD3-CF6E4FF96FF9%7D/Civilians%20SRES1674.pdf

UNSC (2022) United Nations Security Council Consolidated List, 20 July, online: https://scsanctions.un.org/kpvzwen-all.html

USDOD (2000) 'Joint Vision 2020', US Department of Defence, online: https://mattcegelske.com/joint-vision-2020-americas-military-preparing-for-tomorrow-strategy/

US Dept. of Treasury (2019a) 'Active Sanctions Programs', March, online: https://www.treasury.gov/resource-center/sanctions/programs/pages/programs.aspx

Usher, Barbara Plett (2014) 'Joe Biden apologised over IS remarks, but was he right?' BBC News, 7 October, online: http://www.bbc.com/news/world-us-canada-29528482

VOA (2022) China's Economy Could Overtake US Economy by 2030, 4 January, online: https://www.voanews.com/a/chinas-economy-could-overtake-us-economy-by-2030/6380892.html

Vohra, Anchal (2021) 'The Middle East Is Becoming Literally Uninhabitable', Foreign Policy, online: https://foreignpolicy.com/2021/08/24/the-middle-east-is-becoming-literally-uninhabitable/

Wohlforth, William C. (2014) 'Hegemonic decline and hegemonic war revisited', in G. John Ilkenberry, Power, Order, and Change in World Politics, Cambridge University Press

4. Las raíces del fascismo occidental

Gráfico uno: European fascism never really disappeared

En vista de los reclamos occidentales de intervención humanitaria en otros países, recordemos las raíces del fascismo en la cultura imperial europea y norteamericana. En medio de las justificaciones de los "valores occidentales" y los "derechos humanos" para las numerosas guerras recientes se oculta un hecho simple: el imperialismo europeo está en la raíz de los grandes crímenes históricos de genocidio, colonialismo y esclavitud, y a su vez formó la cuna del fascismo contemporáneo. Los regímenes fuertemente militarizados, antidemocráticos y racistas de la Europa del siglo XX se basaron en sus tradiciones imperiales y coloniales.

En los últimos años, la OTAN, esencialmente EEUU y Europa occidental, ha dejado al descubierto sus raíces fascistas a través de múltiples intervenciones en cuatro continentes. Los Estados de la OTAN respaldaron golpes fascistas en Venezuela, Honduras y Bolivia, impusieron bloqueos a docenas de naciones y fomentaron el terrorismo sectario de Al Qaeda/ISIS/Boko Haram para desestabilizar Libia, Irak, Siria, Somalia, Nigeria y varios otros Estados africanos mientras armaban a neo nazis en Ucrania.

Todo esto parece estar en desacuerdo con la auto-imagen fuertemente promovida de los Estados de la OTAN como modelos de liberalismo y valores democráticos (*NATO* 2022), e incluso sermonean a otros países sobre ese tema. Afirman haber luchado tanto contra el fascismo como contra el comunismo. Sin embargo, fue el imperialismo europeo y norteamericano el que sentó las bases del fascismo del siglo XX.

Desde la Segunda Guerra Mundial, un conflicto masivo del siglo XX que cobró más de 70 millones de vidas, tanto Washington como los europeos occidentales han hecho grandes esfuerzos para ocultar las contribuciones y sacrificios antifascistas de la Unión Soviética y China, naciones que perdieron más vidas en la Segunda Guerra Mundial que cualquier otro (*World Population Review* 2022).

De hecho, en el 2019, el Parlamento Europeo llegó incluso a culpar a la Unión Soviética de Joseph Stalin, junto con la Alemania nazi de Adolf Hitler, de ser co-responsables de la Segunda Guerra Mundial. Esa resolución afirmaba que "la Segunda Guerra Mundial... comenzó como resultado inmediato del notorio Tratado de No Agresión nazi-soviético del 23 de agosto de 1939" (Parlamento Europeo 2019). Si no fue completamente cínico, entonces fue un autoengaño extraordinario y la culminación de una larga campaña en la que los líderes socialistas Joseph Stalin y Mao Zedong fueron presentados, durante décadas, como los equivalentes morales del fascista europeo Adolf Hitler.

Ese engaño hizo uso de afirmaciones falsas de que Stalin y Mao habían instigado hambrunas que mataron a muchos millones. De hecho, las hambrunas tanto en Ucrania como en China fueron las últimas de un largo ciclo de hambrunas de la era pre socialista. El historiador estadounidense Grover Furr ha desacreditado el mito de que la hambruna ucraniana (que mató entre tres y cuatro millones de personas en Ucrania y otro millón en otras partes de la Unión Soviética) fue un acto genocida premeditado, un "Holodomor", por parte de Stalin (Furr 2017). Al menos cinco historiadores estadounidenses independientes (Alexander Dallin, Moshe Lewin, Lynne Viola, J. Arch Getty y Mark Tauger) rechazan la afirmación de que esta hambruna fue un acto intencionado (Furr 2014: 45-50).

De manera similar, la afirmación de que la Segunda Guerra Mundial fue el "resultado inmediato" del pacto de no agresión soviético-alemán es una absoluta falsedad. Antes de esto, hubo varios acuerdos europeos similares con la Alemania nazi, y varios de ellos fueron más sustanciales. El Acuerdo Naval Anglo-alemán de 1935, por ejemplo, ayudó a Alemania a reconstruir su flota (Yeager 2013), mientras que Gran Bretaña, Francia e Italia reconocieron el reclamo de Berlín sobre parte de Checoslovaquia en el Pacto de Munich de 1938 (*Britannica* 2022). Luego estaban las activas colaboraciones fascistas entre Alemania, España e Italia, incluido el Pacto de Acero Ítalo-Alemán (*WW2 Database* 2009).

Gran parte de la colaboración fascista de Europa se fusionó bajo un Pacto Anti-Comintern creado por la Alemania nazi y Japón en 1936, para oponerse a los Estados comunistas (Presseisen, 1958). Posteriormente, este pacto contó con el apoyo de Italia, Hungría, España y, durante la guerra, de Bulgaria, Croacia, Dinamarca, Finlandia, Rumania y Eslovaquia (*National WW2 Museum*, 2021). El fascismo ardió en toda Europa en las décadas de 1930 y 1940. Los acuerdos europeos clave con la Alemania nazi se exponen a continuación, en la Tabla 1.

• • • •

Table 1: Acuerdos europeos clave con la Alemania nazi

Fecha	Acuerdo	Descripción
1933, 20 July	Concordat with the Vatican	Reconocimiento mutuo y no injerencia https://www.concordatwatch.eu/reichskonkordat-1933-full-text—k1211[1]
1933, 25 August	Haavara agreement with German Jewish Zionists	Acuerdo para transferir capital y personas a Palestina. https://www.jewishvirtuallibrary.org/haavara
1934, 26 January	German-Polish Non-Aggression Pact	Para garantizar que Polonia no firmara una alianza militar con Francia. https://avalon.law.yale.edu/wwii/blbk01.asp
1935, 18 June	Anglo-German Naval Agreement	Gran Bretaña aceptó que Alemania ampliara su armada hasta un 35% del tamaño de la británica. https://carolynyeager.net/anglo-german-naval-agreement-june-18-1935
1936, July	Nazi Germany aids fascists in Spain	Hitler envió unidades aéreas y blindadas para ayudar al general Franco. https://spartacus-educational.com/SPgermany.htm
1936	Rome-Berlin Axis agreement	Alianza fascista y anticomunista italiano - alemán. https://www.globalsecurity.org/military/world/int/axis.htm
1936, Oct-Nov	Anti-Comintern Pact	Tratado anticomunista, iniciado por la Alemania nazi y Japón en 1936, en el que participaron 9 estados

		europeos: Italia, Hungría, España, Bulgaria, Croacia, Dinamarca, Finlandia, Rumania y Eslovaquia. https://doi.org/10.1007/978-94-017-6590-9_4
1938, 30 September	Munich Pact	Gran Bretaña, Francia e Italia aceptan las reivindicaciones de Alemania sobre los Sudetes (República Checa). https://www.britannica.com/event/Munich-Agreement
1939, 22 May	Pact of Steel	Consolida el acuerdo italiano-alemán de 1936. https://ww2db.com/battle_spec.php?battle_id=228
1939, 7 June	German–Latvian Non-Aggression Pact	Buscó la paz con la Alemania nazi. https://www.jstor.org/stable/43211534
1939, 24 July	German–Estonian Non-Aggression Pact	Buscó la paz con la Alemania nazi. https://www.jstor.org/stable/43211534
1939, 23 August	USSR (Molotov-Ribbentrop) Non-Aggression Pact	Buscó la paz con la Alemania nazi, El protocolo define esferas de influencia. https://universalium.en-academic.com/239707/German-Soviet_Nonaggression_Pact

Tabla 1: Acuerdos europeos clave con la Alemania nazi

¿Qué es el fascismo? El término se utiliza con demasiada frecuencia, pero tiene un significado real. No podemos quedar atrapados en historias particulares de fascismo del siglo XX: se deben identificar elementos conceptuales específicos.

El fascismo es un régimen fuertemente militarizado, antidemocrático y a menudo racista-colonial que se relaciona con

---

1. https://www.concordatwatch.eu/reichskonkordat-1933-full-text--k1211

una oligarquía capitalista privada. Si bien el fascismo primario es un proyecto imperial, también existe un fascismo subordinado o clientel en antiguas colonias como Brasil y Chile, que se integra con el poder imperial del momento. Los regímenes fascistas son especialmente hostiles a los Estados y pueblos socialistas e independientes. Se diferencian de los regímenes de extrema derecha sólo en que aplastan abiertamente cualquier apariencia de democracia social y política. Las culturas e intervenciones imperiales, que siempre y en todas partes niegan la posibilidad de democracia o rendición de cuentas locales, siguen siendo la fuerza impulsora del fascismo contemporáneo.

El fascismo de la OTAN se construyó a partir de la historia imperial y colonial de muchos (pero no de todos) los Estados europeos, donde el aplastamiento de las comunidades y naciones locales se justificaba con teorías inventadas sobre la raza y la superioridad racial. La negación de occidente de esta historia colonial fascista ha llevado a sugerir que, como lo expresó un documental ruso, el ascenso de Hitler fue "algo atípico de las democracias europeas: La doctrina del Führer sobre razas superiores e inferiores apareció de la nada en Europa debido a un desafortunado giro de los acontecimientos" (*RT* 2021).

De hecho, el fascismo de la Alemania nazi tenía profundas raíces en la historia imperial europea. Además, como señala el libro de Gerwin Strobl *La isla germánica*, el propio Adolf Hitler era un gran admirador del "despiadado" Imperio Británico y soñaba con tales logros (Strobl 2007). Por su parte, Estados Unidos construyó mitos de "libertad" mientras administraba la mayor economía esclavista de la historia de la humanidad (Hardy 2017). Como dijo hace dos siglos el gran líder de la resistencia latinoamericana Simón Bolívar: "Estados Unidos parece estar destinado por la Providencia a plagar a América de miseria en nombre de la libertad" (Bushnell 2003).

Más allá del "apaciguamiento" europeo de la Alemania nazi, hubo una activa colaboración europea y norteamericana con los fascistas antes, durante y después de la Segunda Guerra Mundial.

En primer lugar, el Acuerdo Naval Anglo-Alemán de 1935 ayudó a rearmar a la Alemania nazi, rompiendo los límites del Tratado de Versalles de 1919 sobre los barcos y submarinos alemanes, mientras pretendía mantener la marina alemana como una fracción de la marina británica (Yeager 2013). Al año siguiente, 1936, Alemania inició la construcción de algunos de los acorazados más grandes del mundo (Koop 1998). Luego, varias empresas norteamericanas, en particular General Motors, Ford e IBM, invirtieron directamente en la economía, la infraestructura y el ejército del régimen nazi. Había muchos admiradores influyentes de los nazis en EEUU y Gran Bretaña (Ruggerio 2018). Al borde de la Segunda Guerra Mundial, los banqueros británicos canalizaron oro de terceros (checos) hacia bancos controlados por los nazis (LeBor 2013).

Ford ayudó a la máquina de guerra nazi antes y durante la Segunda Guerra Mundial a través de fábricas de vehículos de motor en Alemania y la Francia ocupada de Vichy (Imlay y Horn, 2014). Utilizó mano de obra esclava alemana de los campos de concentración nazis, aunque más tarde la empresa se quejó de que no tenía control sobre estos regímenes laborales (JTA 2001). Mientras la compañía Ford luchaba por escapar de estas acusaciones, funcionarios polacos y ex reclusos nombraron a Ford como "una de las 500 empresas que tenían vínculos con [el trabajo esclavo del campo de exterminio nazi en] Auschwitz" (Borger 1999). IBM, una empresa del "New Deal" cercana a la administración de Roosevelt, también invirtió en la Alemania nazi durante la década de 1930 y los primeros años de la guerra, ayudando a construir sistemas de información nazi (Beatty, 2001).

Los suizos vendieron millones en armas a los nazis, tanto antes como durante la Segunda Guerra Mundial (Cowell, 1997). A pesar de las pretensiones de neutralidad, entre 1940 y 1944 "el 84 por ciento de las exportaciones suizas de municiones se dirigieron a los países del Eje" (Summerton 2002). Más aun, según el investigador Bradford Snell, "General Motors [GM] era mucho más importante para la maquinaria de guerra nazi que Suiza... GM era una parte integral del esfuerzo bélico alemán" (Dobbs 1998).

La inversión norteamericana y europea y la colaboración con los nazis continuaron hasta bien entrada la Segunda Guerra Mundial. Un aspecto de esto fue el deseo de participar en lo que fue, entre 1940 y 1942, "un espectacular auge de la inversión, dirigido principalmente a ampliar la base industrial para la guerra" (Scherner 2006). Sin duda eso animó a Ford y GM a mantener relaciones con Hitler.

Después de 1939-40, cuando la Alemania nazi había invadido gran parte de Europa occidental, Berlín contaba con el apoyo de muchos Estados fascistas y colaboracionistas europeos, así como de voluntarios civiles. Además de su alianza con la Italia fascista, la Alemania nazi podía contar con el apoyo de la España fascista, a pesar de la supuesta política de neutralidad del general Franco (Marquina, 1998).

Luego estaban los pequeños Estados pro fascistas establecidos por los nazis, la Francia de Vichy (Boissoneault, 2017) y el régimen de Quisling en Noruega (Brady, 2018). Los alemanes crearon múltiples divisiones de las SS, con decenas de miles de voluntarios pro fascistas dispuestos, en los Países Bajos, Croacia y Albania (McGregor 2017; NWM 2022a; NWM 2022b). La Francia de Vichy, bajo el héroe de la Primera Guerra Mundial, Marshall Petain, promulgó una ley racista anti judía (AFP 2010) que convirtió a los judíos en ciudadanos de segunda clase en Francia y, por lo tanto, más fácilmente sujetos a las depredaciones nazis. De manera similar, el régimen de Vidkun Quisling alentó la participación en divisiones locales de las SS (Primidi, 2017), ayudando a deportar a judíos y ejecutar a patriotas noruegos.

El rey danés Christian X pudo haber sido amigable con la comunidad judía, pero no se enfrentó a los nazis. Se ha afirmado falsamente que el rey Christian "se puso la estrella de David en solidaridad con los judíos daneses" (Schere 2018). En realidad, el régimen danés se opuso a las actividades de resistencia y compartió inteligencia con los nazis. Uno de los factores de esta colaboración fue que Dinamarca era "técnicamente un aliado de Alemania" (Lund y Deák 1990). Bajo presión, firmaron el Pacto Antikomintern. A pesar de los grandes esfuerzos por limpiar esta historia, en 2005 el primer ministro danés Rasmussen pidió disculpas en nombre de Dinamarca por la extradición de minorías y figuras de la resistencia a la Alemania nazi (DW 2005), muchos de los cuales fueron enviados a la muerte.

En todos los Estados bálticos tuvo lugar una importante colaboración nazi: Letonia, Lituania y Estonia tenían divisiones de las Waffen SS (Bubnys, Kott y Kraft, 2016). Ellos, junto con los colaboradores nazis ultra nacionalistas en Ucrania, desempeñaron un papel clave en las masacres locales de comunistas, polacos, rusos, judíos y romaníes gitanos.

Entre 1941 y 1944, cientos de miles de personas fueron masacradas en Ucrania, muchas de ellas a manos de colaboradores nazis ultra nacionalistas locales como Stepan Bandera (Rossoliński-Liebe, Grzegorz 2014). El historiador ruso Lev Simkin dice que "en la práctica, el Holocausto de los judíos comenzó en Ucrania", con la invasión de la Unión Soviética en junio de 1941 (Tabarovsky 2016). Estos asesinatos en masa estaban relacionados con la visión paranoica de Hitler sobre los peligrosos judíos bolcheviques y judíos alemanes que supuestamente socavaron a Alemania durante y después de la Primera Guerra Mundial. Los asesinatos en masa de judíos en Kiev, Lviv, Kherson y otras partes de Ucrania han sido bien localizados (IHRA 2020). Estos son algunos de los lugares donde recientemente se produjeron enfrentamientos entre Rusia y los neo nazis ucranianos. Durante la Segunda Guerra Mundial, la mayor parte de la población judía de Ucrania de antes de la guerra, de alrededor de 1,5 millones, "fue aniquilada" (Auyezov, 2011).

Los estudios académicos han demostrado una "participación masiva de nacionales bálticos en el asesinato de judíos en el Holocausto" (Levin 1990). Muchas decenas de miles de judíos fueron asesinados en Letonia, Lituania y Estonia, muchos de ellos a manos de locales (Yad Vashem 2022). Surgió una fuerte reacción ante la exposición de esta fea historia de colaboración fascista. Se dice que Lituania, por ejemplo, quiere ocultar su "fea historia de colaboración nazi" acusando a partisanos judíos de crímenes de guerra (Brook 2015). En toda Europa hubo una participación a gran escala en la matanza fascista. En Hungría, se decía que el líder nazi Adolf Eichmann "dependía de la colaboración de las autoridades húngaras" para deportar a más de 400.000 judíos húngaros a campos de exterminio (WHL 2022).

Todo esto subraya el hecho de que la Segunda Guerra Mundial, desde el lado europeo y norteamericano, no fue fundamentalmente una lucha contra el fascismo, a pesar de que esos Estados lucharon contra un "Eje" fascista. La guerra fue más bien una competencia entre bloques imperiales, con la coalición liderada por Hitler decidida a colonizar el "espacio vital" (Rosenberg, 2020) en el este. La lucha de los patriotas en Europa del este y Rusia, así como gran parte de la resistencia occidental, fue ciertamente antifascista. Sin embargo, quienes dirigían los Estados occidentales no eran idealistas.

Después de la Segunda Guerra Mundial, Estados Unidos aprovechó inmediatamente la ciencia y la tecnología nazi en su posterior "guerra fría" contra el emergente bloque socialista. Las potencias aliadas aplastaron las fuerzas antifascistas en Grecia (Fontaine, 2017) y ocuparon militarmente Alemania occidental. La Unión Soviética, por su parte, se aseguró de dominar a aquellos vecinos cercanos que habían Estado más profundamente arraigados con sus enemigos fascistas: en particular, los Estados bálticos, Ucrania y Alemania oriental.

Estados Unidos inició un proyecto de reclutar en secreto científicos nazis para su máquina de guerra (Lewis 2016). El uso norteamericano del especialista alemán en cohetes Werner Von Braun se cita a menudo en referencia al pacífico proyecto espacial Apolo. Sin embargo, Von Braun era un oficial de las SS que había seleccionado mano de obra esclava de los campos de concentración. El ejército estadounidense lo buscaba por su experiencia con cohetes y misiles militares. En la alguna vez secreta pero ahora notoria Operación *Paperclip*, miles de científicos nazis fueron reclutados y se les dio refugio seguro en los EE. UU. (Lichtblau 2010) por su valor en el desarrollo de la capacidad del ejército estadounidense. El Pentágono estaba particularmente interesado en el desarrollo nazi de "todo un arsenal de agentes nerviosos" y en el trabajo de Hitler hacia "un arma contra la peste bubónica" (NPR 2014).

Si bien la Operación *Paperclip*, cuando se hizo pública, podía reclamar beneficios científicos civiles, la secreta Operación Gladio era menos fácil de sanear. Con colaboradores nazis, Gladio llevó a cabo la misión anticomunista nazi y su propia existencia muestra que el verdadero enemigo de las élites europeas no era el fascismo sino el comunismo (Charles 2022). A través de Gladio, las tácticas fascistas (incluidas la tortura, los golpes de Estado, el fraude electoral, los asesinatos, la desinformación, la provocación y las operaciones de bandera falsa) se justificaron para "evitar la propagación del comunismo" (Ganser 2004). En 1990, el primer ministro italiano, Giulio Andreotti, se sintió obligado a admitir la existencia de estos grupos vinculados a la OTAN, que utilizaban métodos fascistas y estaban bajo el control de la CIA y el MI6, pero también bajo grupos llamados *Absalon* en Dinamarca, *República de China* en Noruega y *SDRA8* en Bélgica (Ganser 2004).

Poco después de la Segunda Guerra Mundial, las SS nazis fueron tildadas de organizaciones criminales y se disolvieron, pero en 1953 el Grupo X de Fuerzas Especiales de EE. UU. estableció su primera base en el extranjero en un edificio de las SS en Bad Tolz, Baviera, y luego otras en Panamá y Okinawa (Ganser 2004). La parte estadounidense entrenó a regímenes fascistas en América Latina y la parte europea llevó a cabo "operaciones negras". Por ejemplo, en 1961, entre 48 y 200 manifestantes argelinos en París fueron masacrados, bajo la supervisión del jefe de policía colaboracionista nazi Maurice Papon (Hamza 2021).

A pesar de todas sus quejas posteriores sobre otros Estados que poseen armas de destrucción masiva (ADM), el ejército estadounidense quería todo tipo de ADM a su disposición. Washington estaba preparado para utilizar estas armas de destrucción masiva contra poblaciones civiles, como lo demostraron en sus ataques biológicos y químicos en Corea (Immerwahr 2020) y en Vietnam (Roul 2010); y como los innecesarios y horribles ataques nucleares de "demostración" contra las ciudades civiles japonesas de Hiroshima y Nagasaki (Hayes 2015). Maestros del doble discurso y con una doctrina de "negación verosímil" (NSA 2019), los funcionarios estadounidenses ocultaron sus propias atrocidades, en la medida de lo posible.

Washington surgió como la potencia dominante después de la Segunda Guerra Mundial. Comenzó a utilizar las mismas tácticas fascistas que había utilizado contra la mayoría de los países de América (invasiones, golpes de Estado, guerras sucias (Becker, 2011)) en otros continentes. Así, la terrible guerra en Corea condujo a una ocupación militar permanente de Estados Unidos en el sur de la península, el gobierno democrático de Irán fue derrocado y reemplazado por una dictadura en 1953 y la terrible guerra "anticomunista" siguiente contra el pueblo de Vietnam fracasó. (Caleb 2018), sólo después de muchos años y después de que millones de personas hubieran sido masacradas.

En el siglo XXI, Washington respaldó múltiples intentos de golpe contra Venezuela, el mayor productor de petróleo de América e históricamente importante para alimentar la maquinaria de guerra estadounidense. En 2002, Estados Unidos y España respaldaron a los golpistas (Blum 2004) que secuestraron al presidente electo Hugo Chávez, afirmaron falsamente que había dimitido, rompieron la constitución, destituyeron a la Asamblea Nacional electa y anunciaron que el presidente de la Cámara de Comercio, Pedro Carmona, como Presidente (Forero 2022). Carmona sólo duró dos días, pero le siguieron múltiples intentos de golpe. Esto fue puro fascismo. Venezuela decidió que era necesario un Estado fuerte, con una gran milicia civil, para defenderse del implacable fascismo respaldado por Estados Unidos.

Al mismo tiempo, temiendo perder su papel dominante en el mundo, Washington lanzó múltiples guerras en Oriente Medio, en intentos inútiles de contener la creciente influencia de Irán, la Rusia pos soviética y China (Anderson 2019). Las guerras contra Palestina, Afganistán, Irak, Líbano, Libia, Siria y Yemen no son el tema de este capítulo. Sin embargo, debemos observar el uso por parte de Estados Unidos y la OTAN de ejércitos apadrinados (*proxy*) masivos, al estilo de *Al Qaeda* e *ISIS*, infundidos con la ideología sectaria saudí (Clapper 2016), en toda la región de Asia Occidental y de manera similar en África, en la forma de *Boko Haram* y *Al Shaabab* (Shuriye 2012; Hiraan 2020).

En la guerra de represalia de Rusia contra Ucrania en 2022, provocada por un ataque sostenido después de 2014 contra la población ruso parlante del sureste de Ucrania y por una intensificación militar de la OTAN destinada a desestabilizar y debilitar a Rusia (Bloomberg, 2022), vemos una combinación de método fascista y mentalidad colonial europea más antigua. Estados Unidos mantiene su doble discurso sobre la "libertad", mientras que los europeos hablan de clases humanas inferiores. En Ucrania, grupos ultra nacionalistas como *Azov* y *Right Sektor* se describen a sí mismos como nazis que quieren matar a rusos, judíos y polacos (Dean y Duff, 2022). La OTAN y sus medios integrados intentan ocultar esta desagradable realidad.

Florence Gaub, funcionaria alemana y de la Unión Europea, por ejemplo, utiliza retórica racista para deshumanizar al pueblo ruso: "Incluso si los rusos parecen europeos, no son europeos, en un sentido cultural. Piensan diferente sobre la violencia o la muerte. No tienen un concepto de vida liberal y posmoderno, un concepto de vida que cada individuo pueda elegir. En cambio, la vida simplemente puede terminar prematuramente con la muerte" (Norton 2022). Los críticos llamaron a esto una reversión muy alemana al concepto nazi de *untermenschen* o razas inferiores (*Pakistan Defence* 2022).

El fascismo del siglo XXI ha surgido en circunstancias nuevas, pero lleva consigo los elementos clave del proyecto del siglo XX: un régimen imperial, fuertemente militarizado, profundamente antidemocrático y racista-colonial incrustado en una oligarquía capitalista privada. Engendra fascismos subordinados, tan venenosos como sus padres. Es un proyecto imperial global que sigue siendo el enemigo clave de todos los pueblos libres y democráticos.

Referencias

AFP (2010) 'STATUT DES JUIFS - Ce document qui accable le maréchal Pétain', Le Point, 3 October, online: https://www.lepoint.fr/societe/statut-des-juifs-cedocument-qui-accable-le-marechal-petain-03-10-2010-1244322_23.php

Anderson, Tim (2019) Axis of Resistance, Clarity Press, Atlanta

Arūnas Bubnys, Matthew Kott, Ülle Kraft (2016) 'The Baltic States: Auxiliaries and Waffen-SS soldiers from Estonia, Latvia, and Lithuania', Chapter 5 in Jochen Böhler and Robert Gerwarth (eds) (2016) The Waffen-SS: A European History, Oxford University Press

Auyezov, Olzhas (2011) 'Ukraine Holocaust massacre presaged modern genocide', Reuters, 29 September, online: https://www.reuters.com/article/uk-ukraine-babiyyar-idUKTRE78S1H220110929

Beatty, Jack (2001) 'Hitler's Willing Business Partners', The Atlantic, April, online: https://www.theatlantic.com/magazine/archive/2001/04/hitlers-willing-business-partners/303146/

Becker, Marc (2011) 'History of U.S. Interventions in Latin America', Yachana, online: https://yachana.org/teaching/resources/interventions.html

Bloomberg (2022) 'U.S. Defense Sec. Austin: We Want to See Russia Weakened', 25 April, online: https://www.bloomberg.com/news/videos/2022-04-25/u-s-defense-sec-austin-we-want-to-see-russia-weakened-video

Blum, William (2004) 'US coup against Hugo Chavez of Venezuela, 2002', online: https://williamblum.org/

chapters/freeing-the-world-to-death/us-coup-against-hugo-chavez-of-venezuela-2002

Boissoneault, Lorraine (2017) 'Was Vichy France a Puppet Government or a Willing Nazi Collaborator?', Smithsonian, 9 November, online: https://www.smithsonianmag.com/history/vichy-government-france-world-war-ii-willingly-collaborated-nazis-180967160/

Borger, Julian (1999) 'Nazi documents reveal that Ford had links to Auschwitz', The Guardian, 20 August, online: https://www.theguardian.com/world/1999/aug/20/julianborger1

Brady, M. Michael (2018) 'The coining of quisling', The Norwegian American, 31 October, online: https://www.norwegianamerican.com/the-coining-of-quisling/

Britannica (2022) 'Munich Agreement, Europe [1938]', online: https://www.britannica.com/event/Munich-Agreement

Brook, Daniel (2015) 'Double Genocide', Slate, 26 July, online: https://slate.com/news-and-politics/2015/07/lithuania-and-nazis-the-country-wants-to-forget-its-collaborationist-past-by-accusing-jewish-partisans-of-war-crimes.html

Bushnell, David (2003) El Libertador: Writings of Simón Bolívar, Oxford University Press, online: http://www.historyisaweapon.com/defcon7/simon-bolivar-el-libertador-writings-of-simon-bolivar-david-bushnell-editor-1.pdf

Caleb (2018) 'The Unspeakable Brutality of the U.S. War Against Vietnam Must Never Be Forgotten', US Hypocrisy, online: https://ushypocrisy.com/2018/04/30/the-unspeakable-brutality-of-the-u-s-war-against-vietnam-must-never-be-forgotten/

Charles, Julien (2022) 'Resurrecting the Ghouls', Hampton Think, 31 May, online: https://www.hamptonthink.org/read/resurrecting-the-ghouls-on-the-wests-history-of-hating-russians-while-rehabilitating-nazis

Clapper, Lincoln (2016) 'Wahhabism, ISIS, and the Saudi Connection', Geopolitical Monitor, 31 January, online: https://www.geopoliticalmonitor.com/wahhabism-isis-and-the-saudi-connection/

Cowell, Alan (1997) 'New Records Show the Swiss Sold Arms Worth Millions to Nazis', New York Times, 29 May, online: https://www.nytimes.com/1997/05/29/world/new-records-show-the-swiss-sold-arms-worth-millions-to-nazis.html

Dean, Jim and Gordon Duff (2022) 'Belligerent Rhetoric & SS-Style Regalia: Who are Right Sector and Neo-Nazi Azov?', Veterans Today, 28 February, online: https://www.veteranstoday.com/2022/02/28/belligerent-rhetoric-ss-style-regalia-who-are-right-sector-and-neo-nazi-azov/

Dobbs, Michael (1998) 'Ford and GM Scrutinized for Alleged Nazi Collaboration', Washington Post, 30 November, online: https://www.washingtonpost.com/wp-srv/national/daily/nov98/nazicars30.htm

DW (2005) 'Denmark Apologizes for Aiding Nazis', Deutsche Welle, 5 May, online: https://www.dw.com/en/denmark-apologizes-for-aiding-nazis/a-1573618

European Parliament (2019) 'European Parliament resolution of 19 September 2019 on the importance of European remembrance for the future of Europe', (2019/2819(RSP)), online: https://www.europarl.europa.eu/doceo/document/TA-9-2019-0021_EN.html

Fontaine, Jöelle (2017) 'How Churchill Broke the Greek Resistance', Jacobin, 5 August, online: https://www.jacobinmag.com/2017/05/greece-world-war-two-winston-churchill-communism

Forero, Juan (2002) 'UPRISING IN VENEZUELA: MAN IN THE NEWS; Manager and Conciliator—Pedro Carmona Estanga', New York Times, 13 April, online: https://www.nytimes.com/2002/04/13/world/uprising-venezuela-man-manager-conciliator-pedro-carmona-estanga.html

Furr, Grover (2014) *Blood Lies*, Red Star Publishers, New York, online: https://counter-hegemonic-studies.site/blood-lies-1/

Furr, Grover (2017) The "Holodomor" and the Film "Bitter Harvest" are Fascist Lies', Counter Punch, 3 March, online: https://www.counterpunch.org/2017/

03/03/the-holodomor-and-the-film-bitter-harvest-are-fascist-lies/

Ganser, Daniele (2004) NATO's Secret Armies: Operation Gladio and Terrorism in Western Europe, Routledge, Oxfordshire

Hamza, Assiya (2021) 'October 17, 1961: A massacre of Algerians in the heart of Paris', France 24, online: https://webdoc.france24.com/october-17-1961-massacre-algerians-paris-france-police-history/

Hardy, James (2017) 'Slavery in America: United States' Black Mark', History Cooperative, 21 march, online: https://historycooperative.org/slavery-in-america-a-black-mark/

Hayes, Peter (2015) 'Hiroshima and Nagasaki: There were other choices', Nautilus Institute, 28 September, online: https://nautilus.org/napsnet/napsnet-special-reports/hiroshima-and-nagasaki/

Hiraan (2020) 'Somali Intelligence Chief accuses Qatar of links with Al-Shahbaab: Saudi Influence?', 16 May, online: https://hiiraan.com/news4/2020/May/178160/omali_intelligence_chief_accuses_qatar_of_links_with_al_shahbaa

IHRA (2020) 'Creating an online map of Holocaust killing sites in Ukraine', International Holocaust Remembrance Alliance, online: https://www.holocaustremembrance.com/news-archive/creating-online-map-holocaust-killing-sites-ukraine

Imlay, Talbot and Martin Horn (2014) The Politics of Industrial Collaboration during World War II: Ford France, Vichy and Nazi Germany, Cambridge University Press

Immerwahr, Daniel (2020) 'The Great Germ War Cover-Up', New Republic, 13 July, online: https://newrepublic.com/article/158008/germ-warfare-book-nicholson-baker-baseless-review

IUVM (2022) 'Boko Haram: Saudi Arabia and state-sponsored terrorism on the African Continent', online: https://www.iuvmarchive.org/en/article/boko-haram-saudi-arabia-and-state-sponsored-terrorism-on-the-african-continent

JTA (2001) 'Report: Ford Had No Control over Slave Labor at Its German Subsidiary', Jewish Telegraph Agency, 7 December, online: https://www.jta.org/archive/report-ford-had-no-control-over-slave-labor-at-its-german-subsidiary

Koop, Gerhard (1998) Battleships of the Bismarck Class: Bismarck and Tirpitz, culmination and finale of German battleship construction, Naval Institute Press, Annapolis

LeBor, Adam (2013) 'How bankers helped the Nazis', Sydney Morning Herald, 1 August, online: https://www.smh.com.au/business/how-bankers-helped-the-nazis-20130801-2r1fd.html

Levin, Dov (1990) 'ON THE RELATIONS BETWEEN THE BALTIC PEOPLES AND THEIR JEWISH NEIGHBORS BEFORE, DURING AND

AFTER WORLD WAR II', Holocaust and Genocide Studies, Volume 5, Issue 1, 1990, Pages 53–66, https://doi.org/10.1093/hgs/5.1.53

Lewis, Danny (2016) 'Why the U.S. Government Brought Nazi Scientists to America After World War II', Smithsonian, 16 November, online: https://www.smithsonianmag.com/smart-news/why-us-government-brought-nazi-scientists-america-after-world-war-ii-180961110/

Lichtblau, Eric (2010) 'Nazis Were Given 'Safe Haven' in U.S., Report Says', New York Times, 14 November, online: https://www.nytimes.com/2010/11/14/us/14nazis.html

Lund, Jens and István Deák (1990) 'The Legend of King Christian: An Exchange', New York review, 29 March, online: https://www.nybooks.com/articles/1990/03/29/the-legend-of-king-christian-an-exchange/

Marquina, Antonio (1998) 'The Spanish Neutrality during the Second World War', American University International Law Review, Volume 14 | Issue 1, online: https://digitalcommons.wcl.american.edu/cgi/viewcontent.cgi?referer=&httpsredir=1&article=1304&context=au

McGregor, Andrew (2017) 'In the Uniform of the Enemy: the Dutch Waffen-SS', HistoryNet, 21 December, online: https://www.historynet.com/in-the-uniform-of-the-enemy/

National WW2 Museum (2021) 'Nazi Germany, Imperial Japan, and the Anti-Comintern Pact', 17

November, online: https://www.nationalww2museum.org/war/articles/nazi-germany-imperial-japan-anti-comintern-pact

NATO (2022) 'What is NATO?', online: https://www.nato.int/nato-welcome/index.html

Norton, Ben (2022) 'German EU official uses racist rhetoric claiming Russians don't value life', Multipolarista, 15 April, online: https://multipolarista.com/2022/04/15/german-eu-official-russians-dont-value-life/

Norton, Benjamin and Asa Winstanley (2022) 'Inside Operation Gladio: How NATO supported Nazis and terrorists', Multipolarista, 6 may, online: https://multipolarista.com/2022/05/06/operation-gladio-nato-nazis-cia/

NPR (2014) 'The Secret Operation To Bring Nazi Scientists To America', 15 February, online: https://www.npr.org/2014/02/15/275877755/the-secret-operation-to-bring-nazi-scientists-to-america

NSA (2019) 'Understanding the CIA: How Covert (and Overt) Operations Were Proposed and Approved during the Cold War', National Security Archive, online: https://nsarchive.gwu.edu/briefing-book/intelligence/2019-03-04/understanding-cia-how-covert-overt-operations-proposed-approved-during-cold-war

NWM (2022a) 'The 13th Waffen SS Mountain Division "Handschar" (Croatian Nr.1)', online: https://www.nevingtonwarmuseum.com/german-volunteers—-13th-waffen-ss-mountain-division-handschar-croatian-nr1.html[2]

NWM (2022b) '21st Waffen Mountain Division of the SS Skanderbeg (1st Albanian)', online: https://www.nevingtonwarmuseum.com/21st-waffen-mountain-division-of-the-ss-skanderbeg-1st-albanian.html

Pakistan Defence (2022) 'German EU Official Uses Racist Rhetoric Claiming Russians Don't Value Life', online: https://defence.pk/pdf/threads/german-eu-official-uses-racist-rhetoric-claiming-russians-dont-value-life.740637/

Presseisen, E.L. (1958) 'The Anti-Comintern Pact' in Germany and Japan, International Scholars Forum, Springer, Dordrecht. https://doi.org/10.1007/978-94-017-6590-9_4

Primidi (2017) 'Collaboration During World War II - By Country – Norway', online: https://www.primidi.com/collaboration_during_world_war_ii/by_country/norway

Rosenberg, Jennifer (2020) 'Lebensraum: Hitler's Search for More German Living Space', ThoughtCo, 23 March online: https://www.thoughtco.com/lebensraum-eastern-expansion-4081248

---

2. https://www.nevingtonwarmuseum.com/german-volunteers---13th-waffen-ss-mountain-division-handschar-croatian-nr1.html

Rossoliński-Liebe, Grzegorz (2014) Stepan Bandera: The Life and Afterlife of a Ukrainian Nationalist: Fascism, Genocide, and Cult, Ibidem Press

Roul, Animesh (2010) 'State Actors and Germ Warfare: Historical Perspective', CBW Magazine, July-December, online: https://idsa.in/cbwmagazine/StateActorsandGermWarfare_aroul

RT (2021) 'A History of European Fascism', online: https://www.youtube.com/watch?v=X_ra2VHjNAk

Ruggerio, Bob (2018) 'A Cautionary Tale of Hitler's American Friends', Houston Press, 27 September, online: https://www.houstonpress.com/arts/the-nazis-admirers-in-the-united-states-10890545

Schere, Daniel (2018) 'Danish royal family was courageous during Holocaust', Washington Jewish Week, 28 February, online: https://www.washingtonjewishweek.com/danish-royal-family-was-courageous-during-holocaust/

Scherner, Jonas (2006) 'Industrial Investment in Nazi Germany: The Forgotten Wartime Boom', online: https://www.semanticscholar.org/paper/Industrial-Investment-in-Nazi-Germany%3A-The-Wartime-Scherner/740b34dc8120e0e8b167b99a09d77d3b4530be2c

Shuriye, Abdi O (2012) 'Research: Al-shabaab's Leadership Hierarchy and its Ideology', Horn Affairs, 7 May, online: https://hornaffairs.com/2012/05/07/

research-al-shabaabs-leadership-hierarchy-and-its-ideology/

Strobl, Gerwin (2007) *The Germanic Isle*[3], University of Wales, Cardiff

Summerton, Jonathan (2002) 'Swiss supplied arms to Nazi war machine', Swiss Info, 22 March, online: https://www.swissinfo.ch/eng/swiss-supplied-arms-to-nazi-war-machine/2613736

Tabarovsky, Izabella (2016) 'Lev Simkin: "The Holocaust Began in Ukraine"', Wilson Centre, 20 June, online: https://www.wilsoncenter.org/article/lev-simkin-the-holocaust-began-ukraine

World Population Review (2022) 'World War II Casualties by Country' online: https://worldpopulationreview.com/country-rankings/world-war-two-casualties-by-country

WHL (2022) 'German occupation and alliances', The Weiner Holocaust Library, online: https://www.theholocaustexplained.org/life-in-nazi-occupied-europe/occupation-case-studies/[4]

WW2Database (2009) 'The Pact of Steel, 22 May 1939, online: https://ww2db.com/battle_spec.php?battle_id=228

---

3. https://www.cambridge.org/gb/academic/subjects/history/twentieth-century-european-history/germanic-isle-nazi-perceptions-britain

4. https://www.theholocaustexplained.org/life-in-nazi-occupied-europe/occupation-case-studies/ukraine/

Yad Vashem (2022) 'Murder of the Jews of the Baltic States', online: https://www.yadvashem.org/holocaust/about/final-solution-beginning/baltic-states.html

Yeager, Carolyn (2013) 'Anglo-German Naval Agreement of June 18, 1935', Carolyn Yeager, 15 June, online: https://carolynyeager.net/anglo-german-naval-agreement-june-18-1935

5. La cultura sionista de la cancelación: poner patas arriba el "racismo"

Gráfico uno: El "truco" del antisemitismo intenta ocultar el cruel racismo israelí. Fuente SOTT

• • • •

En los últimos tiempos, el liberalismo de izquierda occidental ha sido criticado por su "cancelación de la cultura", su obsesión con el lenguaje y las políticas de identidad individual. Sin embargo, la cultura reaccionaria de la cancelación existe desde hace mucho más tiempo, como lo demuestran las purgas macartistas en Estados Unidos. A este campo reaccionario deberíamos agregar la cultura de cancelación sionista (CCS), donde aquellos críticos con la colonia israelí en Palestina son eliminados de las plataformas políticas, académicas y mediáticas.

Estas purgas conllevan intimidación del debate público. Después de las acusaciones de antisemitismo, muchos se ven obligados a evitar las críticas a la segregación racial (*apartheid*) israelí y la limpieza étnica en favor de clichés de equivalencia moral para no arriesgarse, como el "conflicto árabe-israelí", que exigen un trato "imparcial" o una "moderación mutua" frente a la masacres y despojos que siguen siendo fundamentales para el proceso colonizador.

La CCS se caracteriza por sus acusaciones artificiales de "racismo" anti-judío (antisemitismo, en su uso europeo) contra quienes se atreven a criticar a la colonia. Lo que alguna vez fue visto en Europa como una cuestión de profunda discriminación e incluso genocidio se ha convertido en un cliché global utilizado para defender a la colonia israelí. Esta afirmación de "racismo" es peculiar, ya que el racismo más profundamente arraigado surge de los crímenes de los colonizadores que (como los israelíes) buscan degradar y descalificar a los habitantes originales de la tierra colonizada. En el caso de Israel, los colonizadores, en su mayoría europeos y norteamericanos, se hacen pasar por víctimas del racismo, incluso cuando realizan una limpieza étnica del pueblo palestino indígena.

Este peculiar fenómeno surgió porque las comunidades judías que habían sufrido siglos de discriminación en Europa, principalmente bajo los imperios cristianos, se vieron alentadas por una nueva ola de colonialismo europeo a finales del siglo XIX a engendrar su propio movimiento colonial e impusieron un reinado de terror al pueblo de Palestina. Los esfuerzos extremos del siglo XXI por encubrir este simple hecho histórico nos dicen que la batalla por la legitimidad de Israel les es importante.

Pero ¿por qué se dedica tanto esfuerzo a esta batalla, en este momento? Sugiero que tiene que ver con la vulnerabilidad de la colonia y su importancia estratégica para Washington, el principal autor de las guerras del Nuevo Oriente Medio del siglo XXI. Israel se encuentra en el ojo de una tormenta de múltiples guerras.

Muchos imaginan que, gracias a su dominio militar de Palestina y sus poderosos aliados, Israel se encuentra en una posición fuerte. Esto es un malentendido. En la década de 1980, la Sudáfrica del apartheid también tenía armas nucleares, parecía invencible en la región y estaba respaldada por Estados Unidos y el Reino Unido. Empero, a los pocos años ese sistema colapsó (Eby y Morton 2017).

Como bien saben los líderes israelíes, las raíces del colapso sudafricano se encuentran en los elementos vinculados de resistencia e ilegitimidad. Los ex primeros ministros israelíes Ehud Barak y Ehud Olmert han dicho que, una vez que desaparezca la ilusión de una solución de "dos Estados" (dada una resistencia sustancial y constante), Israel enfrentará una campaña antiapartheid imposible de ganar (McCarthy 2007; Sommer 2017). Por lo tanto, vale la pena mirar más de cerca la resistencia y la legitimidad para comprender los denodados esfuerzos de la cultura de cancelación sionista.

1. La cultura de la cancelación sionista del siglo XXI

La cultura de la cancelación sionista es un esfuerzo concertado para extinguir las voces que exponen la naturaleza del apartheid de la supuesta "única democracia en Oriente Medio". Los principales blancos son aquellos que realmente se solidarizan con el pueblo palestino y o la resistencia.

El uso de falsas afirmaciones de antisemitismo para purgar a líderes políticos tiene su mejor ejemplo en la reciente expulsión del líder del Partido Laborista británico, Jeremy Corbyn. Aunque la oligarquía británica no le agradaba el izquierdista Corbyn por otras razones, no es coincidencia que el antisemitismo fuera central en el pretexto utilizado por su sucesor, Keir Starmer, para "suspender" a Corbyn del partido que una vez dirigió (Scott 2020).

La medida contra Corbyn fue parte de una purga más amplia de críticos de Israel dentro del ala alternativa del Estado británico (Winstanley 2020; MEMO 2020). Si bien Gran Bretaña fue la "madre" de la colonia sionista, ya no es la potencia hegemónica clave en Asia Occidental. Sin embargo, un gobierno británico comprometido con los derechos del pueblo palestino privado de sus derechos habría sido un duro golpe para la colonia. Esa amenaza ha sido eliminada por ahora.

En el ámbito académico, las purgas han sido más intensas en el Reino Unido, Francia y Estados Unidos (la OTAN y los miembros permanentes del Consejo de Seguridad de las Naciones Unidas), que son los más importantes para el lobby israelí. El objetivo ha sido eliminar plataformas de voces críticas en apoyo a Palestina y a la resistencia regional.

Un artículo reciente de *The Guardian* citaba a varios académicos británicos sobre el problema de los directivos universitarios que intentan "silenciar a los académicos en las redes sociales". Se dijo que esto era parte de una tensión entre la universidad corporativa y las redes sociales, donde "por un lado, las universidades están presionando a su personal para que sea más activo en línea... pero cuando esa voz individual entra en conflicto con la marca oficial, crea una tensión. ... sobre la protección de la marca" (Reidy 2020). Los medios corporativos también han descubierto que pueden utilizar esta tensión para incitar a la administración a actuar en contra de académicos seleccionados.

El lobby israelí ha invertido tiempo y esfuerzos en este territorio, en particular tratando de vilipendiar a figuras públicas que critican a Israel, afirmando que los críticos actúan de manera "racista" contra el pueblo judío. La Alianza Internacional para la Memoria del Holocausto ha tenido cierto éxito en sus intentos de ampliar la definición de antisemitismo en "las críticas a Israel y el apoyo a los derechos de los palestinos" (England 2017). Este documento se analiza a continuación.

Un grupo de presión israelí en Estados Unidos, bajo el pretexto de "proteger a los estudiantes judíos", calificó de "partidistas" a más de 200 académicos que apoyaron el boicot contra Israel (AMCHA 2014). Académicos y docentes han sido acosados de sus puestos en los EE.UU., el Reino Unido, Australia y Nueva Zelanda debido a sus comentarios sobre Israel, incluidos aquellos que han planteado preguntas académicas legítimas sobre los crímenes del "colonialismo de colonos etnonacionalistas" y sobre las 'víctimas que se convierten en perpetradores' (Flaherty 2016; Sales 2020).

Los escritores judíos no han sido inmunes a estos ataques, y algunos han respondido, confirmando que "se utilizan acusaciones infundadas de antisemitismo para encubrir el apartheid israelí" (Handmaker 2019; Weiss 2019). Más recientemente, sesenta académicos judíos e israelíes criticaron al parlamento alemán por sus intentos de comparar el movimiento de Boicot, Desinversión y Sanciones con el antisemitismo (O'Malley y Gardner, 2019).

De manera similar, una carta de 2017 firmada por más de 200 académicos británicos se quejó de los repetidos intentos del grupo de presión israelí de vincular la crítica académica a Israel y el apoyo al pueblo palestino con el antisemitismo. Estas medidas se consideraron "interferencias escandalosas con la libertad de expresión" y "ataques directos a la libertad académica". El grupo dijo: "queremos expresar nuestra consternación por este intento de silenciar el debate universitario sobre Israel, incluida su violación de los derechos de los palestinos durante más de 50 años. Es con incredulidad que somos testigos de una interferencia política explícita en los asuntos universitarios en interés de Israel bajo el ligero disfraz de la preocupación por el antisemitismo" (Rosenhead 2017; England 2017).

Los Estados hegemónicos refuerzan este proceso. En Estados Unidos, el presidente Donald Trump firmó una orden ejecutiva para retener fondos de universidades que no hicieran lo suficiente para detener las "prácticas antisemitas", incluidas específicamente las críticas a Israel (Basken 2019).

Las universidades cada vez más corporativizadas, por su parte, se sienten vulnerables a posibles daños a su reputación, y eso se ve agravado por el patrocinio de grupos de intereses especiales (o financiamiento) más las leyes sobre influencia extranjera que buscan alinear las academias con la política oficial del gobierno.

Es importante destacar que los medios corporativos y estatales occidentales, en su mayor parte, excluyen sistemáticamente a los comentaristas críticos de Israel, junto con aquellos que apoyan la resistencia a las nuevas guerras de Washington en Oriente Medio. Esto quedó bien ilustrado por la ruptura de la conexión de *CNN* con el comentarista académico estadounidense Marc Lamont Hill (*AP* 2018).

Cuando se eliminan las fuertes denuncias del apartheid israelí, el debate occidental vuelve más fácilmente a los clichés de equivalencia moral, junto con las demandas de evitar el supuesto antisemitismo dirigido a la colonia del apartheid. Esto ha llevado a campañas delirantes contra el supuesto racismo antijudío en el Partido Laborista británico (posterior a Jeremy Corbyn), simplemente por el fuerte sentimiento pro palestino de ese partido (Winstanley 2020).

2. La caída de la colonia sionista

El actual Estado de Israel surgió de las demandas del movimiento sionista europeo y ruso de finales del siglo XIX, como reacción a siglos de discriminación y represión periódica. Si bien Gran Bretaña obtuvo una concesión al final de la Primera Guerra Mundial, basada en tierras arrebatadas a los otomanos, el sionismo no fue popular ni siquiera entre los judíos europeos hasta el intento de genocidio de los nazis de 1941-45 (Black, 1984). Después de la Segunda Guerra Mundial, como reacción al holocausto nazi y los campos de exterminio, los judíos liberales se unieron a los sionistas, pensando que se podría crear un refugio judío, siempre y cuando no fuera a expensas de los palestinos nativos.

Sin embargo, la idea de cooperación y dos Estados siempre fue un mito. Como señaló el historiador israelí Ilan Pappe en su libro *La limpieza étnica de Palestina*, el principal arquitecto de la colonia, David Ben Gurion, quería apoderarse del "ochenta o noventa por ciento" de la Palestina ocupada por los británicos, eliminando a la mayor parte de la población árabe. "Sólo un Estado con al menos un 80 por ciento de judíos [sería] un Estado viable y estable", dijo Ben Gurion a los fieles del partido en 1947 (Pappe 2006: 26, 48). En consecuencia, el *Plan Dalet* final de 1948 tenía como objetivo "destruir aldeas", eliminar la resistencia armada y garantizar que cualquier población árabe que resistiera "fuese expulsada fuera de las fronteras del Estado" (Pappe 2006: 39). Siguieron múltiples masacres, incluida la infame destrucción de la aldea de Deir Yassin que fue totalmente arrasada (McGowan y Hogan 1999).

Más de siete décadas después, aún careciendo de su propio Estado y a pesar de la limpieza étnica en curso en la ocupada Cisjordania, además de la continua ocupación del Golán sirio y partes del sur del Líbano, la población árabe palestina no ha disminuido. Más bien, ha comenzado a superar en número a la población judía israelí. Los palestinos se negaron a desaparecer. A pesar de las negaciones de algunos escritores sionistas (Faitelson 2009; Eldar 2018), la población palestina ha crecido en relación con la población judío-israelí, pese a los esfuerzos de la colonia por reclutar judíos inmigrantes, principalmente de Europa del este y Estados Unidos.

Fuentes israelíes confirman el giro pro palestino. La Biblioteca Virtual Judía muestra que la población judía de Israel (llamada "Palestina de 1948" por la mayoría de los árabes) disminuyó de un máximo del 88,9 por ciento en 1960 al 74,7 en 2017 (JVL 2017). Paralelamente, funcionarios de la Oficina Central de Estadísticas de Israel y de la administración civil de los Territorios Ocupados (OCEITO), dirigida por militares, dicen que la población árabe de Gaza, Cisjordania y los ciudadanos árabes de Israel, junto con los residentes del municipio anexado de Jerusalén Oriental, suman 6.5 millones, aproximadamente el mismo número que "los judíos que viven entre el Valle del Jordán y el Mediterráneo" (Heller 2018). Así, a principios del siglo XXI, los judíos israelíes y los árabes palestinos sostienen un número similar; y esto es antes de incluir a los millones de palestinos refugiados y exiliados.

Además, la causa palestina ha ganado legitimidad, favorecida por la brutalidad y la arrogancia israelí. En 2018, un periodista israelí publicó detalles de 2.700 asesinatos llevados a cabo por los servicios secretos sionistas: "más personas [asesinadas] que cualquier otro país del mundo occidental" (Bergman 2018: xxii). La abierta arrogancia ante tales "logros", dice el periodista, ciega a los líderes de la colonia ante sus fracasos estratégicos (Bergman 2018: 629). A pesar de un poderoso grupo de presión israelí en Europa, que intenta sanear la ocupación, el 65 por ciento de los europeos reconoce que Israel participa en discriminación religiosa (Abdullah y Hewitt 2012: 41-42, 279). El argumento sionista de que oponerse a Israel se considera racista o antisemita está perdiendo terreno en Europa—poco más de la mitad (53 por ciento) de los europeos mayores de 55 años todavía creen esto, pero solo el 45 por ciento de los jóvenes entre 18 y 24 años (Abdullah y Hewitt 2012: 292).

El reconocimiento de Palestina a nivel de la ONU ha aumentado mientras que el de Israel se ha debilitado. En 1988, la Asamblea General de las Naciones Unidas reconoció la proclamación del Estado de Palestina y comenzó a utilizar "Palestina" en lugar de OLP para la delegación. En 2011 Palestina fue admitida en la UNESCO (MSPUN 2013). Como reacción, en 2017, tanto Israel como Estados Unidos se retiraron como miembros de la UNESCO, alegando prejuicios anti-israelíes (Beaumont 2017). Cuando el Consejo de Derechos Humanos de la ONU aprobó varias mociones contra Israel, incluido el llamado a un embargo de armas, el ministro de Relaciones Exteriores del Estado sionista reaccionó pidiendo que Israel se retirara de ese organismo (*JPost* 2018).

En 2012, la Asamblea General de las Naciones Unidas otorgó el estatus de "Estado observador no miembro" a la delegación palestina, marcando por primera vez que la Asamblea General consideró a Palestina como un Estado (AGNU, 2012). Para 2018, 137 Estados miembros de la ONU reconocieron el Estado de Palestina (MSPUN 2018). Una de las ventajas de este avance ha sido la nueva capacidad de la Autoridad Palestina para reconocer y adoptar tratados como el Estatuto de Roma, permitiendo a Palestina remitir la matanza sionista de civiles a la Corte Penal Internacional como "crímenes contra la humanidad" (Morrison 2018). Eso no era posible antes de 2012.

Sin embargo, la actual colonización de Cisjordania, a pesar de las débiles protestas ocasionales de Europa y Estados Unidos, ha socavado cualquier posibilidad real de una solución de dos Estados. Lo único que es posible ahora es un tipo de solución bantustánica fragmentada, como la presentada por el apartheid en Sudáfrica en la década de 1980, justo antes de que ese sistema se desmoronara (Swift 2020). La ficción de siete décadas de un Estado árabe se mantiene porque, como reconocieron los ex primeros ministros Olmert y Barak, sin la ilusión de dos Estados la colonia enfrentará una campaña antiapartheid imposible de ganar (McCarthy 2007; Sommer 2017).

Es casi seguro que el avance hacia alguna forma de Estado único se logrará a través de la campaña anti-apartheid, aprovechando la resistencia palestina, fortaleciendo aún más la campaña internacional de ilegitimidad junto con (en el mejor de los casos) una relativa unidad entre las fuerzas de resistencia palestina y regionales y una relativa desunión entre los patrocinadores de la colonia israelí (Anderson 2018). Sin embargo, ni siquiera desmantelar el régimen del apartheid resolvería todos los problemas de la colonia. Como ha señalado la relatora de la ONU Francesca Albanese (2022), incluso si se instituyera la ciudadanía igualitaria, eso no necesariamente abordaría las cuestiones de los crímenes de guerra, el robo de tierras y los millones de refugiados palestinos.

La supervivencia de Israel como Estado de apartheid no es simplemente una cuestión de preocupación para los sionistas, que influyen fuertemente en Washington, pero no lo controlan. La colonia fue facilitada por Gran Bretaña pero luego heredada por Estados Unidos, que la ha utilizado como medio para desestabilizar y controlar la región de Oriente Medio. Su papel estratégico se ha vuelto particularmente agudo ya que Washington teme una pérdida de influencia tanto en Europa como en Asia.

El ex alto funcionario estadounidense Zbigniew Brzezinski, en su libro de 1997 *El gran tablero de ajedrez: la primacía estadounidense y su imperativo geoestratégico* (*The Grand Chessboard: American Primacy and Its Geostrategic Imperatives*), destacó la necesidad de Washington de bloquear la inminente integración pacífica de Eurasia, ya que eso pondría fin al poder global de EEUU. La extrema consternación estadounidense por el ascenso de China y el papel de Rusia, junto con las múltiples guerras del Nuevo Oriente Medio del siglo XXI (Anderson, 2019), debe verse desde esta perspectiva. Estas consideraciones siguen siendo válidas, a pesar de los ajustes realistas del propio Brzezinski, antes de su muerte, al afirmar que "a medida que termina su era de dominio global, Estados Unidos necesita tomar la iniciativa en la realineación de la arquitectura de poder global" (Whitney 2016).

El régimen israelí (pero quizás ya no junto con Arabia Saudita, el agente regional clave de Estados Unidos para el terrorismo sectario, después del acercamiento entre Arabia Saudita e Irán de 2023, facilitado por China) sigue siendo la herramienta central de la influencia estadounidense en la región de Oriente Medio. Esa relación fue destacada más de una vez por el presidente Joe Biden. En 1986, el entonces senador Biden dijo que Israel era "la mejor inversión de tres mil millones de dólares [por año] que hacemos. Si no existiera un Israel, los Estados Unidos de América tendrían que inventarlo para proteger nuestros intereses en la región" (Candidate

Research 2019). En 2013 repitió prácticamente el mismo argumento: "si no existiera un Israel, tendríamos que inventar uno para asegurarnos de que se preservaran nuestros intereses" (HDN 2013).

Es en este contexto –la desesperación de la colonia israelí por evitar enfrentar una campaña abierta contra el apartheid y la urgencia de Washington, ante el ascenso de China y la integración euroasiática, de no perder el control de Asia occidental y central– el que podemos entender mejor por las intensas campañas de 'antisemitismo' del grupo de cabildeo israelí.

Este intento artificial de redefinir el racismo se complementa con la campaña profundamente racista para pretender que el pueblo palestino y Palestina simplemente no existen (Greenfield 2019; Harsanyi 2019, MEE 2019). Esto es un complemento a la constante limpieza étnica de Cisjordania, que logra robar tierras pero no logra desplazar a la mayoría de los no ciudadanos de la colonia.

3. La "definición" de la AIMH, también conocida como el "truco" del antisemitismo

El 26 de mayo de 2016, la Alianza Internacional para la Memoria del Holocausto (AIMH), un grupo que anteriormente se había centrado en oponerse a la "negación del Holocausto", adoptó una definición práctica de antisemitismo. Se dice que el documento obtuvo el respaldo de varios gobiernos europeos, así como el apoyo de Israel y Estados Unidos. Sin embargo, es un documento equivocado que intenta vincular el racismo antijudío con "ilustraciones" erróneas centradas principalmente en Israel. Estas constantes acusaciones de antisionismo como antisemitismo intentan blindar el verdadero racismo de la colonia sionista.

Hace más de una década, el ex ministro israelí Shulamit Aloni admitió que vincular las críticas a Israel con el racismo antijudío ("antisemitismo") era "un truco" utilizado por el grupo de cabildeo israelí. Llamar antisemita a alguien por criticar a Israel "es un truco", dijo, "siempre lo usamos". Cuando las críticas provienen de Europa "entonces sacamos a relucir el holocausto"; cuando EEUU critica a Israel "entonces son antisemitas". El lobby israelí tiene "poder, medios de comunicación y otras cosas y su actitud es: Israel, mi país, tiene razón o no... no están preparados para escuchar críticas... Así que sacar a relucir el holocausto y el sufrimiento del pueblo judío, eso justifica todo lo que le hacemos a los palestinos" (Aloni 2010).

Esa tradición engañosa es continuada por la AIMH, que ha presentado una definición práctica de antisemitismo de la siguiente manera: "El antisemitismo es una cierta percepción de los judíos, que puede expresarse como odio hacia los judíos. Las manifestaciones retóricas y físicas de antisemitismo están dirigidas a personas judías o no judías y/o sus propiedades, a instituciones de la comunidad judía e instalaciones religiosas" (*IHRA* 2016).

Hasta ahora podría parecer razonable, si aceptamos que "antisemita" significa antijudío. Sin embargo, como se trata de un concepto eurocéntrico que excluye a muchos otros grupos de "semitas", entre ellos los de habla árabe, un término mejor podría ser "antijudío". Hay al menos dos buenas razones para aclarar el racismo antijudío: la primera tiene que ver con la larga historia europea de discriminación contra los judíos europeos, la segunda tiene que ver con la errónea fusión de Israel con el pueblo judío.

Sin embargo, el documento de la AIMH confunde irremediablemente el asunto con las ilustraciones adjuntas, que combinan al pueblo judío con Israel y buscan así descalificar las críticas a Israel. Ocho de las doce (a veces contradictorias) ilustraciones de la AIMH se refieren al Estado de Israel, mostrando las prioridades de la AIMH y desviando el documento de su propósito declarado: identificar el racismo antijudío.

El racismo y la discriminación racial, tal como lo aclara la Convención sobre la Discriminación Racial de 1965, se refieren a acciones discriminatorias contra "seres humanos" (*ACNUDH*

1965). Es decir, la discriminación es algo que se inflige a las personas, no a los Estados. Los sujetos de los derechos son los seres humanos (Yeatman 2000) y, en el caso de los derechos colectivos como el derecho a la autodeterminación, los "pueblos" (*ICCPR* 1966: Artículo 1; Mello 2004). Los "derechos humanos" no corresponden a ningún Estado. Sin embargo, cuando los Estados ratifican tratados internacionales, "asumen obligaciones y deberes en virtud del derecho internacional de respetar, proteger y cumplir los derechos humanos" (*UNO* 2019). Por lo tanto, la crítica a un Estado nunca debe confundirse con prejuicios o discriminación contra un pueblo.

Si bien "raza" es un concepto ficticio, ya que no existen diferencias intrínsecas entre las comunidades humanas, como lo afirma la Declaración de Durban de la ONU (*ACNUDH* 2002: 11), y si bien el pueblo judío no constituye una etnia (la mayoría son europeos), ciertamente puede ser objeto de discriminación racial o racismo, como comunidad religiosa. La Declaración de Durban lo reafirma en su rechazo de "los movimientos raciales y violentos basados en el racismo y las ideas discriminatorias contra las comunidades judía, musulmana y árabe" (*ACNUDH* 2002: 28).

Las raíces de la discriminación antijudía en Europa se remontan a muchos siglos atrás y parecen haber cobrado fuerza a partir de los conceptos y prácticas de los primeros imperios cristianos, comenzando con Constantino (Carroll 2002; Julius 2010; Seaver 1952). A partir de ahí, muchos regímenes europeos practicaron una discriminación sistemática contra los judíos, excluyéndolos de la ciudadanía, quitándoles sus propiedades o expulsando abiertamente a poblaciones enteras, por ejemplo de Francia, Inglaterra y España (Dahan 2004; Singer 1964; Beinart 2005). En otras épocas, a los judíos de la Europa medieval, a pesar de enfrentar discriminación periódica, les fue bien y sus comunidades crecieron (Chazan 2010). Sin embargo, se inventaron historias falsas de judíos europeos involucrados en asesinatos rituales (Johnson 2012; Teter 2019).

Los estereotipos desarrollados en la literatura europea ayudaron a reforzar los prejuicios contra el pueblo judío. El personaje de Shakespeare, Shylock, en *El mercader de Venecia*, y el *Fagin* de Charles Dickens, en *Oliver Twist*, reflejaban y fomentaban feos estereotipos de viejos judíos de nariz aguileña, prestamistas que buscaban su 'libra de carne' (Shylock) y manipuladores criminales de niños (*Fagin*). Ese tipo de imágenes prejuiciosas persisten en muchas culturas europeas.

Los períodos de renacimiento y fanatismo cristianos, como las cruzadas y la Inquisición española (Kamen 2014), ayudaron a generar fuertes prejuicios antijudíos en Europa e impulsaron prácticas de exclusión social y expulsión. Todo eso precedió a los grandes crímenes de la Alemania nazi contra los judíos europeos, una historia que merece un estudio aparte. Millones de judíos europeos fueron asesinados en una campaña concertada, promovida por múltiples líderes nazis, en una terrible campaña para "aniquilar" al pueblo judío (Berben 1975; Van Pelt 2002; Friedländer 2009). Los esfuerzos por negar este gran crimen son ignorantes y deplorables.

Sin embargo, esa historia tiene poco que ver con la colonización sionista de Palestina, un proyecto británico que comparte gran parte de su historia racial con otras colonizaciones europeas, como la de América y Australia. En todos estos casos, las ideologías raciales se desarrollaron en un intento de legitimar la limpieza étnica y las masacres raciales a gran escala. Esta práctica imperial y colonial es la raíz de las formas más graves de racismo, incluido el infligido al pueblo palestino.

Las masacres imperiales pasadas llevaron al abogado judío polaco Rafael Lemkin a acuñar el término "genocidio" como una característica "recurrente" de la historia humana, como la que se vio en la destrucción de comunidades cristianas bajo los otomanos (en Moses 2010: 8). Más tarde, mientras el holocausto nazi estaba en marcha, Lemkin escribió sobre el genocidio como "un plan coordinado... dirigido a la destrucción de fundamentos esenciales de la vida de los grupos nacionales, con el objetivo de aniquilar a los propios grupos" (Lemkin 1944: 79). Cuando surgieron imágenes de los campos de exterminio en 1945, el término se aplicó correctamente a la matanza sistemática de judíos europeos por parte de la Alemania nazi.

Por más impactante que fuera ese gran crimen, muchas veces se habían llevado a cabo genocidios y asesinatos en masa similares en las colonias europeas, por ejemplo, la hambruna forzada de millones en Bengala entre 1942 y 1943, y la matanza de millones de personas a manos de los belgas en el Congo. El mayor genocidio registrado ocurrió durante la colonización de las Américas, donde el 95 por ciento de los 75 a 100 millones de indígenas americanos fueron eliminados (Stannard 1992: 266-268; Churchill 1997).

Volvamos a la "definición de trabajo" de la AIMH y sus "ilustraciones" adjuntas. En el lado positivo, una referencia inicial sugiere el reconocimiento de la igualdad ante la ley, un tema legal y de derechos humanos clave. "Las críticas a Israel similares a las dirigidas a cualquier otro país no pueden considerarse antisemitas", dice el documento. Más adelante, confundiendo a un pueblo con un Estado, el documento sugiere que el antisemitismo puede incluir: "la aplicación de dobles estándares al exigirle un comportamiento que no se espera ni se exige de ninguna otra nación democrática". Si esto fuera una referencia al pueblo judío, podría ser correcto. Pero la noción de igualdad ante la ley es negada en gran parte de lo que sigue, especialmente en lo que respecta al Estado de Israel.

El documento sugiere que las siguientes críticas a Israel están efectivamente prohibidas, como forma antisemita de racismo:

- "El ataque al Estado de Israel, concebido como colectividad judía";

- "Negar al pueblo judío su derecho a la autodeterminación, por ejemplo, al afirmar que la existencia del Estado de Israel es un esfuerzo racista"; y
- "Haciendo comparaciones de la política israelí contemporánea con la de los nazis".

La idea de que Israel no puede ser atacado o criticado como un "esfuerzo racista" es una sugerencia absurda, que contradice la cita de la AIMH sobre la igualdad ante la ley. Cualquier Estado que practique limpieza étnica y masacres de civiles, basándose en una ideología racial, debe ser criticado severamente. Ningún Estado puede reclamar inmunidad frente a las críticas, ya que eso alentaría más crímenes graves. La fundación del Estado de Israel mediante la limpieza étnica ha sido bien documentada (Pappe 2006); Un grupo israelí-palestino de derechos civiles ha documentado más de 65 leyes racistas creadas por el Estado sionista (Adalah 2017).

Es cierto que se recurre con demasiada frecuencia a comparaciones con la Alemania nazi. Sin embargo, cuando un Estado (i) demuestra una ideología racial que deshumaniza a una raza supuestamente distinta, (ii) lleva a cabo masacres basadas en dicha ideología y (iii) se involucra en una limpieza étnica sistemática, las comparaciones con regímenes fascistas anteriores, incluido el de la Alemania nazi, pueden estar justificado. De hecho, tales comparaciones pueden ser valiosas para resaltar grandes crímenes e inducir vergüenza en sus apologistas. Nada de esto es exclusivo de Israel, pero todos los elementos se aplican al Israel contemporáneo, una colonia judía mayoritariamente europea que, al bloquear todas las posibilidades de un Estado árabe contiguo, se ha convertido en un Estado de apartheid (*CCHS* 2022).

Naturalmente, a muchos judíos que apoyan a Israel (a menudo expresan a éste como un refugio para los judíos que sufrieron persecución en Europa) no les gustarán las comparaciones entre Israel y el Estado fascista alemán que llevó a cabo prácticas genocidas contra su propia comunidad religiosa. Pero esto suele ser consecuencia de la práctica colonial, e Israel no es el único en ese sentido. Otras minorías europeas perseguidas y empobrecidas llegaron a Australia, Canadá y América sólo para participar en la limpieza étnica y el genocidio de las poblaciones indígenas. Muchos judíos liberales imaginaron que la colonia israelí podría servir como refugio para los judíos europeos perseguidos. Pero, al igual que el difunto Albert Einstein, soñaron ingenuamente que esto podría suceder sin perjuicio para la población nativa de Palestina (Jerome 2009).

La cuestión de la práctica genocida contra el pueblo palestino por parte del Estado de Israel es un tema importante en el debate internacional. El Centro para los Derechos Constitucionales (CDC), con sede en Estados Unidos, expuso algunos términos de este debate, citando a varios académicos que afirman lo contrario: Martin Shaw, Francis Boyle, Ilan Pappe y el fallecido Michael Ratner. Observaron que la Revista de Estudios sobre Genocidio (*Journal of Genocide Studies*), si bien presentaba posiciones opuestas, rechazaba las quejas de que se trataba de una pregunta "ilegítima" para plantear o debatir (CCR 2016: 3-5). El CDC también señaló que incluso "docenas de sobrevivientes [judíos] del Holocausto" habían acusado a Israel de "genocidio" por sus ataques a Gaza y citó el llamado de Amnistía Internacional para que la CPI investigue y "rompa la cultura de impunidad" en Israel "que perpetúa la comisión de crímenes de guerra" (CCR 2016: 6-7).

• • • •

En 2002, la Declaración de Durban de la ONU (de la 'Conferencia Mundial contra el Racismo, la Discriminación Racial, la Xenofobia y las Formas Conexas de Intolerancia') expresó su preocupación por "la difícil situación del pueblo palestino bajo ocupación extranjera y reconoció el derecho del pueblo palestino a la autodeterminación bajo un Estado independiente" (ACNUDH 2002: 2, 29, 101). Sin embargo, la posibilidad de un Estado árabe independiente ha sido sepultada por sucesivas administraciones israelíes, creando un Estado de apartheid efectivo, donde la mitad de la población, a causa de su comunidad étnica o religiosa, no tiene los mismos derechos y, en la mayoría de los casos, no tiene ciudadanía. La Declaración de Durban condenó los crímenes de apartheid y genocidio como crímenes contra la humanidad (ACNUDH 2002: 9, 17, 20, 37-38) y varios informes autorizados, como el de los abogados estadounidenses Richard Falk y Virginia Tilley (2017), ahora hacen queda claro que Israel efectivamente se ha convertido en un Estado de apartheid y, por lo tanto, como crimen contra la humanidad, su sistema de apartheid debe ser desmantelado (Falk, Dugard y Lynk, 2023).

El ex Primer Ministro israelí Ehud Olmert (2007) reconoció que "si llega el día en que la solución de dos Estados colapsa y nos enfrentamos a una lucha al estilo sudafricano por la igualdad de derechos de voto... el Estado de Israel está acabado". La extensa limpieza étnica israelí de los últimos años ha creado esa misma circunstancia. En este contexto, tratar de eximir a Israel de las críticas por su práctica racista es una afrenta a los principios de antirracismo e igualdad ante la ley. Estos esfuerzos intentan encubrir los crímenes del colonialismo.

Algunas de las otras prácticas "racistas" sugeridas por la AIMH tienen que ver con prohibir la "negación del Holocausto" y eximir a las comunidades judías de la crítica:

- Negar el hecho, el alcance, los mecanismos (por ejemplo, las cámaras de gas) o la intencionalidad del genocidio del pueblo judío a manos de la Alemania nacional socialista y sus partidarios y cómplices durante la Segunda Guerra Mundial (el Holocausto).
- "Acusar a los judíos como pueblo o a Israel como Estado, de inventar o exagerar el Holocausto";

- "Acusar a los ciudadanos judíos de ser más leales a Israel... que a los intereses de sus propias naciones"; y
- "Hacer a los judíos colectivamente responsables de las acciones del Estado de Israel".

No debería haber duda de que el intento de genocidio de los judíos europeos por parte de la Alemania nazi fue un crimen terrible que debe recordarse. Sin embargo, si la "negación" debería penalizarse (como es el caso en varios Estados europeos) es otra cuestión. Es muy posible que existan exigencias a corto plazo para reprimir el resurgimiento del fascismo en Europa. Sin embargo, declarar una "verdad oficial" sancionada por el Estado (por ejemplo, *EUVSDISINFO* 2020), encarcelar a alguna persona y suprimir los debates sobre la historia probablemente genere reacciones adversas. ¿Qué hay de malo en que los Estados ayuden a la educación popular mediante una extensa exhibición en museos (y estudios en las escuelas) de la evidencia de estos grandes crímenes y sus ideologías raciales asociadas? Las nuevas generaciones aprenden mejor mediante la investigación, la razón y la evidencia, que mediante el dogma decretado.

En cuanto a la prohibición de discutir críticas a las comunidades judías y sus organizaciones, si bien esto puede abordar estereotipos negativos, hay buenas razones por las que las comunidades religiosas y sus organizaciones públicas y secretas no deberían estar exentas de escrutinio. Si, por ejemplo, no se puede hablar del grupo secreto "sayanim" dirigido por el Mossad, porque es una red judía secreta, ¿por qué no deberíamos prohibir también la discusión sobre redes católicas secretas como el Opus Dei, o grupos musulmanes secretos como los Hermanos Musulmanes? De manera similar, si se puede discutir la responsabilidad del pueblo alemán por el ascenso del régimen nazi en Alemania (por ejemplo, Johnson y Reuband 2006), ¿por qué no el apoyo de las comunidades judías al ascenso del apartheid en Israel?

Privilegiar a determinadas comunidades en nombre de los derechos humanos y el antirracismo plantea serios problemas. Varios escritores honestos, que no dejan de simpatizar con el pueblo judío, han señalado que un Israel racializado es la mayor fuente contemporánea de prejuicios antijudíos. Ese fue el tema del *Sionismo: el verdadero enemigo de los judíos* por el periodista británico Alan Hart, confidente de la fallecida Primera Ministra israelí Golda Meir. Su argumento fue que los crímenes de Israel contra el pueblo de Palestina ayudan a inflamar los crecientes sentimientos antijudíos en Europa y América. De manera similar, los judíos religiosos antisionistas se quejan de que se les culpa por los crímenes de Israel. El rabino Yaakov Shapiro dice que la reciente declaración de Israel como "el Estado-nación del pueblo judío" es "una noción falsa y peligrosa para los judíos de todo el mundo" (*TTJ* 2018).

La declaración de la AIMH ha sido atacada por estudiosos de la historia judía y el antisemitismo, en particular el profesor David Feldman, quien observa "tres problemas fatales" existen en la declaración de la AIMH: no hay referencia a la lucha universal contra todas las formas de discriminación e intolerancia, el núcleo de la declaración está ampliamente tergiversado y sirve como base para "combinar los intereses de Israel" con "la lucha contra el antisemitismo" (Feldman 2022). Feldman dice que "perdemos el rumbo cuando la lucha contra el antisemitismo, un movimiento destinado a proteger a las minorías judías de la intolerancia y la violencia, se alinea estrechamente con los intereses políticos del Estado de Israel". Él y otros han promovido otra declaración, la Declaración de Jerusalén, cuyo objetivo es unir las luchas contra el antisemitismo con luchas más amplias contra "todas las formas de discriminación racial".

La historia, los mitos y los males del racismo antijudío europeo ciertamente merecen atención. Pero el racismo en términos más generales proviene del imperialismo y el colonialismo. Vincular el Estado esencialmente colonial y racista de Israel con una definición de racismo antijudío es una farsa. Los intentos de prohibir los debates sobre las víctimas que se convierten en perpetradores y la recolonización no van a ninguna parte. Mientras tanto, se nos presentan debates distorsionados sobre el racismo, por parte de sionistas europeos y norteamericanos relativamente privilegiados, respaldados por multimillonarios. Obtienen sus segundos pasaportes y gritan "racismo" cuando son atacados por desposeer a los palestinos indígenas. Ésa es la narrativa perversa que la cultura de la cancelación sionista ha ayudado a crear, otro aspecto de lo que el fallecido Eduardo Galeano llamó el "mundo al revés".

Referencias

Abdullah, Daud and Ibrahim Hewitt (2012) The battle for Public Opinion in Europe, MEMO Publishers, London

Adalah (2017) 'The Discriminatory Laws Database', 25 September, online: https://www.adalah.org/en/content/view/7771

Albanese, Francesca (2022) 'Report of the Special Rapporteur on the situation of human rights in the Palestinian territories occupied since 1967, Francesca Albanese (A/77/356) [EN/AR]', Relief Web, 22 October, online: https://reliefweb.int/report/occupied-palestinian-territory/report-special-rapporteur-situation-human-rights-palestinian-territories-occupied-1967-francesca-albanese-a77356-enar

Aloni, Shulamit (2010) 'Anti-semitic, it's a trick we always use it", YouTube, online: https://www.youtube.com/watch?v=D0kWAqZxJVE

AMCHA (2014) 'AMCHA Publishes List of Over 200 Anti-Israel Middle East Studies Professors, online: https://amchainitiative.org/amcha-publishes-list-of-over-200-anti-israel-middle-east-studies-professors/

Anderson, Tim (2018) 'The Future of Palestine', Centre for Counter Hegemonic Studies, 7 August, online: https://counter-hegemonic-studies.site/future-palestine-1/

Anderson, Tim (2019) Axis of Resistance, Clarity Press, Atlanta GA

Anderson, Tim (2020) 'What's wrong with the IHRA "working definition" of Anti-Semitism?', Black Agenda Report, 29 Jan, online: https://www.blackagendareport.com/whats-wrong-ihra-working-definition-anti-semitism

AP (2018) 'CNN ends contract with contributor Mark Lamont Hill after speech on Israel', The Guardian, 30 November, online: https://www.theguardian.com/media/2018/nov/29/cnn-marc-lamont-hill-israel

Basken, Paul (2019) 'Trump tells universities to halt campus criticism of Israel', Times Higher Education, 12 December, online: https://www.timeshighereducation.com/news/trump-tells-universities-halt-campus-criticism-israel

Beinart, Haim (2005) The Expulsion of the Jews from Spain, Littman Library of Jewish Civilization, Liverpool

Berben, Paul (1975) Dachau: the official history 1933-1945, The Norfolk Press, London

Bergman, Ronan (2018) Rise and Kill First, Random House, New York

Beaumont, Peter (2017) 'UNESCO: Israel joins US in quitting UN heritage agency over 'anti-Israel bias', The Guardian, 13 October, online: https://www.theguardian.com/world/2017/oct/12/us-withdraw-unesco-december-united-nations

Black, Edwin (1984) 'The Transfer Agreement: The Untold Story Of The Secret Pact Between The Third Reich & Jewish Palestine', Revaluation Books, Exton

Brzezinski, Zbigniew (1997) The Grand Chessboard: American Primacy and Its Geostrategic Imperatives, Basic Books, New York

Candidate Research (2019) 'Joe Biden says if Israel didn't exist, the US would have to invent one to protect US interests', YouTube, 3 March, online: https://www.youtube.com/watch?v=FYLNCcLfIkM

Carroll, James (2002) Constantine's Sword: the Church and the Jews, Houghton Mifflin Harcourt, Mass.

CCR (2016) 'The Genocide of the Palestinian People: An International Law and Human Rights Perspective', Centre for Constitutional Rights, 25 August, online:

https://ccrjustice.org/genocide-palestinian-people-international-law-and-human-rights-perspective

CCHS (2022) 'SIX (6) important reports on Israeli Apartheid', 24 February, online: https://counter-hegemonic-studies.site/israeli-apartheid-6/

Chazan, Robert (2010) Reassessing Jewish Life in Medieval Europe, Cambridge University Press

Churchill, Ward (1997) A Little Matter of Genocide: holocaust and denial in the Americas, 1492 to the present, City Lights Books, San Francisco

Dahan, Gilbert (2004) L'Expulsion des Juifs de France: 1394, Paris, Le Cerf

Dickens, Charles (1837) Oliver Twist

Eby, John C. and Fred Morton (2017) 'The Collapse of Apartheid and the Dawn of Democracy in South Africa, 1993', Reacting Consortium Press, Chapel Hill NC

Eldar, Shlomi (2018) 'Israelis, Palestinians both use demography as political tool', 27 March, online: http://www.al-monitor.com/pulse/originals/2018/03/israel-palestinians-west-bank-gaza-strip-demography-abbas.html#ixzz5GHEEjBy2

England, Charlotte (2017) 'Free speech on Israel is under threat from groups conflating criticism of country with anti-Semitism, say academics', The Independent, 1 March, online: https://www.independent.co.uk/news/uk/home-news/free-speech-israel-anti-semitism-universityacademics-criticisms-jews-palestinian-rights-international-holocaust-remembrance-alliance-a7605306.html

EUVSDISINFO (2020) 'EUvsDisinfo database', online: https://euvsdisinfo.eu

Faittelson, Yakov (2009) 'The Politics of Palestinian Demography', Middle East Quarterly, Spring/March, Volume 16: Number 2, online: https://www.meforum.org/articles/2009/the-politics-of-palestinian-demography

Falk, Richard and Virginia Tilley (2017) Palestine - Israel Journal of Politics, Economics, and Culture; East Jerusalem Vol. 22, Issue 2/3, 191-196; also available here: https://counter-hegemonic-studies.net/israeliapartheid/

Falk, Richard John Dugard, and Michael Lynk (2023) Protecting Human Rights in Occupied Palestine: working through the United Nations, Clarity Press, Atlanta

Feldman, David (2022) '9th UNAOC global forum – Breakout Session 3', UN Web TV, 22 November, online: https://media.un.org/en/asset/k1y/k1y7rnpl8e

Flaherty, Colleen (2016) 'Oberlin Ousts Professor', Inside HigherEd, 16 November, online: https://www.insidehighered.com/news/2016/11/16/oberlin-fires-joy-karega-following-investigation-her-anti-semitic-statements-social

Friedländer, Saul (2009) Nazi Germany And The Jews, Phoenix, London

Greenfield, Daniel (2019) 'Peace doesn't exist; neither do the Palestinians', Arutz Sheva 7, online: https://www.israelnationalnews.com/Articles/Article.aspx/24206

Handmaker, Jeff (2019) 'Unfounded allegations of anti-Semitism cover up Israeli apartheid', MondoWeiss, 4 March, online: https://mondoweiss.net/2019/03/unfounded-allegations-apartheid/[1]

Harsanyi, David (2019) 'Sorry You're Offended, But 'Palestine' Does Not Exist', The Federalist, 2 April, online: https://thefederalist.com/2019/04/02/sorry-palestine-does-not-exist/

Hart, Alan (2005) Zionism: the real enemy of the Jews, Mackays, Chatham

HDN (2013) 'If there were no Israel, we'd have to invent one: Biden', Hurriyet Daily News, 2 October, online: https://www.hurriyetdailynews.com/if-there-were-no-israel-wed-have-to-invent-one-biden-55494

Heller, Jeffrey (2018) 'Jews, Arabs nearing population parity in Holy Land: Israeli officials', Reuters, 27 march, online: https://www.reuters.com/article/us-israel-palestinians-population/jews-arabs-nearing-population-parity-in-holy-land-israeli-officials-idUSKBN1H222T

---

1. https://mondoweiss.net/2019/03/unfounded-allegations-apartheid/?fbclid=IwAR1-fbanpDMCgSFG2WjEEupYVGMJcQIDEULAIOFjMhr-4teUBoUmGqP1iMI

IHRA (2016) 'Working Definition of Antisemitism', online: https://www.holocaustremembrance.com/working-definition-antisemitism

JDA (2021) 'The Jerusalem Declaration on antisemitism', online: https://jerusalemdeclaration.org

Jerome, Fred (2009) Einstein on Israel and Zionism, St Martin's Press, London

Johnson, Eric A and Karl-Heinz Reuband (2006) What We Knew: Terror, Mass Murder, and Everyday Life in Nazi Germany, Basic Books, New York

Johnson, Hannah (2012) Blood Libel: The Ritual Murder Accusation at the Limit of Jewish History, University of Michigan Press

JPost (2018) 'Lieberman: Israel must immediately withdraw from U.N. Human Rights Council', Jerusalem Post, 17 May, online: https://www.jpost.com/Breaking-News/Liberman-Israel-must-withdraw-immediately-from-UN-Human-Rights-Council-556701

JVL (2017) 'Demographics of Israel: Jewish & Non-Jewish Population of Israel/Palestine (1517 - Present), Jewish Virtual Library, online: http://www.jewishvirtuallibrary.org/jewish-and-non-jewish-population-of-israel-palestine-1517-present

Julius, Anthony (2010) Trials of the Diaspora: A History of Anti-Semitism in England, Oxford University Press, Oxford

Kamen, Henry (2014) The Spanish Inquisition, Yale University Press

Lemkin, Raphael (1944) Axis Rule in Occupied Europe, The Lawbook Exchange, Washington

McCarthy, Rory (2007) 'Israel risks apartheid-like struggle if two-state solution fails, says Olmert', The Guardian, 1 December, online: https://www.theguardian.com/world/2007/nov/30/israel

McGowan, Daniel A. and Matthew C. Hogan (1999) The Saga of Deir Yassin: Massacre, Revisionism, and Reality, Deir Yassin Remembered, online: https://www.deiryassin.org/SAGA.html

MEE (2019) 'Yair Netanyahu says Palestine does not exist because there is no 'P' in Arabic', Middle East Eye, 23 April, online: https://www.middleeasteye.net/news/yair-netanyahu-says-palestine-does-not-exist-because-there-no-p-arabic

Mello, Brian (2004) 'Recasting the Right to Self-Determination: Group Rights and Political Participation', Social Theory and Practice; Tallahassee Vol. 30, Iss. 2, (Apr 2004): 193-213

MEMO (2020) 'Britain's Labour Party accused of purging members critical of Israel', Middle East Monitor, 17 June, online: https://www.middleeastmonitor.com/20200617-britains-labour-party-accused-of-purging-members-critical-of-israel/

Morrison, David (2018) 'The ICC Prosecutor Warns Israel about Gaza Killings', American Herald Tribune, 9 June, online: https://ahtribune.com/world/north-africa-south-west-asia/palestine/2295-icc-prosecutor-gaza-killings.html

Moses, A, Dirk (Ed) (2010) Empire, Colony, Genocide, Berghahn Books, Oxford

MSPUN (2013) 'Status of Palestine', Mission of the State of Palestine to the UN, 1 August, online: http://palestineun.org/status-of-palestine-at-the-united-nations/

OHCHR (1965) 'International Convention on the Elimination of All Forms of Racial Discrimination', Office of the High Commissioner for Human Rights, online: https://www.ohchr.org/en/professionalinterest/pages/cerd.aspx

OHCHR (1966) 'International Covenant on Civil and Political Rights', Office of the High Commissioner for Human Rights, online: https://www.ohchr.org/en/professionalinterest/pages/ccpr.aspx

OHCHR (2002) 'World Conference Against Racism, Racial Discrimination, Xenophobia and Related Intolerance: Declaration and Programme of Action' [Durban Declaration], United Nations, New York, online: https://www.ohchr.org/Documents/Publications/Durban_text_en.pdf

O'Malley, Brendan and Michael Gardner (2019) 'Academics oppose motion against Israel boycott campaign', University World News, 25 May, online: https://www.universityworldnews.com/post.php?story=2019052308060312

Olmert, Ehud (2007) 'Olmert to Haaretz: Two-state Solution, or Israel Is Done For', Haaretz, 29 November, online: https://www.haaretz.com/1.4961269

Pappe, Ilan (2006) The Ethnic Cleansing of Palestine, One World, Oxford

Ranciere, Jacques (2004) 'Who is the subject of the rights of man?', The South Atlantic Quarterly; Durham Vol. 103, Iss. 2/3, (Spring 2004): 297-310

Reidy, Tess (2020) 'Naked intimidation': how universities silence academics on social media, The Guardian, 12 February, online: https://www.theguardian.com/education/2020/feb/12/naked-intimidation-how-universities-silence-academics-on-social-media

Rosenhead, Jonathan (2017) 'Free speech on Israel under attack in universities', The Guardian, 28 February, online: https://www.theguardian.com/education/2017/feb/27/university-wrong-to-ban-israeli-apartheid-week-event

Sales, Ben (2020) 'Elite NYC prep school fires Jewish teacher who posted anti-Zionist tweets', Times of Israel, 10 January, online: https://www.timesofisrael.com/elite-nyc-prep-school-fires-jewish-teacher-who-posted-anti-zionist-tweets/

Scott, Jennifer (2020) 'Why was Jeremy Corbyn suspended from the Labour Party?', BBC, 30 October, online: https://www.bbc.com/news/uk-politics-54746452

Seaver, James Everett (1952) The Persecution of the Jews in the Roman Empire (300-428), University of Kansas

Shakespeare, William (1599) The Merchant of Venice.

Singer, Sholom A. (1964) The expulsion of the Jews from England in 1290, The Jewish Quarterly Review, Vol. 55, No. 2 (Oct., 1964), pp. 117-136

Sommer, Allison Kaplan (2017) 'Ehud Barak Warns: Israel Faces 'Slippery Slope' Toward Apartheid', Haaretz, 21 June, online: https://www.haaretz.com/israel-news/ehud-barak-warns-israel-on-slippery-slope-to-apartheid-1.5486786

Stannard, David E. (1992) American Holocaust: the conquest of the new world, Oxford University Press, New York

Swift, Robert (2020) 'Legacy of South African Bantustans hangs over Trump deal', +972 Magazine, 9 February, online: https://www.972mag.com/apartheid-bantustans-palestinian-statehood/

Teter, Magda (2019) Blood Libel: On the Trail of an Antisemitic Myth, Harvard University Press

TTJ (2018) 'Rabbi Yaakov Shapiro on Israel's Nation State Law', True Torah Jews, 23 August, online: https://www.youtube.com/watch?v=2XJsisX4Umk

UN (2019) 'The Foundation of International Human Rights Law', United Nations, online: https://www.un.org/en/sections/universal-declaration/foundation-international-human-rights-law/index.html

UNGA (2012) 'General Assembly Votes Overwhelmingly to Accord Palestine 'Non-Member Observer State' Status in United Nations', 29 November, online: https://www.un.org/press/en/2012/ga11317.doc.htm

Van Pelt, Robert Jan (2002) The Case for Auschwitz: Evidence from the Irving Trial, Indiana University Press, Bloomington

Weiss, Phillip (2019) 'Don't blame the Israel lobby on Christians and Republicans', MondoWeiss, 12 February, online: https://mondoweiss.net/2019/02/israel-christians-republicans/

Whitney, Mike (2016) 'The Broken Chessboard: Brzezinski Gives Up on Empire', Counter Punch, 25 August, online: https://www.counterpunch.org/2016/08/25/the-broken-chessboard-brzezinski-gives-up-on-empire/

Winstanley, Asa (2020) 'New Labour purge against Israel critics', Electronic Intifada, 20 May, online: https://electronicintifada.net/blogs/asa-winstanley/new-labour-purge-against-israel-critics

Yeatman, Anna (2000) 'Who is the subject of human rights?', The American Behavioral Scientist; Thousand Oaks Vol. 43, Iss. 9, (Jun/Jul 2000): 1498-1513.

6. La carta kurda en Siria

Gráfico uno: En las calles de Qamishli (2021) las imágenes cristianas y nacionalistas sirias compiten con las del separatismo kurdo

1. De Manbij

Finales de 2019. Estamos sentados en un centro de comando militar conjunto en Arima (norte de Siria, justo al oeste de Manbij) con tres coroneles del Ejército Árabe Sirio (EAS) y dos 'koval' (camaradas) kurdos uniformados de las Fuerzas Democáticas Sirias (FDS), un grupo separatista kurdo (*QSD* en árabe). Aquí también hay rusos, pero no entran en nuestra conversación. Sin embargo, incluso en la charla amistosa, mientras esperamos el permiso para viajar a Manbij y Ayn al Arab (Kobane), algunas tensiones son evidentes. Compartiendo café y comida, tanto los oficiales del EAS como los camaradas de las FDS reconocen que están luchando y muriendo juntos contra un ejército turco invasor y sus milicias aliadas. La línea del frente está a sólo a unos kilómetros de distancia.

Cuando pregunto qué diferencias hay entre "Daesh", "al Nusra" y el "Ejército Libre", todos responden con sorna. "No hay diferencia, es un juego de dinero, los luchadores van y vienen dependiendo de las tasas de pago". "¿Alguna diferencia entre grupos en el número de extranjeros?" pregunto. "No hay diferencia", repiten. El camarada B de las FDS me pasa un vídeo reciente de combatientes del "Ejército Libre" en Tal Abiad, al noreste, protestando por salarios y condiciones y exigiendo su regreso a Idlib, controlado por "Hayat Taharir al Sham o al Nusra".

Pero todos sabemos que luchan por una causa diferente. Los oficiales del EAS están luchando por una Siria liberada y unida, mientras que los camaradas de las SDF todavía sueñan con un "Kurdistán" independiente separado de partes de la actual Turquía, Siria, Irak y posiblemente también de Irán. Convenientemente, los tres últimos son todos Estados que Washington pretende dividir y debilitar.

Los kurdos separatistas colaboraron con las fuerzas de ocupación estadounidenses en pos de su sueño de "Royava" (Kurdistán occidental), aunque Washington nunca demuestra apoyar abiertamente el proyecto. Muchos sirios ven a estos kurdos como traidores. Pero Damasco es paciente y se enfrenta a un enemigo a la vez y, por el momento, el enemigo común en el norte de Siria es Erdogan y sus bandas.

El sueño de "Royava" está efectivamente muerto. Como demostraron tanto Afrin (en marzo de 2018) como Manbij (en octubre de 2019), ninguna milicia kurda puede defenderse de Ankara, que ve correctamente cualquier pequeño Estado de "Royava" como un trampolín hacia el juego más grande: una gran porción de Turquía. La protección de las fuerzas de ocupación estadounidenses no durará para siempre. Además, los grupos kurdos no tienen derechos históricos exclusivos sobre ninguna parte del norte de Siria. Muchos otros pueblos viven allí. En la mayor parte del norte y este de Siria, los kurdos son una pequeña minoría.

A pesar de estas tensiones, en la sala reina una relación estrecha, incluso afectuosa. Los coroneles de las EAS son todos hombres mayores de entre 40 y 50 años, mientras que los camaradas de las FDS son hombres más jóvenes, de alrededor de 30 años. El coronel H ofrece más café al camarada A mientras el camarada B habla de las conquistas kurdas. "Perdimos 850 mártires liberando Manbij", afirma, y "2.000 en Kobane". ¿Y qué pasa con todos los que están en vuestras prisiones? pregunta uno de los coroneles. "Son reformatorios", responde el camarada B.

••••

••••

Gráfico dos: Entre Alepo y Manbij (en 2021) hubo un cambio de los puestos de control controlados por el ejército árabe sirio a los controlados por las SDF kurdas, a pesar de que la SAA y Rusia proporcionaron la seguridad principal de la milicia estilo de Erdogan.

Lo que el camarada B no dice sobre la "liberación" de Manbij es que (1) la batalla de 2016 fue efectivamente una transferencia de la ciudad de un representante de Estados Unidos (ISIS/Daesh) a otro (FSD), y (2) hubo y hay muy pocos kurdos en esa ciudad mayoritariamente árabe. Después de grandes batallas con ISIS, muchos de las zonas circundantes huyeron a la ciudad, aumentando su población. Una estimación reciente sitúa la población en 700.000 habitantes, de los cuales el 80 por ciento son árabes (Najjar 2019). Del resto hay otras minorías no árabes, incluidos los asirios, los circasianos y los armenios. No existe una base social real para un régimen kurdo separatista en Manbij.

Sin embargo, incluso después de la salida de las fuerzas de ocupación estadounidenses de esta parte del norte de Siria, y aunque la presencia siria y rusa limita las ambiciones turcas, a las FDS se les ha permitido mantener su antigua administración tanto de la ciudad como de la región.

La naturaleza extraña e insostenible de este régimen se hace evidente cuando mi colega periodista sirio le pide a uno de los coroneles que nos muestre dónde estamos. El coronel A despliega alegremente un mapa militar, con la ubicación de tropas amigas y enemigas. Lo primero que parece evidente es que seis unidades blindadas sirias protegen Manbij, al norte. En segundo lugar, aunque las fuerzas sirias han retomado el control de más de 200 kilómetros de la frontera norte, es deprimente ver qué parte del norte de Siria sigue ocupada por Erdogan y sus representantes.

El panorama parecía aún más sombrío luego de charlar con un concejal de Manbij y su amigo abogado. Se quejaron de que muchas personas estaban encarceladas y torturadas bajo el régimen de las FDS y mencionaron que sólo había dos aldeas kurdas en la zona rural de Manbij.

Aun, parecía que lentamente se estaba produciendo una transición. Durante noviembre y diciembre, se izaron banderas sirias y rusas sobre posiciones anteriores de las FDS en Hassaka, Ayn al Arab, Jarablus y Tal Yemaa (*Syrian Observer* 2019; Semenov 2019; *SOHR* 2019), con indicaciones de que las FDS estaban involucradas en negociaciones con Damasco " para llegar a soluciones concluyentes". Aunque, el líder de las FDS, Mazloum Abadi, dijo que el grupo quería "la unidad siria... [con] autoadministración descentralizada", incluido el mantenimiento de una milicia separada de las FDS (*Syrian Observer* 2019). Es poco probable que Damasco acepte tales términos.

••••

2. ¿Una patria kurda?

El reclamo de una patria kurda en Siria no es un movimiento indígena que reclame la devolución de tierras ancestrales. El debate sobre los kurdos como inmigrantes históricos (Yildiz, 2005) o como habitantes de larga data (Hennerbichler, 2012: 77-78) tampoco resuelve la cuestión. Si bien las lenguas kurdas son de origen iraní y su historia más larga pasa por Mesopotamia (Irak) y el imperio otomano, los kurdos son ciertamente parte de la población nativa siria. Sin embargo, Siria, con 1.5 millones de kurdos, alberga al grupo más pequeño de la región, con alrededor de 20 millones en Turquía (Gürbüz 2016: 31) y otros 6-8 millones cada uno en Irán e Irak.

La idea de un pequeño Estado llamado "Royava" en Siria se ha visto comprometida de tres maneras. En primer lugar, los grupos kurdos del norte y noreste de Siria son sólo uno de varios grupos (entre asirios, circasianos, armenios y árabes) y, en algunas zonas, son pequeñas minorías. En segundo lugar, el movimiento separatista kurdo en Siria ha estado sobredeterminado por la política y la migración desde Turquía. Royava fue vista como el trampolín para un proyecto más amplio del Kurdistán, impulsado desde el norte. En tercer lugar, la intervención del poder imperial generó expectativas separatistas y temores recíprocos, dañando las relaciones kurdas con otros grupos sirios. Estas contradicciones sociales a menudo no son bien reconocidas en los numerosos estudios autorreferenciales sobre la identidad kurda (por ejemplo, Al Kati 2019).

En la historia más larga de Siria, un refugio tradicional para las minorías, existieron muchos kurdos, incluidas personalidades famosas, que no aceptaron el sueño separatista. Dos de ellos están enterrados dentro de los terrenos de la Mezquita Omeya en Damasco: el gobernante del siglo XII, Sala'addin, y el erudito coránico, Sheikh Mohammad al Bouti (asesinado por Yabhat al Nusra en 2013). Muchos sirios de origen kurdo abrazaron la idea de una identidad más amplia. Antes del conflicto de 2011, Tejel (2009: 39-46) clasificó las identidades kurdas sirias como nacionalistas árabes, comunistas y nacionalistas kurdos, con los líderes kurdos sirios Husni Za'im y Adib al-Shishakli haciendo campaña por una "Gran Siria" no sectaria.

La influencia kurda turca comenzó a principios del siglo XX, cuando la cultura kurda fue reprimida por el nacionalismo turco post-otomano. Los kurdos turcos se refugiaron por primera vez en Siria, incluido Damasco, después de su fallida rebelión en 1925. La idea misma de un partido kurdo sirio surgió por primera vez en 1956 por el refugiado turco Osman Sabri; otro refugiado turco, Nûredîn Zaza, se convirtió en presidente de ese partido (al Kati 2019: 45, 47).

Comenzaron múltiples divisiones en los años siguientes. El Partido de la Unión Democrática (PUD) surgió en los años 1980 como una rama del Partido de los Trabajadores del Kurdistán (PTK), leal a su líder Abdallah Öcalan, quien en 1996 reconoció que "la mayoría de los kurdos de Siria eran refugiados e inmigrantes de Turquía y se beneficiarían de regresar allí" (en Allsop 2014: 231). Muchas de las afirmaciones sobre los kurdos "apátridas" en Siria deben leerse a la luz de esta afluencia turca. Sin embargo, Öcalan partió en 1998, como parte del acuerdo de Adana entre Siria y Turquía (al Kati 2019: 49-52).

Las grandes potencias, conscientes del papel potencialmente divisivo de los separatistas kurdos, los han utilizado durante décadas para dividir y debilitar a los gobiernos árabes. Los aliados regionales de EEUU, Israel e Irán (antes de 1979) se unieron, y en 1962 el Sha de Irán ordenó a su policía secreta SAVAK que ayudara a financiar la insurgencia kurda en el norte de Irak, con el fin de socavar Bagdad;

los israelíes se unieron dos años después. La CIA ofreció más ayuda a los kurdos liderados por Barzani en 1972. El resultado fue que Irak no pudo unirse a la resistencia árabe contra la expansión israelí en 1967 y 1973 porque una gran parte de su ejército estaba desplegado contra los kurdos en el norte de Irak (Gibson 2019).

La guerra híbrida liderada por Estados Unidos contra Siria en 2011 presentó nuevas oportunidades separatistas. Las Unidades de Protección Popular (UPP) se reactivaron en 2012, al principio con el apoyo de Damasco para que los sirios del norte pudieran luchar contra ISIS. Sin embargo, la ocupación estadounidense en partes del norte y este de Siria a finales de 2015 llevó a la reorganización de muchas unidades de las UPP en las "Fuerzas Democráticas Sirias" (FDS) patrocinadas por Estados Unidos (Martin 2018: 96). A veces se les denominaba fuerza "Royava", mientras que en otras ocasiones se restaba importancia al componente kurdo.

Según un informe militar estadounidense de 2017, las FDS en Manbij eran solo 40 por ciento kurdas (Townsend en Humud, Blanchard y Nikitin 2017: 12), abordando la vergonzosa realidad de que Manbij tenía una población kurda muy pequeña. A finales de 2016, el coronel estadounidense John Dorrian dio una estimación diferente, diciendo que las FDS "constan de aproximadamente 45.000 combatientes, más de 13.000 de los cuales son árabes" (USDOD 2016). Muchos de estos últimos provinieron de los fragmentos de una milicia anterior de Estados Unidos en Siria.

Sin embargo, el coronel sirio Malek de Alepo me confirmó que la mayor parte de los miembros de las SDF siempre fueron kurdos, incluidos muchos de Turquía e Irak. El tamaño de los contingentes no kurdos y extranjeros varió según el dinero ofrecido. Un informe del Centro Internacional para el Estudio de la Radicalización y la Violencia Política (ICSR), con sede en Londres, reconoció que tanto las fuerzas terrestres de las YPG como las SDF seguían siendo en gran medida armas del PKK turco (Holland-McCowan 2017: 10).

• • • •

Gráfico tres: el rio Euphrates, entre Aleppo y Raqqa, Syria del norte

• • • •

El fracaso de un referéndum separatista en Irak en septiembre de 2017 asestó un duro golpe al proyecto regional kurdo. El Partido Demócrata de Kurdistán (PDK) y la Unión Patriótica del Kurdistán (UPK, [más conocido en inglés por PUK]) de Irak dejaron de lado su rivalidad para celebrar un referéndum de independencia (habiendo ya presionado para lograr el estatus federal), aunque no fue autorizado por Bagdad. Se dijo que la propuesta había obtenido un 92 por ciento de aprobación, pero fue inmediatamente rechazada por el gobierno y el ejército iraquí, los que expulsaron a las fuerzas peshmerga de Kirkuk en tan solo unas horas (Gabreldar 2018; ICG 2019). Por primera vez en décadas, el ejército iraquí tomó el control de la región noreste. Bagdad estaba mostrando una voluntad política que había faltado durante muchos años, desde la invasión de 2003.

En Siria, las fuerzas estadounidenses no hicieron nada para detener la limpieza étnica de los no kurdos por parte de las UPP en áreas que reclamaban. En octubre de 2015, la ONG Amnistía Internacional, alineada con occidente, acusó a las UPP (justo antes de que Estados Unidos las rebautizara como "Fuerzas Democráticas Sirias") de desalojar por la fuerza a árabes y turcomanos de las zonas que habían tomado, después de desplazar al ISIS. Amnistía presentó pruebas para mostrar casos de desplazamiento forzado y demolición y confiscación de bienes civiles, que constituían crímenes de guerra (*AI* 2015). Acusaciones similares provinieron de fuentes del gobierno turco (Pamuk y Bektas 2015), pero también de refugiados que dijeron que "los combatientes de las UPP desalojaron a árabes y turcomanos de sus hogares y quemaron sus documentos personales" (Sehmer 2015; Al Masri 2015).

No obstante, luego de que las fuerzas estadounidenses se convirtieran en patrocinadores directos de las FDS a finales de 2015, una comisión de la ONU, copresidida por la diplomática estadounidense Karen Koning AbuZayd, continuó su búsqueda para culpar a las fuerzas del gobierno sirio de la mayor parte de los abusos. La Comisión admitió que las UPP y FDS habían desplazado por la fuerza a comunidades [pero sólo] para limpiar áreas minadas por el ISIL" [el grupo terrorista Estado Islámico de Irak y el Lavante] y habían participado en el reclutamiento forzoso, pero "no encontró pruebas que fundamenten las afirmaciones de que las fuerzas de las UPP o las FDS alguna vez atacaron a las comunidades árabes" sobre la base del origen étnico, ni que las autoridades cantonales de las UPP buscaran sistemáticamente cambiar la composición demográfica de los territorios" (*IICISAR* 2017: 111 y 93).

Por otra parte, en 2018 hubo informes continuos de limpieza étnica de cristianos asirios de áreas controladas por Estados Unidos y las FDS en el noreste de Siria. Se informó que jóvenes de la zona de Qamishli fueron arrestados y reclutados por la fuerza para la milicia kurda, además de robo de propiedades por parte de esa misma milicia (Abed 2018). En 2019, se informó que las FDS cerraron más de 2.000 escuelas de enseñanza de árabe en la región de Hasaka (*Syria Times* 2019) y dispararon, ejecutaron, hirieron y encarcelaron a personas desplazadas que intentaban escapar del campo de refugiados de al-Hawl en Hasaka sudoriental (FNA 2019). De todos modos, una vez que las fuerzas estadounidenses crearon y adoptaron las "FDS" lideradas por los kurdos, Amnistía Internacional y la mayoría de los medios occidentales silenciaron sus críticas anteriores.

En 2012, Washington había visto con buenos ojos el plan de ISIS para un "principado salafista" sectario en el este de Siria, con el fin de debilitar a Damasco (*DIA* 2012). En septiembre de 2016, el poder aéreo estadounidense, apoyado por algunos europeos y Australia, fue utilizado para atacar y matar a más de 120 soldados sirios en el monte Tharda, detrás del aeropuerto de Deir Ezzor, así ayudar en los esfuerzos de ISIS por apoderarse de la montaña y amenazar la ciudad (Anderson 2017). Pero cuando Rusia, Siria e Irak comenzaron a eliminar a estos clones sauditas, las fuerzas estadounidenses simplemente rescataron a sus mejores comandantes y reemplazaron a ISIS con las FDS lideradas por kurdos (Anderson 2019: Capítulos 5 y 7), una vez más para socavar y debilitar a Damasco.

Liberales occidentales se quejaron de que Estados Unidos estaba "traicionando" a sus aliados kurdos, ya que habían depositado gran fe en mitos románticos. Ünver (2016), por ejemplo, presenta a los kurdos separatistas como destinatarios de oportunidades no planificadas en la "guerra civil" de Siria en una "era de fronteras cambiantes", como si la gran potencia no estuviera utilizando una vez más la 'carta kurda' para dividir y debilitar. tanto en Irak como en Siria. Schmidinger (2018: 13, 16-17) intentó convertir la diversidad histórica de Siria en un argumento a favor de la división sectaria de Royava, en lugar de un Estado unitario inclusivo. Pero, como se ha dicho muchas veces, las potencias imperiales nunca tienen aliados reales, sólo intereses. El líder de la resistencia libanesa, Hasan Nasrala, dijo a los separatistas kurdos en febrero de 2018: "Al final trabajarán de acuerdo con sus intereses, los abandonarán y... los venderán en un mercado de esclavos".

Mientras tanto, con la bendición de Washington, Erdogan persistió en su plan de controlar grandes zonas del norte de Siria, con el objetivo de asentar a muchos de los refugiados en Turquía bajo un régimen al estilo de los Hermanos Musulmanes, controlado por milicias islamistas sectarias. A finales de 2019, el general de división sirio retirado Mohammad Abbas Mohammad me comentó que el líder de Turquía no había renunciado a su ambición de convertirse en un "califa" moderno de las naciones musulmanas y estaba trabajando para colonizar las mentes sirias con sus constantes lemas islamistas.

••••

3. Kobane: entre Erdogan, Washington y Damasco

En cierta medida, con la ayuda de sus aliados, Siria ha ido ganando la larga guerra. ISIS y Nusra están prácticamente derrotados, los actores de la crisis de los "Cascos Blancos" han desaparecido y los trucos con armas químicas han quedado al descubierto. Pero ahora una guerra económica impulsada por Washington apunta a todos los países independientes de la región, agravando la ocupación y el terrorismo.

El entonces director del Departamento Político del Ejército Árabe Sirio, mayor general Hassan, expresó que Estados Unidos "tiene el poder de destruir el mundo, muchas veces, pero no ha sido capaz de convertir ese poder en capacidades". Por eso las guerras estadounidenses fracasan en toda la región. Si bien nos dirigimos hacia un mundo multipolar, afirma, todavía no hemos llegado allí. "Siria todavía se enfrenta al régimen unipolar", y Erdogan, ISIS, Israel y las FDS son todos "títeres" de este orden mundial moribundo; que, autorizado por Estados Unidos, Erdogan todavía quiere establecer una región de los Hermanos Musulmanes en el norte y el este de Siria. Esto es un orden moribundo pero "muy peligroso", expresa el general Hassan; "el Estado profundo estadounidense sabe que su unipolaridad está fallando, pero eso aún no lo ha anunciado. El nuevo sistema mundial ha nacido pero aún no es reconocido. Estados

Unidos quiere prolongar este conflicto el mayor tiempo posible para castigar al pueblo sirio".

En esa fase de transición estamos viendo la colaboración entre la Ejército Árabe Sirio y las FDS, la extraordinaria anomalía de un Manbij dirigido por las FDS y el experimento en curso de Kobane, la ciudad fronteriza controlada por las FDS que la mayoría de los sirios llaman Ayn al Arab.

Viajando desde la zona rural de Alepo a la zona rural de Raqqa por la autopista M4, cruzamos el río Furat (Éufrates), una enorme extensión de agua dulce semipresada que parece particularmente dulce entre dos desiertos. Girando hacia el norte llegamos a Ayn al Arab, en la frontera turca, en menos de una hora. Aunque las bandas de Erdogan están atacando Ayn al Issa en lo más profundo de Siria por la M4, no hay señales de combates cerca de Ayn al Arab. El general de división sirio Abbas Mohammad explica esto cuando Erdogan busca realizar incursiones estrechas, que luego podrían ampliarse.

Esta pequeña ciudad de unos 45.000 habitantes fue evacuada durante combates anteriores y todavía muestra signos de gran destrucción, especialmente en los lados este y norte. Menos de una décima parte del tamaño de Manbij ahora se dice que tiene una mayoría de kurdos y, en contraste, los camaradas de las FDS aquí parecían estar bien organizados. Nos llevan a su pequeña sede, un edificio de tres pisos, para esperar más controles de seguridad y una escolta para visitar una de sus escuelas y uno de sus hospitales.

En la escuela secundaria, como en el cuartel general, parecen desconfiar de un extranjero acompañado por un coronel sirio y un periodista sirio. Eso se rompe un poco cuando les pregunto sobre su plan de estudios y los niños, que se nota claramente han pasado por un trauma terrible. El director nos informa que están desarrollando programas para ayudar a los estudiantes a afrontar sus experiencias de guerra. La amenaza no ha terminado, ya que las tropas de Erdogan, incluidas bandas islamistas sectarias, se encuentran a sólo unos kilómetros al norte.

El plan de estudios nacionalista kurdo ha roto con el sistema centralizado de base árabe establecido en Damasco. El director explica que su plan de estudios se lleva a cabo en un 60 por ciento en lengua kurda, un 20 por ciento en árabe y un 20 por ciento en inglés. Para los niños de familias árabes, el plan de estudios es 60 por ciento árabe, 20 por ciento kurdo y 20 por ciento inglés. En Kobane se habla de cuatro "nacionalidades": kurda, árabe, yazidí y cristiana. Así ven su pequeño pueblo.

La dirección del pequeño hospital también es fuertemente nacionalista kurda. Pregunto de dónde obtienen su apoyo y mencionan a los estadounidenses y algunas ONG internacionales. Por supuesto, no hay nada de Ankara. "¿Qué pasa con Damasco?" pregunto. "Nada y no queremos nada", dice uno de los directivos.

Esto puede ser cierto para este hospital. Sin embargo, mis colegas sirios me dijeron que la mayoría de los centros de salud en las zonas controladas por las SDF todavía reciben financiación y suministros de Damasco. Así que el Estado sirio no sólo garantiza su seguridad, sino también algunos de sus servicios básicos.

••••

Gráfico cuatro: De izquierda a derecha: la periodista siria Nihad Roumieh, una profesora, el director (chaqueta roja), este escritor y luego otros miembros del personal de la Dibistana Şehîd Bêrîtan Batman (Escuela secundaria de Batman Martyrs) en Kobane/Ayn al Arab (2019).

Queda por ver cuánta autonomía quedará para los kurdos si se llega a un acuerdo político final. Un sistema federal no es parte de la discusión. Está claro que Damasco ve esto como un camino que desmembraría y debilitaría al país. Mientras el EAS y las FDS luchan conjuntamente contra las bandas de Erdogan, Damasco ha estado pidiendo a los líderes árabes del norte y noreste, que habían colaborado con las fuerzas de ocupación estadounidenses y las FDS, que regresen al ejército árabe sirio. Por otro lado, el comandante general de las FDS, Mazloum Abdi, se opone a la incorporación de éstas al EAS (Van Wilgenburg 2019) y quiere conservar la mayor cantidad de administración local posible (*Syrian Observer* 2019). La continua presencia ilegal de Estados Unidos y su patrocinio de unidades de las FDS en Hasaka, Qamishli y Deir Ezzor (Ahval 2019) sirven para mantener las ilusiones de autonomía.

En los medios rusos hay cierto pesimismo sobre una reconciliación entre las FDS y Damasco. Un observador sugiere que "Rusia eventualmente obligará a la mayoría (si no a todas) las fuerzas turcas a abandonar Siria... [pero Damasco] y los kurdos sirios tienen objetivos políticos y militares opuestos que no serán fácilmente reconciliables" (Stein 2019).

En cierta medida, Damasco tiene otras cartas. El UPP, PKK, FDS aumentaron su influencia gracias al patrocinio de Estados Unidos y, a medida que éste disminuya, es probable que resurjan otras voces en el norte, incluidas las kurdas, especialmente a través del proceso constitucional en Ginebra. El mayor general Abbas Mohammad señala que ahora hay docenas de partidos kurdos en el noreste (*Syria Times* 2018). Dada la intransigencia de las Fuerzas Democráticas Sirias dependientes de norteamérica, se dice que Rusia está reclutando jóvenes kurdos sirios para un grupo rival (Duvar, 2019), que probablemente se incorporará al Ejército Árabe Sirio.

En mi opinión, puede haber cierta adaptación a las demandas nacionalistas kurdas al nivel cultural y administrativo local, pero junto con esfuerzos para garantizar que esto no privilegie a los kurdos por encima de otros grupos sirios. Esto podría aparecer en una constitución enmendada.

4. Educación en la ocupación superficial

A finales de 2021, este autor visitó nuevamente las áreas nominalmente controladas por las FDS, esta vez en la provincia de Hasakeh. Se destacaron varias cosas, en primer lugar, a diferencia del noroeste de Idlib y el Golán sirio, donde el Estado sirio está excluido, el Estado sirio, incluido el ejército árabe sirio, está presente y activo en la mayor parte de la región de Hasakeh. Esto no se desprende de los numerosos mapas internacionales de la "zona amarilla" del este de Siria, que, a pesar de la retórica en la ONU sobre el apoyo a la "integridad territorial" de Siria, los gobiernos y los medios de comunicación occidentales llaman la "Administración Autónoma del Norte y el Este de Siria". Las fuerzas estadounidenses generalmente no están presentes en las ciudades y pueblos, y el control de las FDS parece débil.

En segundo lugar, como nos dijeron varias veces, el liderazgo kurdo está dominado por el PTK turco, que colabora con el ejército estadounidense en Erbil (Irak) para entrenar a las tropas kurdas. Erbil se ha convertido en una base para dividir Irak y para entrenar milicias separatistas tanto para Siria como para Irán. En tercer lugar, y lo más dramático, pude presenciar los resultados del colapso del sistema educativo kurdo (Darwish 2017) y el desplazamiento de decenas de miles de niños sirios, que se han incorporado a clases en escuelas públicas sirias en toda la provincia de Hasakeh (Xinhuanet 2020).).

• • • •

Gráfico cinco: Niños reunidos en el cambio de turno, escuela pública siria, "Mártir Ablahad Moussa", ciudad de Hasakeh

• • • •

El sistema educativo sirio en el noreste está bajo una fuerte presión porque la ocupación estadounidense ha confinado las escuelas públicas a pequeñas "zonas de seguridad" protegidas por el ejército árabe sirio, en particular aquellas en las principales ciudades de la provincia, Qamishli y Hasakeh.

Eso significa que estas escuelas tienen miles de estudiantes y clases enormes, a veces cien niños en cada clase. Sin embargo, Siria tiene un plan de estudios de recuperación para los niños que han perdido años de escuela, el cierre masivo de escuelas significa que hay suficientes maestros y UNICEF está ayudando con algunos edificios portátiles y libros escolares.

La directora regional de educación, Sra. Elham Sourkhat, dijo a este escritor que de las 2.189 escuelas en la provincia de Hasakeh, la mayoría habían sido cerradas y muchas de ellas utilizadas para fines de las milicias del FDS. Sin embargo, el Estado sirio gestionaba 145 escuelas, incluidas 22 más grandes en la ciudad de Hasakeh y 20 en la ciudad de Qamishli.

Estimó que las Fuerzas Democráticas Sirias, respaldadas por Estados Unidos, dirigen otras 50 escuelas, donde enseñan principalmente en idioma kurdo y con su propio plan de estudios, como en Kobane. Sin embargo, estos tienen pocos docentes bien capacitados y su plan de estudios no está reconocido en Siria ni en la región. El resultado es que la mayoría de las familias parecen haber rechazado o abandonado este sistema y están enviando a sus hijos a escuelas sirias. La mayoría de los padres quieren que sus hijos reciban una educación decente que les ayude en su vida futura. Los profesores de Hasakeh y Qamishli me dijeron que incluso varios líderes de las FDS han estado enviando a sus hijos a escuelas sirias.

Gráfico seis: Niños de escuela primaria, ciudad de Hasakeh

Los kurdos son una de varias minorías en el noreste de Siria, incluso esa minoría kurda ha aumentado en las últimas décadas a través de la inmigración desde Irak y Turquía. En 1939, cerca del final del período colonial francés, los kurdos en Qamishli y Hasakeh contaban alrededor del 30 por ciento, mientras que los asirios y armenios, principalmente cristianos, eran el 29 por ciento y los clanes árabes el 39 por ciento (Altug 2011).

A mitad de la actual guerra liderada por Estados Unidos se produjo cierta limpieza étnica, pero todavía hay importantes comunidades cristianas presentes. George, activo en el consejo local semiinactivo de la ciudad ocupada de Qamishli, me dijo que los cristianos eran unos 62.000 antes de la guerra, pero que hoy son unos 50.000. Los clanes árabes siguen siendo el grupo más grande de la provincia.

Hay muchos menos kurdos en otras partes del área más amplia de "administración autónoma" creada por Estados Unidos, incluida partes de las provincias de Alepo, Raqqa y Deir Ezzor, todas controladas por el ejército norteamericano y sus clientes de las FDS.

El fracaso del proyecto de Royava fue evidente en la provincia de Hasakeh, donde las familias han estado votando con los pies de sus hijos en busca de una educación decente. El director de Educación, Sourkhat, escoltado por algunos oficiales del ejército sirio, nos llevó a ver tres escuelas en las "zonas de seguridad" de la ciudad de Hasakeh: 1. Escuela Mártir Waleed Nofd (que utiliza aulas temporales de UNICEF desde junio de 2021), 2. Escuela Mártir Edwar Iwas, 3. Escuela Mártir Ablahad Moussa (con más de 4.000 estudiantes, muchos de ellos en el plan de estudios de recuperación). En las aulas que visitamos vimos entre 50 y 100 estudiantes, normalmente con tres profesores y, a menudo, 4 o 5 estudiantes por pupitre. Algunos de los pequeños estaban de pie. Sin embargo, tenían cuadernos de ejercicios en sirio y estaban avanzando en el plan de estudios de primaria.

Gráfico siete: Niños de escuela primaria, ciudad de Hasakeh

• • • •

La Sra. Sourkhat nos dijo que la provincia tenía alrededor de 140.000 niños matriculados en el plan de estudios sirio, pero sólo alrededor del 25% de ellos podían asistir a la escuela con regularidad. Sin embargo, el 75% restante pudo presentar los exámenes, después de una escolarización informal en casa, en clases improvisadas o, a veces, después de clases privadas por Internet impartidas por profesores voluntarios. Muchos otros niños simplemente no estaban en ningún sistema escolar.

Nos dijeron muchas veces que la milicia FDS había Estado obstruyendo la entrega de libros escolares y acosando a estudiantes y profesores, alegando que los estudiantes apoyan al gobierno sirio. Los profesores y estudiantes enfrentaron obstáculos al viajar largas distancias a la escuela. El transporte se había vuelto caro y los ingresos eran muy bajos, principalmente debido al bloqueo económico de Estados Unidos.

De hecho, las FDS han secuestrado a cientos de hombres jóvenes, incluidos niños mayores de 14 años (Relief Web 2019), además de aquellos en campos de desplazados, para el "servicio obligatorio" en su milicia (SJAC 2020). Los medios de comunicación sirios informan periódicamente sobre casos de este tipo. Esta fue una causa grave de fricción entre las familias y las FDS. Ha habido una serie de ataques de venganza contra tales milicias y ataques ocasionales contra la ocupación estadounidense (The Cradle 2021b), que roba abiertamente petróleo sirio para financiar su proyecto de "zona autónoma".

Gráfico ocho: Niños de escuela primaria regresan a casa, cruzando una vía de ferrocarril para evitar el puesto de control de SDF/QSD (extremo izquierdo), ciudad de Hasakeh

Un alto oficial sirio nos confirmó informes de que las FDS habían Estado ayudando a la ocupación estadounidense a desplazar a los combatientes del ISIS por el este de Siria, para llevar a cabo más ataques contra el ejército sirio (*The Cradle* 2021a). Varios sirios nos dijeron que creían que estaban destruyendo deliberadamente el sistema escolar para mantener a la próxima generación analfabeta e ignorante. También se quejan de los vínculos del grupo y paralelos con Israel. De hecho, la imagen occidental de un heroico grupo kurdo "feminista socialista" recuerda el mito occidental de la década de 1970 de los kibutzniks israelíes "cultivando el desierto", con poca mención de la limpieza étnica del pueblo palestino (Dossett 2020). Un artículo jacobino incluso toma prestada la frase israelí "floreciendo en el desierto" y la utiliza para referirse a la "administración autónoma" patrocinada por los EEUU en Raqqa (Orsini 2021).

En la ciudad de Qamishli visitamos la escuela selectiva *Al Orouba* para estudiantes destacados (SANA 2021). Cientos de estudiantes de secundaria con blusas rosas comenzaban su turno de tarde. La subdirectora, Sra. Nagah Ali, nos dijo que anteriormente había 300 en esta escuela, pero que esos números habían aumentado a 600 y la escuela ahora funcionaba con turnos de mañana y tarde. Los estudiantes vinieron de toda la región inclusive hijos de algunos líderes de las FDS.

El día de nuestra visita, la milicia del FDS había detenido a la bibliotecaria de la escuela y a su asistente; la Sra. Ali dijo que este tipo de cosas ocurrían con regularidad. Los niños habían dejado de usar sus camisas azules de uniforme para evitar el acoso de la milicia respaldada, que veía estos uniformes como una señal de la presencia del Estado sirio.

De hecho, el Estado sirio está presente y activo en la mayor parte de la región de Hasakeh, contrario a los mapas internacionales de la "zona amarilla" del este de Siria. El ejército sirio está desplegado en toda la provincia y en las principales ciudades, alrededor de la mayor parte de la infraestructura importante (por ejemplo, el aeropuerto y el hospital de Qamishli) y en el 90% de la frontera norte. Damasco respalda el hospital público de Qamishli y la mayor parte del dañado sistema educativo. La ocupación militar estadounidense, con sede al este de las ciudades, controla los cruces fronterizos del noreste con Irak. Los consejos locales todavía estaban en funcionamiento, desempeñando algunas funciones limitadas y listos para retomar sus funciones.

Un general sirio me dijo que creía que las FDS durarían "sólo unos días" después de la retirada de Estados Unidos. Temiendo esto, Washington ha mantenido conversaciones con los rusos sobre el futuro de su milicia cliente. Mientras tanto, los líderes separatistas kurdos, temiendo el abandono y nuevas ofensivas militares de Erdogan (Erdimir y Edesnik, 2021), tienen sus miras hacia los rusos, británicos y europeos. Pero muchos saben que tendrán que regresar a Damasco.

Referencias

Abed, Sarah (2018) 'Kurdish Militias in Northeastern Syria Turn to Kidnapping, Conscription, ISIS-like Tactics', MintPress, 12 February, online: https://www.mintpressnews.com/kurds-in-conflict-ridden-northeastern-syria-turn-to-kidnapping-conscription-isis-like-tactics/237466/

Ahval (2019) 'Syrian Kurdish military commander announces SDF deal with Russia', 2 December, online: https://ahvalnews.com/northern-syria/syrian-kurdish-military-commander-announces-sdf-deal-russia

AI (2015) 'Syria: 'We had nowhere to go' - Forced displacement and demolitions in Northern Syria', Amnesty International, London, October, online: https://www.amnesty.org/download/Documents/MDE2425032015ENGLISH.PDF

Al-Kati, Mohannad (2019) 'The Kurdish Movement in the Arab World: The Syrian Kurds as a Case Study', AlMuntaqa, Arab Center for Research & Policy Studies, Vol. 2, No. 1 (April/May 2019), pp. 45-61

Al Masri, Abdulrahman (2015) 'Is there 'systematic ethnic cleansing' by Kurds in north-east Syria?', Middle East Monitor, 21 June, online: https://www.middleeastmonitor.com/20150621-is-there-systematic-ethnic-cleansing-by-kurds-in-north-east-syria/

Allsop, Harriet (2014) The Kurds of Syria: Political Parties and Identity in the Middle East, I.B. Tauris, New York

Altug, S. (2011) 'Sectarianism in the Syrian Jazira: community, land and violence in the memories of World War I and the French mandate (1915- 1939)', Dissertation, Utrecht University Repository, online: https://dspace.library.uu.nl/handle/1874/205821

Anderson, Tim (2017) 'Implausible Denials: The Crime at Jabal al Tharda', Global Research, 17 December, online: https://www.globalresearch.ca/implausible-denials-the-crime-at-jabal-al-tharda-us-led-air-raid-on-behalf-of-isis-daesh-against-syrian-forces/5623056

Chomani, Kamal (2019) 'Oil dispute reignites Baghdad-Erbil tensions', al Monitor, 29 May, online: https://www.al-monitor.com/pulse/originals/2019/05/iraq-kurdistan-oil-kirkuk.html

Cradle, The (2021a) 'Report: US forces move ISIS fighters from prison to northern Syria', 7 August, online: https://thecradle.co/Article/news/850

Cradle, The (2021b) 'Illegal US military base in Syria's Al-Hasakah governorate hit by rocket attack: Report', 30

September, online: https://thecradle.co/Article/news/2288

Demircan, Davut (2019) 'Evidence points to nexus between YPG/PKK', Andalou Agency 23 October, online: https://www.aa.com.tr/en/middle-east/evidence-points-to-nexus-between-ypg-pkk/1624238#[1]

DIA (2012) '14-L-0552/DIA/288', Defence Intelligence Agency, Washington, 12 August, online: https://www.judicialwatch.org/wp-content/uploads/2015/05/Pg.-291-Pgs.-287-293-JW-v-DOD-and-State-14-812-DOD-Release-2015-04-10-final-version11.pdf

Dossett, Will (2020) 'Making the Desert Bloom - Fact or Fiction?', 12 December, online: https://www.alfusaic.net/blog/antiquity/making-the-desert-bloom-fact-or-fiction

Drwish, Sardar Mlla (2017) 'The Kurdish School Curriculum in Syria: A Step Towards Self-Rule?', Atlantic Council, 20 December, online: https://www.atlanticcouncil.org/blogs/syriasource/the-kurdish-school-curriculum-in-syria-a-step-towards-self-rule/

Duvar (2019) 'Russia 'seeks to build local force from ethnic Kurds to replace SDF', 24 december, online: https://www.duvarenglish.com/world/2019/12/24/russia-seeks-to-build-local-force-from-ethnic-kurds-in-syrias-northeast-report/

---

1. https://www.aa.com.tr/en/middle-east/evidence-points-to-nexus-between-ypg-pkk/1624238

Erdimir, Aykan and David Edesnik (2021) 'Turkey Threatens New Military Offensive in Northern Syria', FDD, 18 October, online: https://www.fdd.org/analysis/2021/10/18/turkey-threatens-new-offensive-northern-syria/

FNA (2019) 'US-Backed SDF Kills Civilians Trying to Escape Hasaka Refugee Camp', Fars News Agency, 24 May, online: https://en.farsnews.com/newstext.aspx?nn=13980303000377

Gabreldar, Bushra (2018) 'Kurdish independence in Iraq', Harvard International Review , Vol. 39, No. 1, Athletic Diplomacy: the intersection of sports and culture (Winter 2018), pp. 7-9

Galbraith, Peter (2019) 'The Betrayal of the Kurds', New York Review of Books, 21 November, online: https://www.nybooks.com/articles/2019/11/21/betrayal-of-the-kurds/

Gibson, Bryan (2019) 'The Secret Origins of the U.S.-Kurdish Relationship Explain Today's Disaster', Foreign Policy, 14 October, online: https://foreignpolicy.com/2019/10/14/us-kurdish-relationship-history-syria-turkey-betrayal-kissinger/

Gunter, Michael (1996) 'The KDP-PUK Conflict in Northern Iraq', Middle East Journal, Vol. 50, No. 2 (Spring, 1996), pp. 224-241

Gürbüz, Mustafa (2016) Rival Kurdish Movements in Turkey, Amsterdam University Press

Hennerbichler, Ferdinand (2012) 'The Origin of Kurds, *Advances in Anthropology*, Vol 2 No 2 64-79

Hoffman, Sophia (2016) The Politics of Iraqi Migration to Syria, Syracuse University Press, New York

Holland-McCowan, John (2017) 'War of Shadows: How Turkey's Conflict with the PKK Shapes the Syrian Civil War and Iraqi Kurdistan', International Centre for the Study of Radicalisation and Political Violence (ICSR), online: https://icsr.info/wp-content/uploads/2017/08/ICSR-Report-War-of-Shadows-How-Turkey's-Conflict-with-the-PKK-Shapes-the-Syrian-Civil-War-and-Iraqi-Kurdistan.pdf[2]

Humud, Carla E.; Christopher M. Blanchard and Mary Beth D. Nikitin (2017) 'Armed Conflict in Syria: Overview and U.S. Response', Congressional Research Service, April 26, online: https://www.refworld.org/pdfid/591c08bc4.pdf

Hunt, Edward (2021) 'The US Is Trying to Undermine the Kurds' Revolutionary Ambitions', Jacobin, online: https://www.jacobinmag.com/2021/01/kurds-revolution-syria-turkey-rojava-us-trump

Ibrahim, Shivan (2019) 'Syria's Kurdish parties do not see eye to eye', Al Monitor, December 9, online : https://www.al-monitor.com/pulse/originals/2019/12/kurds-syria-pyd-national-council-russia-syrian-regime.html

---

2. https://icsr.info/wp-content/uploads/2017/08/ICSR-Report-War-of-Shadows-How-Turkey's-Conflict-with-the-PKK-Shapes-the-Syrian-Civil-War-and-Iraqi-Kurdistan.pdf

ICG (2019) 'After Iraqi Kurdistan's Thwarted Independence Bid', International Crisis Group, Report 199 / Middle East & North Africa 27 March, online: https://www.crisisgroup.org/middle-east-north-africa/gulf-and-arabian-peninsula/iraq/199-after-iraqi-kurdistans-thwarted-independence-bid

IICISAR (2017) 'Human rights abuses and international humanitarian law violations in the Syrian Arab Republic, 21 July 2016', Independent International Commission of Inquiry on the Syrian Arab Republic, 'Conference room paper', 10 March 2017, online: https://www.ohchr.org/_layouts/15/WopiFrame.aspx?sourcedoc=/Documents/Countries/SY/A_HRC_34_CRP.3_E.docx&action=default&DefaultItemOpen=1

Kutschera, Chris (1994) 'Mad Dreams of Independence: The Kurds of Turkey and the PKK', Middle East Report, No. 189, The Kurdish Experience (Jul. - Aug., 1994), pp. 12-15

Martin, Kevin (2018) 'Syria and Iraq ISIS and Other Actors in Historical Context', in Feisal al-Istrabadi and Sumit Ganguly (2018) The Future of ISIS: Regional and International Implications, Brookings Institution Press

Najjar, Faray (2019) 'New front in Syria's war: Why Manbij matters', Al Jazzera 16 October, online: www.aljazeera.com/amp/news/2019/10/front-syria-war-manbij-matters-191015143157365.html[3]

---

3. http://www.aljazeera.com/amp/news/2019/10/front-syria-war-manbij-matters-191015143157365.html

Öcalan, Mehmet (2019) 'Öcalan: People of Northern Syria must struggle more for their freedoms', Anha, 7 June, online: https://hawarnews.com/en/haber/ocalan-people-of-northern-syria-must-struggle-more-for-their-freedoms-h9499.html

O'Connor, Tom (2017) "U.S. will lose Syria to Iran and abandon Kurdish allies, former Ambassador says', Newsweek, 19 June, online: https://www.newsweek.com/us-military-kurds-lose-iran-syria-former-ambassador-627395

Orsini, Margherita (2021) 'The Women of Raqqa Are Rebuilding Their Future', Jacobin, 30 May, online: https://www.jacobinmag.com/2021/05/raqqa-women-blooming-in-the-desert-film

Pamuk, Humeyra and Umit Bektas (2015) 'Turkey sees signs of 'ethnic cleansing' by Kurdish fighters in Syria', Reuters, 17 June, online: https://www.reuters.com/article/us-mideast-crisis-kurds-turkey-idUSKBN0OW1SA20150616

Relief Web (2019) 'SDF kidnaps dozens of orphans and hundreds of youths in eastern Syria', 18 September, online: https://reliefweb.int/report/syrian-arab-republic/sdf-kidnaps-dozens-orphans-and-hundreds-youths-eastern-syria

SANA (2021) 'The difficult academic conditions did not prevent the students of Al-Hasakah Governorate from achieving excellence in the basic education certificate', The Limited Times, 15 July, online: https://newsrnd.com/

news/2021-07-15-the-difficult-academic-conditions-did-not-prevent-the-students-of-al-hasakah-governorate-from-achieving-excellence-in-the-basic-education-certificate.r1-LdWjTpO.html

Schmidinger, Thomas (2018) Rojava: Revolution, War and the Future of Syria's Kurds, Pluto, London

Sehmer, Alexander (2015) 'Thousands of Arabs flee from Kurdish fighters in Syria's north', The Independent, 1 June, online: https://www.independent.co.uk/news/world/middle-east/thousand-of-arabs-flee-from-kurdish-fighters-in-syrias-north-10289475.html

Semenov, Kirill (2019) 'Russia faces Dilemmas in northeastern Syria', Al Monitor, 21 November, online: https://www.al-monitor.com/pulse/originals/2019/11/russia-syria-us-turkey-kurds.html

SJAC (2020) 'One Year After Banning the Practice, the SDF is Still Recruiting Children', Syria Justice and Accountability centre, 23 July, online: https://syriaaccountability.org/updates/2020/07/23/one-year-after-banning-the-practice-the-sdf-is-still-recruiting-children/

SOHR (2019) 'Lens of SOHR monitors the rise of the Syrian flag and the flag of Syriac Military Council affiliated to "SDF", in Tal Jemma north of Tal Tamr town', 4 December, Syrian Observatory of Human Rights, online: http://www.syriahr.com/en/?p=149576

Stein, Aaron (2019) 'Temporary and Transactional: The Syrian Regime and SDF Alliance', Valdai Club, 29

November, online: https://valdaiclub.com/a/highlights/temporary-and-transactional-the-syrian-regime/

Syrian Observer (2019) Russia takes over SDF Base in northern Hassakeh, 2 December, online: https://syrianobserver.com/EN/news/54623/russia-takes-over-sdf-in-northern-hassakeh.html

Syria Times (2018) 'Syrian officer to ST: forces in Syria', 31 December, online: http://syriatimes.sy/index.php/editorials/opinion/39606-syrian-officer-to-st-forces-in-syria

Syria Times (2019) 'SDF militia closes 2154 Syrian schools and gives some of them to US occupation army', 27 September, online: http://syriatimes.sy/index.php/news/local/43878-sdf-militia-closes-2154-syrian-schools-and-gives-some-of-them-to-us-occupation-army

Tejel, Jordi (2009) *Syria's Kurds: History, Politics and Society*, Routledge, New York

Ünver, H. Akin (2016) Schrödinger's Kurds: Transnational Kurdish Geopolitics in the Age of Shifting Borders, Journal of International Affairs , Vol. 69, No. 2, Shifting Sands: The Middle East in the 21st Century (SPRING/SUMMER 2016), pp. 65-100

USDOD (2016) 'Department of Defense Press Briefing by Col. Dorrian via teleconference from Baghdad, Iraq', U.S. Department of Defense, 8 December, online: https://www.defense.gov/News/Transcripts/Transcript-View/Article/1025099/department-of-defensepress-briefing-by-col-dorrian-via-teleconference-from-bag

Van Wilgenburg, Wladimir (2019) 'SDF leadership meets with Arab tribes in response to Damascus call to defect', Kurdistan24, 11 December, online: https://www.kurdistan24.net/en/news/09be9fde-3988-4307-be32-ab161da48412

Xinhuanet (2020) 'Feature: Syrian children pursue education despite danger', 20 November, online: http://www.xinhuanet.com/english/2020-11/20/c_139530905.htm

Yildiz, Kerim (2005) *The Kurds in Syria: the forgotten people*, Ann Arbor, London

7. Dentro de Idlib Sirio

Gráfico uno: Puesto de primera línea sirio contra HTS (Al Qaeda) en Ma'arat al Numan, SE Idlib

En 2023, el noroeste de Idlib seguía ocupado por el ejército turco, que albergaba a grandes grupos de terroristas de HTS, Nusra, Al Qaeda. Los medios integrados en la OTAN a menudo hablan como si este enclave controlado por HTS en dos tercios de la provincia de Idlib representara a la propia Siria. Es un refugio de "rebeldes moderados" que, según afirman, alberga a 4 millones de personas. El gobierno sirio dice 1,3 millones.

Los temas de propaganda bélica se han convertido en "hechos" informados obedientemente: se trata de una "guerra civil siria" (incluso cuando Siria está ocupada por los dos ejércitos más grandes de la OTAN más Israel, además infiltrada por miles de terroristas extranjeros); de acuerdo a esto, el gobierno sirio ha utilizado repetidamente "armas químicas" (es decir, armas de destrucción masiva, lo que merece represalias de la OTAN) y (por alguna razón inexplicable) bombardea sus propias escuelas y hospitales.

Pero hay otro Idlib: esa parte fue liberada a un gran costo por el ejército nacional de Siria. Desde agosto de 2019 hasta principios de 2020, el Ejército Árabe Sirio (EAS) liberó el tercio sureste de la provincia de Idlib, incluidas las ciudades de Khan Shaykhoun, Maarat al Numan y Saraqeb. Esto abrió la autopista M5 a todo el tráfico desde el sur hasta Alepo, a través de Hama y el sudeste de Idlib.

El EAS buscó nuevos avances, pero las potencias de la OTAN exigieron el fin de las operaciones sirias, en defensa del enclave dominado por Al Qaeda (*NewsWires* 2020). Esa amenaza real de escalada llevó a Rusia a entablar nuevas conversaciones con Turquía y a frenar nuevos avances.

Sin embargo, este acontecimiento demostró que Siria, con sus aliados, podría haber liberado al país de todo el terrorismo, si no fuera por las repetidas intervenciones de la coalición de guerra liderada por la OTAN, que prefiere desmembrar y mantener enclaves ocupados dentro de Siria: el noroeste de Idlib, el noreste. zona "autónoma", la zona de Al Tanf ocupada por Estados Unidos y el Golán ocupado por Israel.

1. Sudeste de Idlib

En noviembre de 2021, este escritor visitó Idlib sirio, autorizado por el ejército sirio, tal como la mayoría de los periodistas occidentales son autorizados por las tropas estadounidenses cuando ingresan a sus diversas zonas de guerra. En un día viajamos a Khan Sheykhoun en el sur a través de Ma'arat al Numan, la segunda ciudad provincial más grande, hasta el estratégico cruce de caminos de Saraqeb.

Khan Sheykhoun es la única ciudad liberada de Idlib que ví con una población civil significativa. El alcalde Mohammad Iskandar nos dijo que han regresado entre 600 y 700 familias, alrededor del diez por ciento de la población de antes de la guerra. Ahora lejos de la línea del frente, la ciudad es pacífica con algunas reconstrucciones y pequeños mercados.

La mayoría de los desplazados se trasladaron a Turquía o al norte de Idlib y algunos a otras partes de Siria. El alcalde está en contacto con muchos y dice que la mayoría quiere regresar, pero los grupos armados (HTS, Nusra) exigen grandes sumas de dinero para permitirles la salida.

También hablamos con el Sr. Iyad Sukheta, que dirige una pequeña tienda de comestibles, en una pequeña granja y solía conducir un autobús. Al igual que el alcalde, Iyad permaneció en Khan Sheykhoun durante todo el conflicto. Dice que los *musalaheen* (grupos armados) tomaron muchos prisioneros y mataron a muchos habitantes locales, incluido su hijo de 17 años. Querían que usara su autobús para llevar a la gente al norte, pero él se negó.

Cuando se le preguntó sobre el incidente con armas químicas de abril de 2017, Iyad dijo que los prisioneros no fueron asesinados para proporcionar víctimas (como lo habían sido en Guta Oriental en 2013), sino que, después de un ataque aéreo sirio, los grupos armados atacaron a la población local directamente con productos químicos. Muchos fueron asesinados.

En 2017, los grupos armados culparon al Ejército Árabe Sirio por los ataques químicos, y utilizaron su propia masacre de bandera falsa para incitar al presidente Trump (que había hecho campaña contra la guerra) a realizar su primer ataque con misiles contra Siria.

Maarat al Numan es una ciudad mucho más grande con una historia antigua, situada en la línea del frente entre las fuerzas sirias y las bandas Nusra respaldadas por Turquía. Aunque el Ejército Árabe Sirio ha impulsado su eficaz línea de frente tres veces en los últimos dos años, aquí no hay civiles. La línea de frente, a unos 4 kilómetros al norte de la ciudad, es constantemente puesta a prueba por los grupos armados.

Visité el museo de Ma'arat con sus famosos mosaicos romanos y bizantinos, protegidos durante varios años con sacos de arena. Como ocurre con muchas mezquitas, escuelas y hospitales en toda Siria, los terroristas del Nusra la utilizaron como cuartel general militar, cavando túneles debajo del museo.

Jabal Zeitoun (Montaña de los Olivos) se encuentra ahora en el centro de la línea de frente, ya que ocupa el terreno elevado desde el cual la 9.ª División del EAS ha colocado una importante vanguardia de soldados, tanques, armas y equipo de vigilancia. Sin embargo, la línea de frente real de Maarat se extiende a lo largo de muchos kilómetros.

Nusra (o *Hayat Tahrir al Sham*) había construido barricadas alrededor del hospital de la ciudad y había colocado una pequeña mezquita en su interior. Vimos evidencia de suministros (medicamentos y automóviles) de Qatar, Alemania, Suecia y Francia. El patrón típico de la toma de hospitales sirios por parte de los grupos armados (por ejemplo, en Alepo) ha sido que primero roban todos los suministros existentes para sus clínicas de guerra.

A pesar del apoyo nominal en la ONU por la integridad territorial de Siria, los Estados de la OTAN respaldaron un enclave separatista de Idlib llamado "Siria del Norte". De la misma manera, y en contra del derecho internacional, todavía apoyan una "Administración Autónoma del Norte y el Este de Siria". Desmembrar un país es el segundo mejor objetivo de guerra occidental, después del fracaso del cambio de régimen.

Más adelante en la carretera, la ciudad de Saraqeb, en el cruce de caminos, también se encuentra en la línea de frente, donde Nusra realiza ataques diarios con armas pequeñas y ocasionalmente bombardea posiciones del EAS. Se esconden detrás, y a veces delante, de las numerosas bases turcas que se encuentran en todo el norte y centro de Idlib. El objetivo de estos ataques, según el general J, ha sido provocar represalias, que podrían provocar un conflicto directo entre las fuerzas sirias y turcas.

El Capitán Y nos llevó al frente, mirando hacia la carretera a Ariha, con una base turca a 1,7 kilómetros más adelante. Conocen estas distancias con bastante precisión y están dispuestos a liberar a su país de la ocupación extranjera y del terrorismo respaldado por la OTAN cuando llegue el momento adecuado.

Siria podría haber eliminado el terrorismo y restaurado su integridad territorial hace mucho tiempo, si no fuera por la coalición de guerra encabezada por la OTAN, que prefiere fragmentar y ocupar segmentos del país, a lo largo de sus fronteras terrestres. De esta manera proporcionan refugio seguro a los grupos terroristas proscritos internacionalmente.

2. La vista desde Nabi Younis

‧‧‧‧

Gráfico dos: El autor con el general sirio R,
Mirando las llanuras de Ghaab hacia el noroeste de Idlib.

El lugar de peregrinación de Nabi Younis (Profeta Jonás) en Siria se encuentra en la cima de una cadena montañosa costera de 1.500 m que domina, al oeste, las llanuras de Ghaab en el noroeste de Hama y las colinas del oeste de Idlib. El sitio ha sido tomado por la 4.ª División del Ejército Árabe Sirio, como parte de su cerco estratégico del restante enclave de Al Qaeda de la OTAN en el noroeste de Idlib.

La cordillera ofrece una tremenda vista panorámica sobre el profundo valle del noroeste de Hama, mirando hacia ciudades como Jurin, defendida por el Ejército Árabe Sirio, y aquellas en poder de los grupos armados y sus patrocinadores de la ocupación turca, como *Jisr al Shughur* y *Sirmaniyeh*.

A finales de 2021, el terrorismo a gran escala en Siria había sido derrotado en su mayor parte, quedando solo en los refugios seguros proporcionados por las ocupaciones de los dos ejércitos más grandes de la OTAN (Turquía y Estados Unidos) y el Golán ocupado por Israel.

El despliegue del Ejército Árabe Sirio alrededor de Nabi Younis es una de varias bases militares posicionadas y listas para liberar el resto de la provincia de Idlib de lo que el funcionario estadounidense Brett McGurk llamó en 2017 "el mayor refugio seguro de Al Qaeda desde el 11 de septiembre" (MEI 2018), pero que el *New York Times* revisó en 2021 como "un grupo rebelde alguna vez vinculado a Al Qaeda" (Hubbard 2021).

Por supuesto, esta anomalía es simplemente un intento de ocultar el patrocinio de la OTAN a todos los grupos terroristas en Siria utilizados, como admitieron altos funcionarios estadounidenses hace varios años (*CCHS* 2021), para provocar un cambio de régimen o, en su defecto, el desmembramiento de la nación siria.

Cuando llegue el momento de liberar el resto de Idlib, a esta 4.ª división se unirán la 9.ª División, ahora con base en Ma'arat al Numan, la Guardia Republicana en Saraqeb y la 25.ª División (antes "Fuerzas del Tigre") estacionadas en el norte de Hama. . Estas cuatro divisiones están dirigidas por comandantes con gran experiencia en derrotar a Nusra, ISIS y sus grupos "yijadistas" aliados en todos los terrenos de Siria.

El noroeste de Idlib siguió dominado por los grupos armados de Al Qaeda (*Hayat Tahrir al Sham*, HTS). A diferencia del *New York Times*, en relación al grupo HTS el Consejo de Seguridad de la ONU no se anda con rodeos:

> En enero de 2017, el Frente Al-Nusrah creó Hay'at Tahrir al-Sham (HTS) como vehículo para mejorar su posición en la insurgencia siria y sus propios objetivos como

afiliado de Al Qaeda en Siria. Aunque el surgimiento de HTS se ha descrito de varias maneras... El Frente Al-Nusrah ha seguido dominando y operando a través de HTS en la búsqueda de sus objetivos (CSNU 2022).

Sin embargo, la liberación total de la provincia de Idlib de estos terroristas se vio estancada por amenazas de una intervención más profunda de la OTAN en apoyo de sus "rebeldes" ahijados.

Después de que más de treinta tropas turcas estacionadas en Idlib murieran en la ofensiva del EAS de 2020 (Gall 2020), el presidente turco Erdogan pidió el apoyo de la OTAN, amenazando con liberar a millones de refugiados más y enviarlos a Europa (Evans y Coskun 2020). Ante posibles ataques aéreos estadounidenses y europeos contra Siria (por razones "humanitarias"), a principios de marzo de 2020, los presidentes Putin y Erdogan acordaron otro alto al fuego (Higgins, 2020).

Con Idlib sólo parcialmente liberada, y aunque Rusia había acusado previamente a Erdogan de violar sus compromisos en Idlib (*News Wires* 2020a), el último alto al fuego no impidió que el líder turco reforzara a los grupos terroristas. También amenazó con utilizar armas pesadas contra el ejército sirio, si este buscaba liberar su propio territorio (Prensa TV 2021).

Desde entonces, el EAS en Nabi Younis y en el sur este Idlib ha estado repeliendo activamente ataques con armas pequeñas y bombardeos ocasionales de terroristas del HTS. En las llanuras de Ghaab, los terroristas de la OTAN han atacado repetidamente la aldea civil de Jurin (Beeley 2021) e intentado incursiones en posiciones del EAS con tanques.

Sin embargo, las pandillas no han logrado avances. En una segunda visita a Nabi Younis en 2022, los comandantes del ejército sirio le dijeron a este escritor que habían matado a tres terroristas iraníes del *Moyahedin-e-Khalq* (MEK, ver Niknam y Anderson

2021). No se sabía muy bien por qué el MEK, utilizado durante décadas por Washington contra Irán, estaba en Siria.

En cada posición del EAS había soldados con rifles colocados en trípodes improvisados, listos para los numerosos aviones no tripulados (*drone*) de vigilancia y algún que otro drone armado, que puede volar hasta 5.000 metros. Esta costosa tecnología proviene directamente de los Estados de la OTAN.

En el campo de tiro de Nabi Younis, el general R contaba con apoyo de inteligencia y poder aéreo de los rusos, listos con sus aviones de guerra en la base aérea de Hmeimim en la costa. También había varios oficiales de Jezbollah en la montaña, actuando como asesores de inteligencia. Pero todas las batallas de liberación fueron libradas por sirios, subraya el general.

No hay mucho misterio sobre cómo el EAS recuperará ciudades importantes como Jisr al Shughur y la ciudad de Idlib. Al igual que en Alepo, Douma y Ma'arat al Numan, comenzarán con ataques aéreos y de artillería, luego rodearán cada objetivo, controlarán las salidas y cortarán los bordes, corte por corte.

Los medios de comunicación de guerra occidentales gritarán una vez más que "civiles y niños" están siendo masacrados. Las fuentes de sus informes serán una vez más esas mismas bandas degolladoras de Al Qaeda, universalmente odiadas en Siria. Pero esta vez no habrá "autobuses verdes" para llevar a los "yijadistas" derrotados a un refugio seguro. Más de un comandante me dijo: huirán a Turquía y Europa o los matarán.

Referencias

Beeley, Vanessa (2021) 'The bombs rain down as I visit the Idlib frontlines, and witness the atrocities committed against civilians by NATO-backed terror', RT, 23 July, online: https://www.rt.com/op-ed/530082-attacked-syrian-civilians-us-weapons/

CCHS (2021) 'Syria by Admissions', Centre for Counter Hegemonic Studies, online: https://www.youtube.com/watch?v=9uBN522X-FA

Evans, Dominic and Orhan Coskun (2020) 'Turkey says it will let refugees into Europe after its troops killed in Syria', Reuters, 27 February, online: https://www.reuters.com/article/us-syria-security-idUSKCN20L0GQ

Gall, Carlotta (2020) 'Turkey Declares Major Offensive Against Syrian Government', New York Times, 1 March, online: https://www.nytimes.com/2020/03/01/world/middleeast/turkey-syria-assault.html

Higgins, Andrew (2020) 'Putin and Erdogan Reach Accord to Halt Fighting in Syria', New York Times, 5 March, online: https://www.nytimes.com/2020/03/05/world/europe/putin-erdogan-syria.html

Hubbard, Ben (2021) 'In a Syrian Rebel Bastion, Millions Are Trapped in Murky, Violent Limbo', New York Times, 6 April, online: https://www.nytimes.com/2021/04/06/world/middleeast/syrian-war-refugees.html

MEI (2017) 'Assessing the Trump Administration's Counterterrorism Policy', Middle East Institute, online: https://www.youtube.com/watch?v=UgzqabDYK7I#t=59m03s[1]

NewsWires (2020) 'End this offensive': Europeans call on Syria, Russia to return to 2018 Idlib ceasefire deal', France

---

1. https://www.youtube.com/watch?v=UgzqabDYK7I#t_43ec3e5dee6e706af7766fffea512721_59m03s

24, 26 February, online: https://www.france24.com/en/20200226-end-this-offensive-europeans-call-on-syria-russia-to-return-to-2018-idlib-ceasefire-deal

NewsWires (2020a) 'Russia claims Turkey broke Syria deals, rejects Erdogan's accusations of aggression', France 24, 12 February, online: https://www.france24.com/en/20200212-erdogan-turkey-syria-troops-turkish-idlib-president-bashar-al-assad-putin-russia-sochi-iran-soldier-army-recep-tayyip-rebel-moscow

Niknam, Alireza and Tim Anderson (2021) 'The MEK Has No Future In Iran: The Interview With Prof. Tim Anderson', Terror Spring, online: https://terrorspring.com/the-mek-has-no-future-in-iran-the-interview-with-prof-tim-anderson/

Press TV (2021) 'Erdogan threatens use of heavy weapons against Syrian army in Idlib', 21 October, online: https://www.presstv.ir/Detail/2021/10/21/668973/Turkish-President-Recep-Tayyip-Erdogan-terrorist-groups-Idlib-Syrian-government-forces

UNSC (2022) AL-NUSRAH FRONT FOR THE PEOPLE OF THE LEVANT, online: https://www.un.org/securitycouncil/sanctions/1267/aq_sanctions_list/summaries/entity/al-nusrah-front-for-the-people-of-the-levant

8. Purgando a los cristianos del "Nuevo Oriente Medio"

••••

Gráfico Uno: Maloula, la antigua ciudad cristiana en el oeste de Siria

A pesar de su "cruzada" pseudocristiana del siglo XXI (Waldman y Pope 2001), fue Washington quien planeó la purga de cristianos de la región en pos de su objetivo declarado de crear un Nuevo Oriente Medio (Bransten 2006).

Esa purga hizo uso del judaísmo sectario, liderado por el apartheid israelí (CCHS 2022), los peores islamistas sectarios, liderados por los grupos sauditas y los Hermanos Musulmanes (Cockburn 2016), y la limpieza étnica llevada a cabo por proyectos separatistas kurdos respaldados por Estados Unidos (Barber 2018) tanto en Irak como en Siria.

Muchas fuentes hablan de la reciente purga de cristianos de Oriente Medio. Los propios miembros de las comunidades cristianas más antiguas escribieron sobre la "limpieza étnica [de] asirios de

Irak", poco después de la invasión estadounidense de 2003 (Betbasoo 2007). Posteriormente se culpó al grupo terrorista ISIS.

En 2015, el Papa Francisco exigió el fin inmediato del "genocidio" de cristianos que está teniendo lugar en Oriente Medio (AFP 2015). En 2018 repitió este llamamiento a ROACO, un grupo de ayuda a las Iglesias orientales, en donde enuncia del riesgo de "eliminar a los cristianos" de Oriente Medio y del "gran pecado de la guerra" (Wells 2018). Sin embargo, no señaló a ningún Estado o grupo en particular como responsable, por cuyo fracaso fue reprendido por el sacerdote sirio, el padre Elias Zahlawi (Anderson 2021).

Los medios de guerra occidentales han culpado a todos, desde ISIS hasta Hamas y los musulmanes en general, por la constante expulsión de cristianos de Palestina, Irak y Siria. Pero todas esas afirmaciones no dan en el blanco. Estados Unidos y sus colaboradores, incluida Australia, son los principales impulsores de este gran crimen.

La sociedad liberal occidental también ha desempeñado un papel, al enorgullecerse de dar refugio a "minorías perseguidas", ignorando al mismo tiempo la responsabilidad por las guerras que impulsan a estos refugiados.

Los objetivos de la "cruzada" de Washington, inicialmente considerada contra el "terrorismo", quedaron claros en los años siguientes. El creciente grupo de guerras formaba parte de un proyecto mayor que la ex Secretaria de Estado estadounidense Condoleezza Rice llamó en 2005 y 2006 el "caos creativo" (Karon 2006) implicado en los "dolores de parto" de la visión de Washington de un Nuevo Oriente Medio (Bransten 2006). Eso significó "eliminar" múltiples Estados independientes, que el general Wesley Clarke especificó, después de Afganistán, como "Irak, luego Siria y el Líbano, luego Libia, luego Somalia y Sudán, y nuevamente a Irán" (Clark 2007).

Quienes se centran únicamente en las purgas del ISIS o afirman haber tenido alguna reacción musulmana "orgánica" ante las diversas invasiones y guerras apadrinadas por EEUU, pasan por alto la mano directiva de Washington. Ese ha sido el factor clave detrás de la catástrofe que ha caído sobre toda la región y en particular sobre las comunidades cristianas más antiguas del mundo en varios países de Asia Occidental.

A medida que la "lucha contra el ISIS" se convirtió en el principal pretexto falso para ocupar Irak y Siria, veamos primero los hechos y la responsabilidad estadounidense en la creación del ISIS, antes de pasar a la purga de cristianos en Palestina, Irak y Siria.

• • • •

1. La responsabilidad de Washington en la creación del ISIS

A principios de 2007, el periodista de investigación estadounidense Seymour Hersh escribió sobre la reorientación de la política estadounidense, que se centraría en utilizar Estados musulmanes "suníes moderados", como Arabia Saudita, para contrarrestar la influencia del Irán musulmán chiíta (Hersh, 2007). El conflicto sectario estaba en el centro de la idea del "caos creativo".

El ISIS fue creado entre 2004 y 2005 en Irak como Al Qaeda en Irak (AQI) o Estado Islámico de Irak (ISI) (Johnston et al 2011), por los sauditas bajo dirección de Washington, para inflamar la violencia sectaria (Hersh 2007) y en particular para mantener separados (después de 2003) a los gobiernos de Irak e Irán. El grupo terrorista cometió espantosas atrocidades sectarias contra civiles iraquíes, especialmente musulmanes chiítas. En 2007, documentos del ejército estadounidense mostraban que el grupo más grande de combatientes extranjeros de ISI o AQI en Irak procedía de Arabia Saudita (Fishman y Felter, 2007).

El culto a la muerte respaldado por los Estados Unidos fue luego exportado a Siria. En agosto de 2012, una agencia de inteligencia estadounidense, la DIA, predijo que era probable un "principado salafista en el este de Siria", ya que las fuerzas extremistas dominaban la insurgencia, y eso era "exactamente" lo que Estados Unidos quería, para "aislar al régimen sirio" en Damasco (DIA 2012). El resurgimiento del ISIS tanto en Irak como en Siria entre 2012 y 2017 se produjo tras el fracaso de otros representantes en derrocar al gobierno de Damasco y el temor de Washington a los crecientes vínculos entre Damasco, Bagdad y Teherán, que enfrentaban amenazas comunes a la seguridad.

Al practicar la vieja estrategia de "divide y vencerás", Washington buscó mantener barreras entre Irán, Irak y Siria. Sin embargo, fueron las fuerzas combinadas de estos tres vecinos las que finalmente expulsaron al ISIS de las principales ciudades y pueblos. El ex secretario de Estado John Kerry admitió parcialmente que Washington observó cómo crecía el grupo terrorista (Weiss 2017), con la esperanza de poder controlarlo, mientras el ISIS tomaba el control de las ciudades de Mosul en Irak y Raqqa y Palmira en Siria.

A finales de 2014, altos funcionarios estadounidenses, incluido el vicepresidente Biden y el jefe del ejército estadounidense, el general Martin Dempsey, admitían que sus principales aliados en la región habían Estado armando y financiando a todos los grupos extremistas en Siria, incluido el grupo proscrito por el Consejo de Seguridad de la ONU, Jabhat al Nusra e ISIS, en un intento de derrocar al gobierno sirio. Dempsey reconoció que los "principales aliados árabes" financian al ISIS, mientras que Biden mencionó a Turquía, los saudíes y los emiratíes por haber invertido "cientos de millones de dólares y miles de toneladas de armas" en "cualquiera que luchara contra Assad" (HOS 2020), sugiriendo falsamente que sus "principales aliados" tomaron ese rumbo de forma independiente.

A pesar de estas admisiones, y a pesar de la exitosa purga del ISIS por parte de Irán, Irak y Siria anunciada por el general iraní Qassem Soleimani en noviembre de 2017 (IFP 2017), la intervención militar directa de Estados Unidos tanto en Irak como en Siria se mantuvo con el pretexto de la "lucha contra el ISIS".

• • • •

2. Ninguno de los cristianos de Palestina es israelí

Los únicos "residentes" cristianos (Israel no los reconocerá como ciudadanos) en la colonia israelí son palestinos, y están sujetos a la misma limpieza étnica que sus hermanos mayoritariamente musulmanes. Washington y sus aliados de la OTAN se quejan ocasionalmente de la expansión de los asentamientos israelíes en Palestina, pero en la práctica Washington es el principal financiero extranjero de la colonia (USCPR 2022), mientras que Estados Unidos, Alemania y algunos otros europeos son los principales proveedores de armas de Israel (Andrews 2021).

Los cristianos son ahora una minoría muy pequeña en la Palestina ocupada, pero alguna vez fueron muchos más, al menos en ciertas áreas. Una fuente eclesiástica situó a los cristianos en el once por ciento de Palestina al final de la era otomana en 1922 (Casper 2020). Sin embargo, Ramzy Baroud (2019) dice que "las estimaciones más optimistas" hoy sitúan a los cristianos palestinos en menos del dos por ciento de la Palestina ocupada.

Algunas caídas han sido bastante recientes. La población cristiana de Belén en 2020 era solo el veintidós por ciento pero se decía que era mucho más apenas diez años antes. Otras aldeas han sufrido grandes pérdidas. En Beit Yala, la mayoría cristiana cayó del 99 al 61 por ciento; en Beit Sahour, del 81 al 65 por ciento. Un estudio de la Universidad Dar al-Kalima encontró que la fuerte disminución de los cristianos en Beit Yala se debió a "la presión de la ocupación israelí... políticas discriminatorias, arrestos arbitrarios, confiscación de tierras [que] se sumaron a la sensación general de desesperanza entre los cristianos palestinos."(Baroud 2019).

Los medios israelíes culparon al partido de resistencia islámica, Hamás, por el declive de los cristianos en Gaza, mientras que los cristianos palestinos culparon a Israel (Jacobson, 2014). La historia sionista era interesada y engañosa. El sacerdote sirio, el padre Zahlawi, le planteó esta pregunta al Papa Francisco: "Si quieres sugerir que los musulmanes son los que obligan a los cristianos a abandonar 'la tierra que aman'... ¿cómo puedes explicar su emigración a un ritmo preocupante desde el establecimiento de Israel? mientras ellos [los cristianos] a lo largo de cientos de años vivieron... al lado de los musulmanes?" (Anderson 2021).

No cabe duda de que las atrocidades cometidas por las fuerzas armadas israelíes contra la juventud palestina en Belén han contribuido a la purga de cristianos en esa ciudad. Belén, como lugar sagrado cristiano, tiene una proporción relativamente alta de familias cristianas palestinas. En el 'campamento' de Dheisheh, ahora un suburbio exterior de Belén (UNWRA 2015), un joven refugiado de tercera generación le dijo a este autor a principios de 2018 que el comando sur israelí tenía la práctica declarada de disparar sistemáticamente a jóvenes palestinos en las piernas y las rodillas, para paralizarlos; muchos informes publicados respaldan su relato (por ejemplo, Ashly 2017); ésta fue y es una campaña continua y sistemática contra palestinos musulmanes y cristianos (BADIL 2016).

3. Las purgas de cristianos en Irak tras la invasión de 2003

Si bien los iraquíes temían a Saddam Hussein, muchos cristianos también temían su destitución, ya que su gobierno había sido "en gran medida tolerante con su fe e incluía a cristianos de alto rango" (Daily Press 2003). A finales de 2004, el miedo generalizado persistía y los cristianos creían estar "en lo alto de la lista [de ser punto] objetivo". Constituían sólo el tres por ciento de la población iraquí, pero su comunidad era "una de las más antiguas de Oriente Medio...

ASIA OCCIDENTAL DESPUÉS DE WASHINGTON   151

[y había] desempeñado durante mucho tiempo un papel importante en la política, la sociedad y la economía iraquíes" (Colt 2004).

Apenas un año después de la invasión estadounidense de Irak en marzo de 2003, se informó que extremistas islámicos bombardearon muchas iglesias iraquíes, con 59 iglesias asirias bombardeadas: "40 en Bagdad, 13 en Mosul, 5 en Kirkuk y una en Ramadi" (Sveriges Radio 2009). Al Qaeda en Irak (AQI, más tarde ISI y más tarde todavía ISIS) sólo pudo operar después de la invasión estadounidense.

Un informe de 2007 (revisado en 2017) hablaba del "genocidio incipiente" de los asirios iraquíes, la mayoría de los cuales eran cristianos -hasta entonces, se decía que 118 iglesias habían sido atacadas o bombardeadas. El informe decía que "los asirios constituían el ocho por ciento (1,5 millones) de la población iraquí en abril de 2003; desde entonces, el 50 por ciento ha huido del país" (BetBasoo 2007). En 2007 había más de 1,2 millones de refugiados iraquíes en la vecina Siria (al-Miqdad, Faisal 2007).

El informe asirio culpó a los musulmanes extremistas, pero también a las administraciones kurdas recién fortalecidas. "Las autoridades kurdas negaron asistencia extranjera para la reconstrucción de las comunidades asirias y utilizaron proyectos de obras públicas para desviar agua y otros recursos vitales de las comunidades asirias a las kurdas. Las fuerzas kurdas bloquearon las aldeas asirias. Los niños fueron secuestrados y transferidos por la fuerza a familias kurdas" (BetBasoo 2007).

Todo esto fue parte de la reestructuración estadounidense de Irak. Ya en la década de 1970, Washington había conseguido el apoyo de los líderes kurdos en el norte de Irak (PBS 2011), al principio como contrapeso a Saddam Hussein (que también fue colaborador de Estados Unidos en las décadas de 1970 y 1980) y más tarde como herramienta para dividir, y debilitar cualquier gobierno en Bagdad. Israel también ha tenido una presencia de larga data en el Kurdistán iraquí, "más notoria" en los últimos años (Khosravi, Kalhori y Hamehmorad 2018).

El fuerte resurgimiento del ISIS en Irak en 2014, después de haber sido reactivado y rebautizado para ayudar a dividir tanto a Irak como a Siria, renovó estas presiones. Un informe de 2015 expresa que si bien el ISIS había "matado a musulmanes suníes y chiítas, está claramente involucrado en una campaña sistemática para liberar a Irak de comunidades no musulmanas y de minorías étnicas, incluidos los cristianos asirios" (Johnston 2015). El grupo terrorista, esencialmente un instrumento de Washington a través de los saudíes, dio a los cristianos de Mosul las "opciones" de convertirse al Islam, pagar un impuesto religioso o morir (Lagos 2019). Muchos huyeron.

Cuando la segunda ola de ataques del ISIS azotó Irak en 2014, el grupo terrorista se apoderó de Mosul y expulsó a miles de cristianos de esa gran ciudad y de la cercana ciudad más pequeña de Qaraqosh, cerca de las ruinas de las antiguas ciudades de Nimrod y Nínive (BBC 2014); la mayoría de esos asirios huyeron al norte, a la región del Kurdistán, pero muchos otros abandonaron el país. Cínicamente, Estados Unidos había advertido sobre una "catástrofe humanitaria" a causa de los ataques del ISIS (BBC 2014), pero estaba más preocupado por desmembrar los Estados iraquí y sirio.

Antes del ISIS, Mosul tenía más de 15.000 cristianos; a mediados de 2019 solo habían regresado 40. Un informe cristiano de 2019 habló del "genocidio" de cristianos y yazidis, y de un clima de violencia y agitación que duró quince años tras la invasión estadounidense (IC 2019). El libro de Sargon Donabed, *Reforging a Forgotten History*, concluye que los 1,4 millones de cristianos iraquíes que había en 2005 se habían reducido casi a la mitad, hasta 750.000 en 2014 (Donabed 2015).

Los separatistas kurdos en Irak y Siria, respaldados por la coalición de guerra estadounidense, aumentaron las presiones sobre las comunidades asirias y otras comunidades cristianas. Después de los islamistas sectarios, en su mayoría reclutados por las monarquías del Golfo Pérsico, los separatistas kurdos se convirtieron en la segunda herramienta de Washington para dividir y debilitar a esos Estados independientes. De hecho, en el norte de Irak se promocionó ampliamente la noción de un "segundo Israel [kurdo]" (Levinson, 2017).

En septiembre de 2017, cuando un referéndum kurdo en el norte de Irak buscó convertir el estatus federal en un Estado separado, este intento de secesión fue repudiado por el parlamento y gobierno iraquíes (Al Jazeera 2017a). Israel fue "el único Estado que apoyó [abiertamente] la secesión kurda de Irak" (Andoni 2017). Las fuerzas iraquíes entraron y tomaron el control de Kirkuk en cuestión de horas, aplastando el plan de secesión (Chulov 2017).

No obstante, la región del norte de Irak había desarrollado relaciones estratégicas tanto con Estados Unidos como con Israel (MEMO 2015) y se convirtió en una base para operaciones encubiertas destinadas a dividir Irak y desestabilizar tanto a Irán como a Siria; pero esos planes encontraron resistencia. Al menos desde 2007, Irán comenzó a bombardear a grupos insurgentes anti-Irán en su frontera (EKurd 2007), grupos armados que se refugiaban en el Kurdistán iraquí; los bombardeos iraníes contra estos representantes de Estados Unidos dentro de las fronteras del norte de Irak continuaron a finales de 2021 (Aldroubi y Gharagozlou, 2021).

Washington fue, por tanto, el principal impulsor y autor intelectual de la desaparición de los cristianos de Irak al invadir Irak, destruir la relativa protección que se había ofrecido a los cristianos; luego al desestabilizar a las nuevas administraciones de Bagdad con terror a través de creaciones islamistas sectarias de estilo saudí (AQI o ISI y más tarde ISIS), que purgaron a los cristianos y otras minorías; y finalmente respaldando una zona norte controlada por los kurdos, que purgó aún más a los cristianos indígenas y, en particular, a los asirios. Esa operación se trasladó más tarde al noreste de Siria, donde habían huido asirios y armenios un siglo atrás, buscando refugio de las masacres del Imperio Otomano.

4. La purga de los cristianos de Siria

El papel de Estados Unidos en la purga de los cristianos sirios fue evidente desde los primeros meses de 2011, pero las advertencias llegaron antes. En 2005, Christine Amanpour, de CNN, estrechamente vinculada a altos funcionarios de Washington, le dijo al presidente sirio Assad: "la retórica del cambio de régimen se dirige hacia usted" (CNN 2005). Casi al mismo tiempo, los cristianos iraquíes que huían a Siria habían advertido a los cristianos sirios: "¡Ustedes son los siguientes!" Creían que Siria era el siguiente país en la fila para un "cambio de régimen" y que "los cristianos en particular serían el objetivo de una guerra sectaria planificada, tal como en Irak" (Hoff 2021). De hecho, Siria fue el objetivo de los ejércitos apadrinados que el ex vicepresidente Joe Biden y el general Martin Dempsey reconocieron en 2014 habían sido financiados y armados por aliados de Estados Unidos (HOS 2020).

La violencia sectaria fue evidente desde el comienzo de la guerra sucia en Siria (Anderson, 2016), cuando el lema "Masehi la Beirut wa alawi altabut" (cristianos a Beirut, alauitas a la tumba) fue denunciado por islamistas sectarios en la ciudad de Homs durante abril y mayo de 2011 (Blanford 2011). De hecho, mientras los medios occidentales culpaban de toda la violencia al gobierno sirio, los alauitas fueron asesinados y muchos cristianos huyeron a Beirut. En general, el ataque internacionalizado contra Siria desplazó a la mitad de la población del país, creando la mayor crisis de refugiados del mundo (EEUU para ACNUR 2022).

Sin embargo, en 2011 se informó que los cristianos de Siria tenían más fe en el presidente Assad que en la "oposición" armada respaldada por Estados Unidos, Arabia Saudita y Qatar (Gavlak, 2011). Ese mismo año, los medios estadounidenses lo sabían muy bien y reconocían que tanto Saddam Hussein en Irak como Bashar al Assad en Siria protegían a los cristianos (Tobia 2011). Wingert y Hoff (2021) en el libro *Siria Crucificada* documentan el sufrimiento de muchas familias cristianas "a manos de terroristas radicales" apoyados por países occidentales.

En 2014, los terroristas de Yabhat al Nusra (llamados 'rebeldes moderados' por los medios de la OTAN) de Turquía atacaron la ciudad principalmente armenia-cristiana de Kesab (Kucera 2014), en el noroeste de Siria, secuestrando, asesinando, y profanando iglesias (Asamblea Parlamentaria 2014) con grafitis que recordaban a los residentes armenios las masacres otomanas de un siglo antes; las 14 iglesias fueron quemadas y destrozadas. En diciembre de 2021, el alcalde de Kesab, Sebouh Kurkyian, dijo a este escritor: "Conocemos el idioma turco... hablan juntos en idioma turco... el gobierno turco los ayuda". El sacerdote padre Nareg Iwisyan dijo que las bandas habían robado objetos de valor y profanado tumbas, y luego destruyeron todos los objetos y libros religiosos, dejando grafitis sectarios e incluso excrementos humanos en su iglesia.

El ISIS, trasladado desde Irak, también aterrorizó a las comunidades de Siria, hasta que las fuerzas iraquíes y sirias, respaldadas por Irán y con un gran costo en vidas, las expulsaron.

Los asirios y otros cristianos en el noreste de Siria formaron una milicia "Sootoro" (Wilgenburg 2016), armada y aliada de Damasco, al principio para defender a las comunidades cristianas del ISIS. El gobierno sirio también armó a los grupos kurdos, pero estos comenzaron a buscar apoyo externo para servir a su agenda regional.

Cuando Washington comenzó a armar y reunir apoyo popular para el idealizado proyecto de la patria kurda 'Royava' en Siria (Applebaum 2021), las historias occidentales se re escribieron para borrar a las otras minorías del norte y este de Siria, en particular a los árabes, asirios, armenios y otros grupos cristianos.

Un foco clave se convirtió en Qamishli, cerca de la frontera turca, una ciudad fundada por refugiados cristianos que huían de las masacres del Imperio Otomano de principios del siglo XX. Los grupos kurdos, en su mayoría musulmanes, no sufrieron la persecución otomana, pero sí la represión bajo el moderno Estado turco. Como resultado de ese conflicto en Turquía, combinado con la represión de Saddam Hussein en Irak y las purgas del ISIS, el noreste de Siria recibió muchos inmigrantes kurdos de Turquía e Irak.

Empero, los kurdos nunca dominaron a las poblaciones del noreste de Siria. Cerca del final de la ocupación francesa, la potencia colonial llevó a cabo un censo de Qamishli y Hassakeh (Altug 2011), el núcleo de áreas que los Estados occidentales reclaman como una especie de patria kurda natural. El Cuadro Uno a continuación muestra que los kurdos han sido una pequeña minoría en las principales ciudades de la región, pero una ligera mayoría en la zona rural de Qamishli. Sin embargo, en la región en su conjunto, los kurdos representaban alrededor del 31 por ciento, mientras que los cristianos eran el 40 y los árabes el 28 por ciento.

En otras palabras, en una región que desde la década de 1940 ha sido una gobernación o provincia de Siria, pero que Washington y su ocupación militar designaron alrededor del 2015 como el corazón de una "administración autónoma" que sería entregada a los kurdos separatistas; históricamente los cristianos han sido el grupo más numeroso.

Population of Hassakeh and Qamishli by community, 1939, French Mandate records (Algun 2011)					
	Kurds	Christians (Inc. Assy + Arm)	Arabs	Yezidi	Total
Hassakeh city	360 (2.6%)	6,200 (45.3%)	7,133 (52.1%)	0	13,693
Hassakeh (total)	2,290 (6.3%)	17,436 (48.1%)	16,535 (45.6)	0	36,261
Qamishli city	5,892 (19%)	17,140 (55.25%)	7,990 (25.8%)	0	31,022
Qamishli (total)	40,226 (52%)	22,691 (29.4%)	12,681 (16.4%)	1,602 (2%)	77,200

Cuadro 1: Composición de la comunidad de Hasakeh y Qamishli, 1939

Muchos relatos recientes de los medios occidentales pintan falsamente el separatismo kurdo en Siria como un movimiento indígena heroico, y critican al gobierno sirio por presuntos abusos contra los kurdos (Allard, et al 2019); no obstante, Damasco había concedido la ciudadanía a decenas de miles de inmigrantes kurdos a principios de 2011 (CNN 2011) -lo más probable muchos de ellos provenientes de Irak y Turquía. Sin embargo, con más de 15 millones de kurdos en la vecina Turquía, Siria siempre pondría límites a la inmigración.

El objetivo estadounidense de desmembrar Siria y utilizar partes como trampolín para las agendas kurdas lideradas por kurdos turcos fue a la vez un golpe ilegal a la integridad territorial de la nación y un ataque directo a las comunidades cristianas del noreste de Siria. Después de luchar contra los sectarios sauditas y estadounidenses del ISIS, un proyecto kurdo discriminatorio cayó sobre los cristianos y árabes de la región noreste de este país.

A principios de 2015, Amnistía Internacional acusó a los "combatientes kurdos" sirios y a su milicia, las Unidades de Protección Popular (UPP), de "desplazamientos forzados y demoliciones de viviendas" de "árabes y turcomanos" (Zaman 2015). Varios informes de los medios estadounidenses llamaron a esto la "limpieza étnica" kurda de estos otros grupos (CBS 2015). Sin embargo, no mencionaron que los kurdos estuvieran purgando las comunidades cristianas.

El informe de Amnistía también afirmó que los kurdos habían sido "sujetos a largo plazo a discriminación y violaciones de derechos humanos" en Siria antes de 2011, en particular por "restricciones al uso de la lengua y la cultura kurdas" y por la "negación de los derechos que disfrutan los ciudadanos sirios". Sin embargo, el informe admitió posteriormente que "el gobierno sirio [en abril de

2011] concedió la nacionalidad a la mayoría de estos kurdos" (AI 2015).

Los preparativos para una invasión terrestre estadounidense del norte y el este de Siria en 2015 hicieron uso de la "tarjeta kurda". En octubre de 2014, las fuerzas kurdas habían viajado desde Erbil, en el norte de Irak, hacia el norte de Siria a través de Turquía, supuestamente para reforzar los esfuerzos de las UPP contra el ISIS, y Estados Unidos comenzó a lanzar armas desde el aire a las UPP (Cooper, 2014). En marzo, Estados Unidos envió entrenadores para ayudarlos (MacAskill, 2015) y, en agosto, se informó que se había utilizado potencia de fuego estadounidense en apoyo de lo que convirtieron en otra milicia anti-gobierno sirio (BBC, 2015). Las "Fuerzas Democráticas Sirias" (FDS o QSD en árabe) se formaron a partir de una base de las UPP en octubre de 2015, incluido un proyecto de constitución que contenía una declaración separatista kurda unilateral.

Después de que la intervención directa de Estados Unidos reforzara este FDS, Amnistía no dijo más sobre el "desplazamiento forzado y las demoliciones de viviendas" de los kurdos; aunque los cristianos todavía se enfrentaban a la expulsión de Qamishli. Las FDS eran nominalmente (pero no prácticamente) más amplias que los separatistas kurdos, ya que Washington sabía que había muy pocos kurdos en las ciudades de Manbij, Raqqa y Deir Ezzor, centros clave que iban a ser incluidos en la región "autónoma" liderada por las FDS de Washington, tallada en Siria.

En octubre de 2021, este escritor visitó Qamishli y su comunidad cristiana. Suheil y George, del antiguo ayuntamiento, me dijeron que la comunidad cristiana en Qamishli había sido de 62.000 antes de la guerra, reducida a unos 50.000. Esto siguió al terrorismo del ISIS y a la confiscación de muchas propiedades por parte de las FDS respaldadas por EEUU.

Debido a su respaldo militar estadounidense, las FDS controlaban la mayor parte, pero no la totalidad, de la ciudad del norte. El ejército árabe sirio todavía protegía el aeropuerto, el hospital principal y varias áreas militares y de "zonas de seguridad", que incluían residencias y escuelas. La milicia cristiana Sootoro tenía puestos de control en varias zonas adyacentes; sin embargo, todas estas instalaciones enfrentaron la obstrucción de las SDF. El Consejo todavía operaba en la "zona de seguridad", las áreas cristianas y, hasta cierto punto, fuera de ellas; durante algunos meses se había mantenido una paz incómoda, con pocos enfrentamientos directos (Hardan 2021).

Los cristianos en Siria han sido atacados y purgados en el oeste del país por islamistas sectarios ("rebeldes moderados") respaldados por Estados Unidos y la OTAN y en el este por el culto a la muerte ISIS. Como escribió el padre Elias Zahlawi, en nombre de "La libertad, la democracia y los derechos humanos", Washington "declaró la guerra a mi país natal, Siria, y empujó hacia allí, desde cien países... yihadistas, atormentados por el mal del dinero, la sangre, avaricia y poder" (Anderson 2021). Después de eso, la milicia kurda apadrinada en el noreste se apoderó de propiedades no kurdas, lo que contribuyó al éxodo de cristianos.

5. Australia ayudó a purgar a los cristianos iraquíes y sirios.

Con el pretexto de ayudar a las "minorías perseguidas", aliados de Estados Unidos como Australia y Canadá ayudaron en esta purga (Berger 2016). A finales de 2015, el primer ministro australiano, Tony Abbott, recibió elogios de los medios de comunicación por anunciar 12.000 nuevas "visas humanitarias" para "grupos perseguidos" en Oriente Medio. En su mayoría vendrían de Irak y Siria y eran en su mayoría cristianos asirios. Sin embargo, al mismo tiempo Abbott dijo que el ejército australiano se uniría a los "ataques aéreos" estadounidenses contra el ISIS (Hurst 2015).

De hecho, en septiembre de 2016, la Fuerza Aérea Australiana, junto con la de Estados Unidos, atacaron y mataron a más de 120 soldados sirios en la montaña detrás del aeropuerto de Deir Ezzor; ese ataque cuidadosamente planeado, que permitió a ISIS tomar el control de la montaña, fue descartado por el entonces primer ministro australiano, Malcolm Turnbull, como un "error" (Daniel y Brown, 2016). Sin embargo, las pruebas demuestran que se trataba de una operación bien planificada, diseñada para ayudar al ISIS en sus esfuerzos por tomar la ciudad de Deir Ezzor (Anderson 2020).

Habían más de 40.000 inmigrantes asirios en Australia, el grupo más grande en el suburbio de Fairfield en Sidney (Ahern 2016). Una nueva ola se produjo después de los ataques y sanciones ea Irak en los años 1990. El libro de Frederick Aprim, *La traición de los impotentes*, describe el desplazamiento de los asirios iraquíes después de la invasión de 2003. Inicialmente, la mayoría procedía de Irak, pero después de 2015, muchos también procedían de Siria (abril de 2021).

En enero de 2017, el primer ministro australiano, Malcolm Turnbull, le dijo al presidente estadounidense Donald Trump, en su típico estilo servil: "Aceptaremos más, aceptaremos a quien usted quiera que aceptemos". Del programa de Turnbull para traer "12.000 refugiados sirios, el 90 por ciento... serán cristianos... es un hecho trágico de la vida que cuando la situación en el Oriente Medio se calme —las personas que tendrán menos probabilidades de tener un hogar continuo son esas minorías cristianas" (Doherty 2017). Por supuesto, fueron los sucesivos proyectos bélicos de Washington los que los privaron de sus hogares. De esta manera los colaboradores ayudaron a Washington con su proyecto del Nuevo Oriente Medio.

Detrás de las declaraciones superficiales de valores cristianos y las cínicas afirmaciones de intervención humanitaria como pretextos para guerras de agresión, Washington ha sido el motor central detrás de la purga de las comunidades cristianas más antiguas del mundo en Palestina, Siria e Irak.

6. Elias Zahlawi: Las cartas de un sacerdote sirio sacuden al Vaticano

El Vaticano ni una sola vez ha señalado con el dedo a "Israel" o a Estados Unidos por su papel en dos décadas de matanzas y limpieza étnica, incluida la expulsión de cristianos.

Gráfico Dos: El autor con el Padre Elías Zahlawi

Según se informa, el sacerdote sirio, el padre Elias Zahlawi, inquietó al Vaticano por sus vagas declaraciones sobre las guerras de Oriente Medio impulsadas por Estados Unidos (Anderson 2021). Ni una sola vez el Papa Francisco ha señalado con el dedo a Israel o a Estados Unidos por su papel en dos décadas de matanzas y limpieza étnica.

Si bien ambos tienen más de 80 años, el padre Zahlawi ha ministrado en Damasco desde la década de 1960 y, desde 1975, en la Iglesia de Nuestra Señora de Damasco. Nacido en Siria, estudió en

Jerusalén y fundó el ahora famoso Coro de la Alegría de Damasco en 1977, un coro enorme que ha realizado giras por Europa.

Si bien el Papa Francisco alcanzó el rango más alto en la Iglesia Católica después de ser arzobispo en Argentina, se dice que está "obsesionado" por las acusaciones de su participación en la guerra sucia de Argentina, llevada a cabo por una dictadura militar respaldada por Estados Unidos. Nunca se presentaron cargos contra él, pero hace algunos años el poder judicial argentino determinó que la Iglesia católica era "cómplice de abusos" (Hernández 2013).

Según algunos cristianos sirios, las acusaciones del padre Zahlawi sobre las palabras sin sentido del Papa (frente a las atrocidades lideradas por Estados Unidos e Israel en Palestina, Siria, Irak y Yemen) tocaron una fibra sensible. El gentil y humilde sacerdote de Damasco, que ahora tiene 89 años, escribió una serie de cartas a los líderes estadounidenses y sirios, al Parlamento Europeo y a los dos últimos Papas. Pero sus dos primeras cartas al Papa Francisco, en 2018 y 2019, fueron probablemente las más incisivas.

El 29 de junio de 2018, el padre Zahlawi preguntó al Papa Francisco:

> ¿Por qué no adoptan decisiva e inequívocamente la posición muy clara de San Pedro, contra un mundo occidental que no ha escatimado en nada en su búsqueda de una dominación mundial total y absoluta... incluyendo la matanza y destrucción sistemática y continua de pueblos y países totales, incluyendo mi patria Siria?
>
> Todo eso está sucediendo... ya sea con completo silencio mediático o peor aún, con el estruendo de "hechos" inventados, diseñados para dar crédito a las peores obscenidades, bajo la bandera de "derechos humanos, democracia y libertad".

> He seguido leyendo 'con tristeza y consternación'... el *Roman Observer*, esperando que algún día encuentre en él alguna palabra de activismo, [pero] para ser honesto sólo encuentro... palabras vacías, del habitual clericalismo. Contenido al que nos hemos acostumbrado desde el emperador Constantino, salvo rarísimas excepciones. Sin embargo, fuera de la Iglesia, en Occidente, hay muchas voces valientes y honorables.

El 12 de febrero de 2019, volvió a escribir, después del discurso del Papa a la ROACO, la junta directiva de la Sociedad de Apoyo a las Iglesias Orientales, donde Francisco habría denunciado el "gran pecado de la guerra", la sed de "dominación" de grandes "potencias mundiales" y una crisis de refugiados que conlleva el riesgo de "eliminar a los cristianos" de Oriente Medio (Wells 2018).

Se trataba de una carta más cuidadosamente pensada, en la que el padre Zahlawi planteó ocho puntos. Comenzó preguntando amablemente: "Me pregunto si las muchas cuestiones graves que usted planteó... ¿no merecían una postura más clara, de mayor compromiso y responsabilidad?".

Su primer punto tenía que ver con la negativa del Papa a abordar la limpieza étnica en Palestina:

> Usted dice que "en Oriente Medio también existe el peligro... de erradicar a los cristianos"... [pero] ¿cree que su audiencia y, en consecuencia, sus lectores ignoran, como sugieren sus palabras, los países que se esfuerzan, con abierta insistencia, y desde el establecimiento de Israel, erradicar totalmente la existencia cristiana en todo el Cercano Oriente en el momento en que están a punto de lograrlo en la Palestina ocupada, que ustedes llaman "la tierra de Jesús" y que se ha convertido en la tierra de la

injusticia, venganza y muerte, y cuyo verdadero nombre ha sido borrado para convertirse sólo en 'Tierra Santa'?

En un segundo punto, se refirió al fracaso de las palabras genéricas del Papa sobre el "dolor" de Oriente Medio y el robo de tierras por parte de las "potencias mundiales", para abordar el ataque liderado por Estados Unidos contra su propio país, Siria:

> ...estas 'Potencias Mundiales', a la cabeza de las cuales están los Estados Unidos de América... obligaron a unos 140 Estados miembros... a declarar la guerra a mi país de origen, Siria, y empujaron hacia allí, desde cien países... a yihadistas, perseguidos por la mal del dinero, la sangre, la avaricia y el poder.

En tercer lugar, el padre Zahlawi reprendió al Papa por sugerir que el número "decreciente" de cristianos en la región podría deberse a la presión de los musulmanes.

> Si quiere sugerir que los musulmanes son los que obligan a los cristianos a abandonar 'la tierra que aman'... ¿cómo puede explicar su emigración a un ritmo preocupante desde el establecimiento de "Israel" mientras ellos [los cristianos] a lo largo de cientos de años, ¿Vivían... al lado de los musulmanes?

En su cuarto punto, preguntó si el Papa, al hablar de Oriente Medio como "la cuna del cristianismo", puede ignorar que "la judaización de la Palestina ocupada... pondrá fin muy pronto a toda presencia de cristianos en 'la Palestina ocupada'. tierra de Jesús?"

En quinto lugar, respecto a las referencias del Papa a las "grandes iglesias" de Oriente Medio, e ignorando el papel de "Israel", el padre Zahlawi señaló que "lo que prácticamente estáis haciendo...

encadenados por un horrible y enfermizo complejo de culpa hacia los judíos". es ignorar y cerrar los ojos ante "las atrocidades que se están cometiendo abiertamente y en flagrante violación de todas las leyes, contra todos los árabes, musulmanes y cristianos por igual", mientras incluso "algunos judíos ilustres" hablan contra estos crímenes.

En sexto lugar, denunció las palabras demasiado generales del Papa sobre "Oriente Medio... [como] una tierra de muerte y emigración", ya que el pontífice no dice nada sobre el desplazamiento de 12 millones de los 23 millones de personas en Siria "sin señalar con un dedo acusador". ¿A quienes son responsables de estas emigraciones planificadas e inhumanas en un país que era considerado, antes de la llamada Primavera Árabe, como uno de los países más seguros del mundo?

En un séptimo punto, el padre Zahlawi cita la referencia del Papa al "pecado grave... el pecado de la guerra"; pero preguntó, ¿qué significa esto, "sin señalar, al final, con el dedo acusador a países como los Estados Unidos de América, Gran Bretaña y Francia, a nivel global global, y a "Israel" a nivel de Oriente Medio, mientras no dejan de hacer estallar guerras totalmente injustas... [en nombre de] la libertad, la democracia y los derechos humanos?

Finalmente, se refiere al llamamiento del Papa de que "Oriente Medio es una esperanza que debemos cuidar", relacionándolo con una revelación que supuestamente tuvo lugar en el callejón Soufaniyeh de Damasco en 2014, en plena guerra en Siria. Esta revelación compara las heridas de Siria con las de Jesús. El mensaje claro e implícito es: ¿por qué el Papa Francisco no ha denunciado a quienes, como Judas, traicionaron al pueblo de Siria?

· · · ·

Referencias

AFP (2015) 'Pope Francis calls for end to 'genocide' of Christians in Middle East', France 24, 10 July, online: https://www.france24.com/en/20150710-bolivia-pope-francis-calls-end-genocide-christians-middle-east

Ahern, Peter (2016) 'AINA Editorial: Australia's Assyrians in Focus, AINA, 1 April, online: http://www.aina.org/releases/20160401023453.htm

AI (2015) 'Syria: 'We had nowhere to go' – Forced displacement and demolitions in Northern Syria', Amnesty International, 13 October, Index Number: MDE 24/2503/2015, online: https://www.amnesty.org/en/documents/mde24/2503/2015/en/

Aldroubi, Mina and Leila Gharagozlou (2021) 'Iran shells Kurdish insurgents in Iraq', The National, 21 September, online: https://www.thenationalnews.com/mena/iraq/2021/09/20/iran-shells-kurdish-insurgents-in-iraq/

Al Jazeera (2017) 'Iraq parliament rejects Kurdish independence referendum', 12 September, online: https://www.aljazeera.com/news/2017/9/12/iraq-parliament-rejects-kurdish-independence-referendum

al-Miqdad, Faisal (2007) 'Iraqi refugees in Syria', DOAJ, June, online: https://core.ac.uk/download/pdf/27064698.pdf

Allard, LaDonna Brave Bull ; Eve Ensler, Stuart Basden and others (2019) 'We stand in solidarity with Rojava, an example to the world, The Guardian, 2 November, online: https://www.theguardian.com/world/2019/nov/01/we-stand-in-solidarity-with-rojava-an-example-to-the-world

Altug, S. (2011) 'Sectarianism in the Syrian Jazira: community, land and violence in the memories of World War I and the French mandate (1915- 1939)', Dissertation, Utrecht University Repository, online: https://dspace.library.uu.nl/handle/1874/205821

Anderson, Tim (2016) *The Dirty War on Syria*, Global Research, Montreal

Anderson, Tim (2020) 'Implausible Denials: The Crime at Jabal al Tharda – the Sept. 2016 US-Australian air massacre of Syrian soldiers, to help ISIS/ Daesh', Centre for Counter Hegemonic Studies, 28 December, online: https://counter-hegemonic-studies.site/jat-1/

Anderson, Tim (2021a) 'Children in Hasakeh Flock to Syrian Schools After Collapse of Kurdish 'Education'', Al Mayadeen, 26 October, online: https://english.almayadeen.net/articles/analysis/children-in-hasakeh-flock-to-syrian-schools-after-collapse-o

Anderson, Tim (2021) 'Father Elias Zahlawi: Syrian Priest's Letters Rattle the Vatican', Al Mayadeen, 16 November, online: https://english.almayadeen.net/articles/opinion/father-elias-zahlawi:-syrian-priests-letters-rattle-the-vati

Andoni, Lamis (2017) 'Why is Israel supporting Kurdish secession from Iraq?', Al Jazeera, 7 October, online: https://www.aljazeera.com/opinions/2017/10/7/why-is-israel-supporting-kurdish-secession-from-iraq

Andrews, Frank (2021) 'Arms trade: Which countries and companies are selling weapons to Israel?', Middle East Eye, online: https://www.middleeasteye.net/news/israel-palestine-which-countries-companies-arming

Applebaum, Stephen (2021) 'The Other Side of the River: The reality of the Kurdish women's movement in Rojava', The Independent, 9 November, online: https://www.independent.co.uk/independentpremium/long-reads/other-side-river-kurdish-women-movement-b1950488.html

Aprim, Frederick (2021) The Betrayal of the Powerless: Assyrians after the 2003 US Invasion of Iraq, Xlibris Publishing

Ashly, Jaclynn (2017) 'How Israel is disabling Palestinian teenagers', Al Jazeera, 21 September, online: https://www.aljazeera.com/features/2017/9/21/how-israel-is-disabling-palestinian-teenagers

BADIL (2016) 'The targeting of Palestinian youth in Dheisheh refugee camp continues', PR/EN/260916/42, online: https://www.badil.org/press-releases/912.html

Barber, Matthew (2018) 'Romancing Rojava: Rhetoric vs. Reality', Syria Comment, 31 July, online: https://www.joshualandis.com/blog/romancing-rojava-rhetoric-vs-reality/

Baroud, Ramzy (2019) 'The ethnic cleansing of Palestinian Christians that nobody is talking about', CounterPunch, 31 October, online: https://www.counterpunch.org/2019/10/31/theethnic-cleansing-of-palestinian-christians-that-nobody-is-talking-about/

BBC (2014) 'Iraq Christians flee as Islamic State takes Qaraqosh', 7 August, online: https://www.bbc.com/news/world-middle-east-28686998

BBC (2015) 'Syria crisis: US 'support fire' to defend American-trained fighters', 3 August, online: https://www.bbc.com/news/world-middle-east-33762448

Berger, Katya (2016) 'Canada: Religious sponsorship of refugees creates controversy', France 24, 25 July, online: https://www.france24.com/en/20160725-focus-canada-syrian-refugees-quebec-christians-muslims-sponsorship

BetBasoo, Peter (2007) 'Incipient Genocide: the Ethnic Cleansing of the Assyrians of Iraq, Assyrian International News Agency (AINA), 12 June, online: http://aina.org/reports/ig.pdf

Blanford, Nicholas (2011) 'Assad regime may be gaining upper hand in Syria', The Christian Science Monitor, 13 May, online: https://www.csmonitor.com/World/Middle-East/2011/0513/Assad-regime-may-be-gaining-upper-hand-in-Syria

Bransten, Jeremy (2006) 'Middle East: Rice Calls For A 'New Middle East', RFERL, 25 July, online: https://www.rferl.org/a/1070088.html

Casper, Jayson (2020) 'Why Many Christians Want to Leave Palestine. And Why Most Won't', Christianity

Today, 4 August, online: https://www.christianitytoday.com/news/2020/august/palestinian-christians-survey-israel-emigration-one-state.html

CBS (2015) 'Kurds accused of "ethnic cleansing" by Syria rebels', CBS News, 15 June, online: https://www.cbsnews.com/news/kurds-accused-ethnic-cleansing-syria-rebels-isis/

CCHS (2022) 'SIX (6) important reports on Israeli Apartheid', 24 February, online: https://counter-hegemonic-studies.site/israeli-apartheid-6/

Chulov, Martin (2017) 'Kurds defeated, displaced and divided after Iraq reclaims oil-rich Kirkuk', 2 October, online: https://www.theguardian.com/world/2017/oct/22/kurds-bitter-defeat-iraq-reclaims-kirkuk

Clark, Wesley (2007) Seven Countries in Five Years, Genius, Online: https://genius.com/General-wesley-clark-seven-countries-in-five-years-annotated

CNN (2005) '2005: Amanpour and Assad', 7 November, online: https://edition.cnn.com/videos/international/2012/07/11/exp-amanpour-assad-2005.cnn

CNN (2011) 'Stateless Kurds in Syria granted citizenship', 8 April, online: http://edition.cnn.com/2011/WORLD/meast/04/07/syria.kurdish.citizenship/

Cockburn, Patrick (2016) 'We finally know what Hillary Clinton knew all along – US allies Saudi Arabia and Qatar are funding Isis', The Independent, 15 October, online: https://www.independent.co.uk/voices/hillary-clinton-wikileaks-email-isis-saudi-arabia-qatar-us-allies-funding-barack-obama-knew-all-along-a7362071.html

Colt, Ned (2004) 'Iraq's Christian community flees violence', NBC News, 17 November, online: https://www.nbcnews.com/id/wbna6501943

Cooper, Hayden (2014) 'Islamic State: Kurdish Peshmerga troops leave Iraq to join battle in Kobane', 29 October, online: https://www.abc.net.au/news/2014-10-29/iraq-kurd-fighters-leave-base-for-syria-deployment/5849452

Daily Press (2003) Iraqi Christians Fear Loss of Religious Tolerance, 18 April, online: https://www.dailypress.com/news/dp-xpm-20030418-2003-04-18-0304180387-story.html

Daniel, Zoe and Matt Brown (2016) 'Syria air strike: Malcolm Turnbull 'regrets' Australia's involvement in attack that killed regime soldiers', ABC News, 10 September, online: https://www.abc.net.au/news/2016-09-19/turnbull-regrets-australia-jet-involvement-in-syria-air-strike/7856712

DIA (2012) '14-L-0552/DIA/287-293', Department of Defence, Information report, Iraq, Judicial Watch, 12 August online: https://www.judicialwatch.org/wp-content/uploads/2015/05/Pg.-291-Pgs.-287-293-JW-v-DOD-and-State-14-812-DOD-Release-2015-04-10-final-version11.pdf

Doherty, Ben (2017) 'What we've learned from the Trump-Turnbull call transcript', The Guardian, 4 August, online: https://www.theguardian.com/us-news/2017/aug/04/what-weve-learned-from-the-trump-turnbull-call-transcript

Donabed, Sargon (2015) Reforging a Forgotten History: Iraq and the Assyrians in the Twentieth Century, Edinburgh University Press

EKurd (2007) 'Iranians shell anti-Iranian Kurdish PEJAK guerrillas in Kurdistan region-Iraq', 23 May, online: https://ekurd.net/mismas/articles/misc2007/5/irankurdistan248.htm

Fishman, Brian and Joseph Felter (2007) 'Al-Qa'ida's Foreign Fighters in Iraq: A First Look at the Sinjar Records', online: https://ctc.usma.edu/al-qaidas-foreign-fighters-in-iraq-a-first-look-at-the-sinjar-records/

Gavlak, Dale (2011) 'Syria's Christians Back Assad', Christianity Today, 7 July, online: https://www.christianitytoday.com/ct/2011/july/syria-christians-assad.html

Hardan, Mohammed (2021) 'Syrian government, Kurdish forces end dispute in Qamishli', Al Monitor, April, online: https://www.al-monitor.com/originals/2021/04/syrian-government-kurdish-forces-end-dispute-qamishli

Hernandez, Vladimir (2013) 'Argentina 'Dirty War' accusations haunt Pope Francis', BBC, 15 March, online: https://www.bbc.com/news/world-europe-21794798

Hersh, Seymour (2007) 'The Redirection', New Yorker, 25 February, online: https://www.newyorker.com/magazine/2007/03/05/the-redirection

Hoff, Brad (2021) 'Syrian Christians were Quietly Warned Before the War', The Libertarian Institute, 20 November, online: https://libertarianinstitute.org/articles/syrian-christians-were-quietly-warned-before-the-war/

HOS (2020) Syria by admissions – revisited', Hands off Syria, online: https://www.youtube.com/watch?v=fjtdJX2gVmI

Hurst, Daniel (2015) 'Abbott praised for Syrian refugee intake amid calls to spell out military exit strategy', The Guardian, 9 September, online: https://www.theguardian.com/australia-news/2015/sep/09/abbott-praised-for-syrian-refugee-intake-amid-calls-to-spell-out-military-exit-strategy

Kucera, Joshua (2014) 'Turkey Blamed In Attack On Syrian Armenian Village', EurasiaNet, 28 may, online: https://eurasianet.org/turkey-blamed-in-attack-on-syrian-armenian-village

IC (2019) 'In Iraq, Christians and Yazidis suffer "ethnic cleansing"', Info Chrétienne, 19 July, online: https://en.infochretienne.com/en-irak-les-chretiens-et-les-yezidies-subissent-un-nettoyage-ethnique/

IFP (2017) 'Gen. Soleimani to Iran Leader: ISIS Completely Defeated in Iraq, Syria', Iran front page, 21

November, online: https://ifpnews.com/soleimani-leader-isis-defeated

Jacobson, William A. (2014) 'Gaza ethnic cleansing of Christians', Legal Insurrection, 2 August, online: https://legalinsurrection.com/2014/08/gaza-ethnic-cleansing-of-christians/

Johnston, Patrick B. ; Jacob N. Shapiro, Howard J. Shatz, Benjamin Bahney, Danielle F. Jung, Patrick Ryan, Jonathan Wallace (2011) 'Foundations of the Islamic State: Management, Money, and Terror in Iraq, 2005–2010', Rand, online: https://www.rand.org/pubs/research_reports/RR1192.html

Johnston, Geoffrey (2015) 'Ethnic cleansing in Iraq, Part 1 - Extremists need to be confronted', The Whig, 11 March, online: https://www.thewhig.com/2015/03/11/column-ethnic-cleansing-in-iraq-part-1—extremists-need-to-be-confronted[1]

Karon, Tony (2006) 'Condi in Diplomatic Disneyland', Time, 26 July, online: http://content.time.com/time/world/article/0,8599,1219325,00.html

Khosravi, Jamal ; Jalal Kalhori and Loghman Hamehmorad (2018) 'The Presence of Israel in Iraqi Kurdistan and its Security Challenges for Iran's National Security', Vol 11 No 3, online: DOI:10.5539/jpl.v9n7p169

---

1. https://www.thewhig.com/2015/03/11/column-ethnic-cleansing-in-iraq-part-1--extremists-need-to-be-confronted

Lagos, Ioannis (2019) 'Expulsion of Christians from Mosul', Parliamentary question - E-002838/2019

European Parliament, 17 September, online: https://www.europarl.europa.eu/doceo/document/E-9-2019-002838_EN.html

Levinson, Adam Valen (2017) 'The "second Israel" dream: Kurdistan and 21st century secessions', Salon, 12 November, online: https://www.salon.com/2017/11/12/the-second-israel-dream-kurdistan-and-21st-century-secessions/

MacAskill, Ewen (2015) 'UK to send 75 military trainers to help moderate Syrian rebels', The Guardian, 27 march, online: https://www.theguardian.com/uk-news/2015/mar/26/uk-military-trainers-help-syrian-rebels

MEMO (2015) 'Strategic dimensions of the relationship between Israel and Iraqi Kurdistan', Middle east Monitor, 1 September, online: https://www.middleeastmonitor.com/20150901-strategic-dimensions-of-the-relationship-between-israel-and-iraqi-kurdistan/

New Arab (2016) 'Syria Kurds adopt constitution for autonomous federal region', 31 December, online: https://english.alaraby.co.uk/news/syria-kurds-adopt-constitution-autonomous-federal-region

Parliamentary Assembly (2014) 'Kesab: Condemning terrorist attack against civilians in Syria', Council of Europe, 7 April, online: https://assembly.coe.int/nw/xml/XRef/Xref-XML2HTML-en.asp[2]

PBS (2011) Kurds at the Crossroads, online: https://www.pbs.org/frontlineworld/stories/iraq203/crossroads02.html

Sveriges Radio (2009) 'Church Bombings in Iraq Since 2004', AINA Press Release, https://sverigesradio.se/diverse/appdata/isidor/files/83/6810.pdf

Tobia, P.J. (2011) 'Why Did Assad, Saddam and Mubarak Protect Christians?', PBS News Hour, 14 October, online: https://www.pbs.org/newshour/world/mid-easts-christians-intro

UNWRA (2015) 'Dheisheh Camp, online: https://www.unrwa.org/where-we-work/west-bank/dheisheh-camp

USA for UNHCR (2022) 'Syria Refugee Crisis Explained', 8 July, online: https://www.unrefugees.org/news/syria-refugee-crisis-explained/

USCPR (2022) 'U.S. Military Funding to Israel Map', US Campaign for Palestinian Rights, online: https://uscpr.org/militaryfunding

Waldman, Peter and Hugh Pope (2001) 'Crusade' Reference Reinforces Fears War on Terrorism Is Against Muslims', Wall Street Journal, 21 September, online: https://www.wsj.com/articles/SB1001020294332922160

Weiss, Phillip (2017) 'US watched ISIS rise in Syria and hoped to 'manage' it — Kerry on leaked tape', 11 January,

Mondoweiss, online: https://mondoweiss.net/2017/01/watched-manage-leaked/

Wells, Christopher (2018) 'Pope: Middle East a crossroads of suffering', Vatican News, 22 June, online: https://www.vaticannews.va/en/pope/news/2018-06/pope-francis-audience-roaco-middle-east.html

Wilgenburg, Wladimir van (2016) 'Tensions soar between Syrian Kurds and Christians', Middle east Eye, online: https://www.middleeasteye.net/news/tensions-soar-between-syrian-kurds-and-christians

Wingert, Zachary and Brad Hoff (2021) Syria Crucified, Syria Crucified: Stories of Modern Martyrdom in an Ancient Christian Land, Ancient Faith Publishing, Chesterton, IN

Zaman, Amberin (2015) 'Amnesty International accuses Kurdish YPG of war crimes', Al Monitor, 13 October, online: https://www.al-monitor.com/originals/2015/10/syria-turkey-right-groups-accused-kurds-rojava-of-war-crimes.html

9. La traición a Yemen

Gráfico uno: manifestación en Sanaa mostrando consignas de Ansarallah,
Fuente Ansarallah.

La única revolución exitosa de la llamada Primavera Árabe de 2011 ha sido reprimida y tergiversada sin piedad, no sólo por las potencias intervencionistas occidentales, sino también por el Consejo de Seguridad de la ONU (CSNU). Primero, quienes afirmaban apoyar las revoluciones democráticas declararon la guerra al Yemen revolucionario, luego la comunidad internacional impuso un bloqueo genocida al pequeño país; si bien a veces se derraman lágrimas de cocodrilo, la mala comprensión de las raíces de la catástrofe humanitaria en Yemen oculta a los responsables de la guerra y el asedio.

Desde principios de 2015, un gobierno de coalición revolucionario liderado por Ansarallah (a menudo llamados despectivamente "los hutíes", como si Yemen tuviera un gobierno familiar, como los saudíes) ha controlado la capital yemení, Saná, y la mayor parte de la población del país. A finales de 2016, esta coalición, que incluía al ex presidente de un Yemen reunificado, Ali Abdullah Saleh, y su Congreso General del Pueblo (CGP), formó un Gobierno de Salvación Nacional (GSN) (Rezeg 2016). Esto fue liderado por Abdul Aziz Habtoor, una figura del CGP y desertor del régimen de transición de Mansour Hadi, apoyado por Arabia Saudita (CNN 2016).

Para 2022, comentaristas bien informados reconocieron que "Ansarallah, definido como 'las autoridades de facto' en algunos documentos de la ONU, está organizando las estructuras de la vida diaria de una gran mayoría de yemeníes" (Bell 2022). El grupo de expertos norteamericano *Brookings* también reconoce que "los huties han ganado en Yemen" (Riedel, 2022), no obstante, ese reconocimiento y sus consecuencias aún no se comprenden ampliamente, y la ignorancia ha contribuido a impulsar la participación masiva en la guerra y el asedio. El resultado es que, mientras se derraman lágrimas de cocodrilo por los millones de ciudadanos yemeníes bombardeados y asediados, a principios de 2023 una coalición de guerra entre Estados Unidos, Arabia Saudita, Emiratos Árabes Unidos e Israel continuaba su sangrienta guerra y el Consejo de Seguridad de la ONU seguía imponiendo sanciones punitivas a los de facto gobierno y, por tanto, también sobre la mayoría de la población. Quizás la reconciliación entre Irán y Arabia Saudita de 2023 ayude a cambiar esto.

La línea de Washington es que "los huties—oficialmente conocidos como AnsarAllah (Partidarios de Dios)—son un movimiento militar y político musulmán chiíta respaldado por Irán en Yemen... [que] ha librado una serie de sangrientas insurgencias contra el gobierno yemení desde 2004, derrocándolo y tomando el poder en Saná en 2015" (CEP 2022). La versión final del "gobierno yemení" al que nos referimos aquí es el régimen de transición liderado por Mansour Hadi, que llenó el vacío después del derrocamiento del presidente Ali Abdullah Saleh en 2011 y la toma del poder liderada por Ansarallah en 2014-2015. Hadi abandonó el país rumbo a Arabia Saudita a principios de 2015 y desde entonces ha estado en el exilio (Amos 2015). Sin embargo, las resoluciones del Consejo de Seguridad de la ONU aún designan a Hadi como "presidente" de Yemen y mantienen a los "rebeldes hutíes" como entidad sancionada.

Los escritores alineados con Estados Unidos presentan a Yemen como una "democracia tribal" inherente (al-Qarawi, 2011) y naturalmente fragmentada por "divisiones religiosas y culturales" (Robinson, 2021). Más aun, esto ignora tanto el papel de la intervención imperial en la fragmentación de Yemen como las décadas de construcción de una genuina "revolución nacional y social" (Zabarah 1984). Issaev (2018) explica con cierto detalle por qué la revolución liderada por Ansarallah de 2014 se considera mejor como una continuación de la revolución republicana "inconclusa" de principios de los años sesenta.

La afirmación occidental de que Ansarallah o Hutíes son un movimiento "musulmán chiíta respaldado por Irán" también eso es falso. En un sentido religioso, son un movimiento revitalizador zaidí, bastante distinto del chiísmo, excepto que su religión, como la de los chiítas, insta a la rebelión contra el gobierno injusto, "inspirándose en el profeta Mahoma, quien se rebeló contra el gobierno injusto de las élites quraishíes" de La Meca" (Tharappel 2019). Sin embargo, a diferencia de los chiítas, los zaidis no creen en la infalibilidad ni en la transmisión hereditaria de los imanes. Se dice que su jurisprudencia está más cerca de la escuela hanafí del Islam sunita (Khan 2016), aunque los jeques salafistas de Yemen denuncian el zaidismo, especialmente por el "deber de rebelarse" contra gobernantes injustos (Issaev 2018: 9). Fue principalmente después de que Ansarallah llegara al poder en 2014 cuando comenzara a disfrutar al menos del apoyo moral de Irán.

Un proceso político popular llevó a los hutíes a formar Ansarallah en 2011-2012 y posteriormente a crear una coalición que controlaría la capital y la mayor parte del país; el proceso ha implicado alianzas con otros grupos; se han unido al Partido Baaz (nacionalistas árabes) y a los socialistas (Hizb al Ishtiraki) mientras crearon el movimiento Juventud Firme (Shabab al Sumud) (Wells 2012).

La postura occidental sigue siendo, en términos generales, la de que la "revolución" de 2011 fue simplemente el derrocamiento de Saleh, tras lo cual intervinieron las monarquías árabes. Fuentes aún más independientes presentan una revolución como el levantamiento de 2011 que derrocó a Saleh, mientras que la "toma del poder" de los "hutíes" es algo aparte (MEMO 2017). Una mejor perspectiva es que la coalición Ansarallah es fundamental para la continuación de una verdadera revolución yemení autóctona (al-Fasly 2015). El gobierno revolucionario habla de "La Revolución" tal como la definió su toma de la capital el 21 de septiembre de 2014, para demostrar su orgullo de "integrarse en la historia yemení y en una noción de la cultura tradicional yemení" (Mohammad 2020).

Una serie de intervenciones extranjeras siguieron a la "iniciativa de paz" del Consejo de Cooperación del Golfo (las monarquías árabes del Golfo Pérsico, encabezadas por Arabia Saudita), que intentaron volver a dividir el país y bloquear la revolución. A partir de 2015, los ataques se basaron en ataques aéreos liderados por Arabia Saudita y el uso de grandes fuerzas terrestres mercenarias.

Las tropas estadounidenses intervinieron directamente en Yemen en varias ocasiones desde 2015, con el pretexto de operaciones antiterroristas. Por supuesto, este es el mismo pretexto utilizado para las guerras apadrinadas simultáneas contra Siria e Irak. De hecho, el principal blsnco de Estados Unidos, el gobierno revolucionario liderado por Ansarallah, es la fuerza anti-Al Qaeda más establecida en la Península Arábiga. Ansarallah se ha opuesto "firmemente a Al Qaeda y a los movimientos salafistas suníes". En realidad, el apoyo saudí al salafismo sectario en el norte de Yemen se cita como "uno de los factores clave en el surgimiento del movimiento hutí" (Popp, 2015). Desde 2015, las fuerzas de Ansarallah han luchado contra (y también llevado a cabo intercambios de prisioneros con) los grupos de Al Qaeda respaldados por Arabia Saudita y los Emiratos (Sanaa Center 2021).

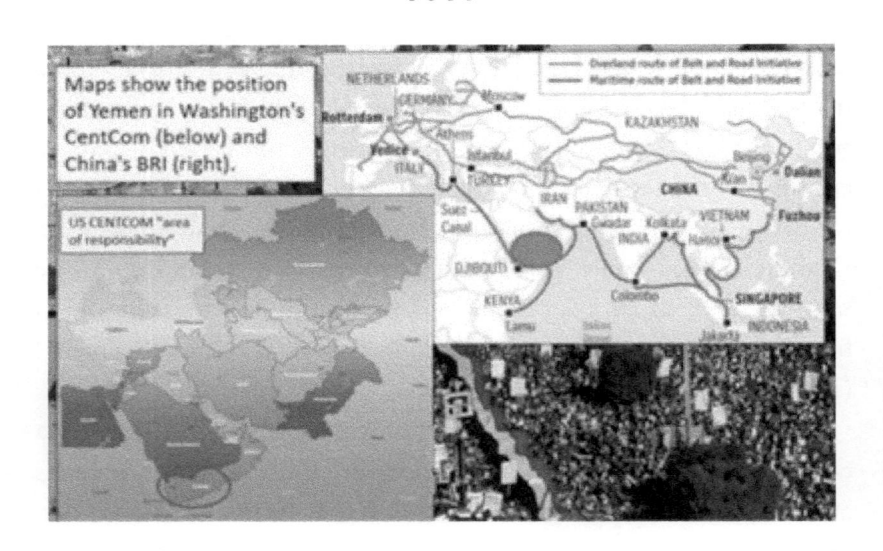

• • • •

Gráfico dos: Posición estratégica de Yemen en los planes militares de EE.UU., "Área de responsabilidad del Comando Central" de EE.UU. Fuente GAO de EE. UU.

Al contrario de muchos de los arrogantes comentarios extranjeros, Yemen no es un país marginal, naturalmente dividido y atrasado, sino una nación educada sometida a las maquinaciones de las grandes potencias durante muchas décadas. Como país a la entrada del Mar Rojo y frente al Cuerno de África, Yemen sigue siendo el centro de las ambiciones del CENTCOM; también es un lugar clave en la Iniciativa de la Franja y la Ruta de China. El proyecto estadounidense del Nuevo Oriente Medio (Anderson 2019: Capítulo 1) es uno de dominación al estilo imperial liderado por militares, mientras que la nueva infraestructura de rutas comerciales de China (la BRI) no tiene características tan coercitivas. Estos dos proyectos tienen un carácter bastante diferente.

El bloqueo liderado por Norteamérica divide a Yemen en tres partes: (1) el norte y el oeste, más poblados, controlados por el gobierno revolucionario liderado por Ansarallah, (2) partes de Marib y el desierto oriental, todavía controlados por el régimen saudí y grupos de Al Qaeda, y (3) grandes partes del Sur, controladas por un Consejo de Transición del Sur (CTS) respaldado por los Emiratos Árabes Unidos y los Emiratos, que también controla la ciudad portuaria de Adén (ICG 2021). En 2023, Israel y los Emiratos Árabes Unidos y CTS todavía ocupan la isla de Socotra de Yemen, incluida en la lista de la UNESCO (Werleman 2021).

Los analistas con sede en Washington hablan de guerras gemelas contra el gobierno de facto liderado por Ansarallah con sede en Saná y contra Al Qaeda en la Península Arábiga (Green 2019), a pesar de que los grupos de Al Qaeda fueron sostenidos en gran medida por Arabia Saudita. La administración Trump designó a Ansarallah (y a algunos de sus líderes) como grupo terrorista en enero de 2021, pero la administración Biden revirtió esta decisión pocas semanas después (Blinken 2021).

Miremos con un poco más en profundidad la historia de la revolución después de 2011, luego el papel y la responsabilidad de la "comunidad internacional" y el impacto de las intervenciones extranjeras.

• • • •

1. La revolución inconclusa de Yemen

Esta sección demostrará que el Gobierno de Salvación Nacional (GSN) liderado por Ansarallah surge de una auténtica revolución autóctona yemení; los intentos de designar el levantamiento de 2011 como la "revolución" y descartar la posterior "toma del poder por parte de los rebeldes huties" como algo más son falsos. La intervención extranjera de Estados Unidos, Arabia Saudita, Emiratos Árabes Unidos, Israel y otros tenía como objetivo derrocar esta revolución y mantener a la nación débil y dividida, como estaba antes de la unificación en 1990.

El partido Ansarallah fue creado por el grupo liderado por el clan Houthi, originario de la provincia norteña de Saadah, al inicio del proceso revolucionario en 2011. Su lema sigue siendo "Dios es grande, muerte a Estados Unidos, muerte a Israel, maldición para los judíos, victoria al Islam". Varios escritores occidentales han explicado que "Muerte a Estados Unidos" es un rechazo al gobierno estadounidense y sus prácticas, en lugar de estar dirigido al pueblo norteamericano. "Muerte a Israel" es una exigencia de poner fin al régimen colonial. Si bien los occidentales distinguen más a menudo entre sionistas y judíos, la mayoría de las referencias árabes a "los judíos" se refieren típicamente a los colonizadores occidentales de Palestina, que se llaman a sí mismos "judíos". Los israelíes, que consideran que su Estado colonial pertenece a "los judíos" (Wells, 2012), ahora también ocupan partes del sur de Yemen. Así que esta "maldición" de Ansarallah es para los colonizadores.

Ansarallah hizo causa común a partir de 2011 con una variedad de otras facciones yemeníes y comenzó a acercarse en el mundo árabe y musulmán a Estados y partidos independientes, especialmente Irán, Jezbolá y Siria (Wells 2012). En 2023 parecía que Irán y Siria eran los únicos Estados que reconocían al gobierno del GSN en Saná; pero estas relaciones no se basaban fundamentalmente en la religión. El resurgimiento zaidí en Yemen "no puede reducirse simplemente a una secta religiosa, es [en términos más generales] el legado de los imanes zaidíes hachemitas", una tradición de gobernanza que informa los valores sociales yemeníes actuales (Mohammad 2020).

Badr al-Din Houthi y su hijo Hussein lanzaron la iniciativa "Juventud Fiel" en 1995, tomando prestadas algunas ideas de los salafistas pero oponiéndose a su cruel sectarismo. Este movimiento más inclusivo enfatizó "la educación patriótica de la generación joven" al estudiar la doctrina yemení Zaydi (Issaev 2018: 12).

Una gama más amplia de jóvenes yemeníes participó en el levantamiento de 2011, pero muchos ya estaban políticamente comprometidos; una encuesta mostró que el 77 por ciento eran "políticamente activos antes de 2011". El presidente de la Organización Muwatana para los Derechos Humanos, Radhya Almutawakel, coincidió: "había muchos jóvenes independientes en la plaza [en 2011], pero la mayoría de ellos eran islah, hutíes u otro" (Toska 2018).

Luego estaba la fractura doctrinal. La "Juventud Fiel" respondió a los salafistas y wahabíes respaldados por Arabia Saudita llamándolos "verdaderos terroristas" que querían "sembrar enemistad y odio e imponer sus ideas a los jóvenes musulmanes" (Issaev 2018: 12). A partir de esta división ideológica, el movimiento liderado por Hussein al Houthi—y después de su muerte en 2004, por su hermano menor Abdul Malik al Houthi—obtuvo el apoyo de los grupos aliados del clan Houthi y de aquellos alienados por el movimiento sectario Islah y su clan asociado al Ahmar. (Issaev 2018: 13).

El salafismo y el wahabismo en Yemen tienen raíces tradicionales más antiguas, pero fueron reforzados por los sauditas; el centro salafista de Dar al-Hadith "actuó como caldo de cultivo para el extremismo en Yemen", a menudo basado en financiación extranjera (Issaev 2018: 15). Sin embargo, en Yemen se habían desarrollado varias corrientes de salafismo, corrientes que han sido descritas de diversas formas como salafismo "tradicional", "nuevo" y "yihadista", este último "representado por Al Qaeda en la Península Arábiga (Khoshafah 2021). Después de que Ali Saleh dimitiera como presidente, el grupo Islah respaldó la creación de otro movimiento salafista, al Nusra, "dirigido por el jeque al Zindani y la célula yemení de los Hermanos Musulmanes" (Issaev 2018: 14). Se ha dicho que la idea de Ansarallah es "resucitar el liderazgo zaidí" para contrarrestar las "ideologías suníes invasoras" (Nagi 2019); pero esto realmente significa contrarrestar las ideologías sectarias, en particular el salafismo patrocinado por los saudíes y, hasta la división de 2017 entre Riad y Doha, la red aliada sectaria de los Hermanos Musulmanes promovida por Qatar.

A finales de 2011, al derrocamiento de Saleh le siguió una propuesta del Consejo de Cooperación del Golfo (CCG), encabezada por los sauditas. Mansour Hadi, una figura débil, iba a ser presidente de transición (2012-2014) mientras se celebraba una Conferencia de Diálogo Nacional (CDN). Desde una perspectiva europea, comprensiva con la tutela saudí, se dijo que esta iniciativa del CCG, a la que Saleh había aceptado, era un proceso de transición que impedía una probable guerra civil. Saleh cedió el poder a Hadi, quien apareció como el único candidato en la boleta electoral y obtuvo más del 99 por ciento de los votos emitidos en febrero de 2012 (Popp 2015).

Mientras tanto, Ansarallah prosiguió la revolución, apoderándose de varias provincias alrededor de la capital y eliminando la presencia sectaria salafista en el norte. Eso incluía controlar clanes leales al Partido Islah, alineado con los Hermanos Musulmanes, en las provincias de Saadah y Amran; los lemas utilizados incluyeron antiextremismo y antisectarismo (Nagi 2019).

Varios analistas coinciden en que hay pocos fundamentos para "la acusación de que los huties están controlados desde Irán y son sólo una herramienta de la política de expansión de Teherán", en parte porque "los iraníes sólo proporcionaron una ayuda muy moderada e incluso intentaron disuadir a los huties de hacer una apuesta por el poder" (Popp 2015). Un periodista yemení en Saná dice que es poco probable que el apoyo posterior de Irán tenga un papel decisivo en el "éxito o fracaso final" de Ansarallah (Abdulla Mohammed 2020). Ciertamente, Irán ahora brinda al menos "apoyo moral" al gobierno de Ansarallah. Sin embargo, esa relación se ve reforzada por el hecho de que el GSN se opone a Riad y su misión sectaria antichiíta y wahabí; podría darse el caso de que Jezbolá haya asistido en una función de asesoramiento por razones similares (Khan 2016). Incluso aquellos analistas que ponen énfasis en las divisiones políticas sectarias dicen que "la influencia de Teherán probablemente sea limitada, especialmente porque los iraníes y los huties se adhieren a diferentes escuelas del Islam chií" (Robinson, 2021). El Yemen liderado por Ansarallah ha hecho causa común con Palestina, Irán y Siria por razones estratégicas y no sectarias.

En cualquier caso, los debates en la CDN duraron desde marzo de 2013 hasta enero de 2014; pero Ansarallah rechazó la propuesta de NDC/GCC para la partición federal del país en seis regiones. En cambio, se aliaron con el Congreso General de los Pueblos (CGP) de Saleh y, en septiembre de 2014, se apoderaron de la capital. Se ha reconocido que la exclusión de "importantes fuerzas políticas de las negociaciones... arroja dudas sobre la legitimidad de la iniciativa del CCG" (Popp 2015). El apoyo a la NDC y al régimen de transición de Hadi se evaporó. Hadi era una figura débil que también se había distanciado de los grupos sectarios: el Partido Islah, los Hermanos Musulmanes yemeníes y los grupos salafistas. Su mandato interino de dos años fue ampliado por un año por la Cámara de Representantes (Issaev 2018: 16, 21), pero la revolución liderada por Ansarallah de 2014-2015 lo cambió todo.

El grupo Arabia Saudita-Emirates Árabes Unidos (EAU) intervino en marzo de 2015 para impedir que la coalición Ansarallah tomara Adén (Nagi 2019). Con esta guerra liderada por Arabia

Saudita, el movimiento juvenil más amplio y el partido nacionalista al Watan se fracturaron. Al Watan, establecido en 2011, había contado con 8 de los 40 representantes juveniles en el CDN y algunas figuras de al Watan participaron en el régimen de transición de Hadi (Toska 2018). Con la disminución del apoyo al wahabismo de estilo saudita, y mientras Islah denunciaba a todos los demás grupos (incluidos los sureños) como "ateos", el clan al Ajmar recurrió a colaborar con los mercenarios traídos para luchar contra la coalición de Ansarallah; este se convirtió en la fuerza central de la operación saudita, "Tormenta Decisiva" (Issaev 2018: 14).

Los sauditas y los emiraties contrataron a estos mercenarios y les suministraron armas occidentales. Lo que el gobierno de Saná llamó una "coalición de agresión" pasó a incluir a Estados Unidos, Arabia Saudita, Jordania, Francia, Reino Unido, Marruecos, Pakistán, Emiratos Árabes Unidos, Sudán, Egipto, Eritrea e incluso Colombia (Stevenson 2019). Su amplitud tiene mucho que ver con las medidas exitosas lideradas por Estados Unidos en las Naciones Unidas para designar falsamente al régimen exiliado de Hadi como el "gobierno" perpetuo y al gobierno de facto de Ansarallah en Saná como los perpetuos "rebeldes huties".

Los Emiratos Árabes Unidos desplegaron miles de mercenarios extranjeros en Yemen del Sur para apuntalar el Consejo de Transición del Sur (CTS). Esto ha incluido a las milicias estadounidenses y alemanas que utilizan soldados de infantería occidentales, saudíes, eritreos, sudaneses e incluso colombianos y yemeníes pobres contratados. Se dice que "hasta 15.000 mercenarios sudaneses" —sólo de ese país— han estado luchando en nombre de las potencias ocupantes extranjeras en Yemen (Issa 2022).

Sin embargo, en julio de 2016 Ansarallah y el Congreso General del Pueblo (CGP) formaron un gobierno revolucionario, el Consejo Político Supremo, que poco después se denominó Gobierno de Salvación Nacional (GSN) (Rezeg 2016; Nagi 2019). Esta alianza política en la capital surgió por la convergencia de intereses. Después de que la coalición Ansarallah tomó Saná, el Partido del Congreso General del Pueblo, por sí solo, había "sufrido marginación" (Al Hadaa 2017).

En diciembre de 2017, temiendo que Saleh los traicionara ante los saudíes, Ansarallah asesinó al ex presidente cuando intentaba abandonar el país. El Ministerio del Interior del GSN informó del "asesinato" de "Saleh y sus partidarios... después de que él y sus hombres bloquearon las carreteras y mataron a civiles en una clara colaboración con los países enemigos de la coalición" (Al Jazeera 2017b).

• • • •

2. El Consejo de Seguridad traiciona al pueblo yemení

La atroz guerra contra Yemen, que desembocó en lo que se ha llamado la "peor crisis humanitaria" del mundo (PMA 2022), ha sido promovida, en lugar de resuelta, por el Consejo de Seguridad de las Naciones Unidas (CSNU). El asedio genocida sancionado por la ONU se aprovecha del escaso reconocimiento de la revolución de Yemen, muchos años después.

Es necesaria una revisión seria de las Resoluciones del Consejo de Seguridad de la ONU, en particular la Resolución 2216, que enfrenta artificialmente el "poder legítimo" del régimen títere exiliado contra los "rebeldes hutíes" que se dice que llevaron a cabo un "golpe" (Issaev 2018: 5, 28). En realidad, las sanciones del Consejo de Seguridad de la ONU impuestas al gobierno de facto de Yemen se aplican a la mayoría de la población yemení, incluso cuando se reconoce abiertamente que el país sufre una crisis humanitaria (Bell 2022).

Creado con el supuesto objetivo principal de prevenir la guerra, durante la última década el CSNU ha respaldado efectiva y repetidamente la represión militar liderada por Estados Unidos y

Arabia Saudita de la única revolución genuina que surgió de la llamada Primavera Árabe (Ahmed 2021). Washington se salió con la suya en la ONU desde el principio, ya que destruir la coalición revolucionaria liderada por Ansarallah era parte de su objetivo más amplio de eliminar todos los regímenes independientes y crear un "Nuevo Oriente Medio" bajo la tutela estadounidense (Bransten 2006).

El Pentágono delegó la tarea de destruir la nueva coalición yemení liderada por Ansarallah ('los huties') a los saudíes, mientras que Washington convenció al Consejo de Seguridad para que aprobara los ataques sauditas contra aquellas partes del Yemen central (incluida la capital) controladas por el nuevo gobierno. Esta represión se ha llevado a cabo en virtud de los poderes del Capítulo VII de la Carta de las Naciones Unidas y en nombre de la lucha contra el terrorismo de Al Qaeda y la derrota de una supuesta amenaza a la "paz y seguridad internacional". La guerra y el asedio implican una intervención directa de la ONU en los asuntos soberanos del pueblo yemení, al tiempo que se pone del lado de los saudíes, patrocinadores clave de todos los grupos regionales de Al Qaeda.

Un estudio reciente del Centro de Derechos Humanos de Yemen (YCHR 2022) expuso los vínculos entre la violencia sistemática impuesta al pueblo yemení y las sucesivas resoluciones del Consejo de Seguridad de la ONU de 2011 a 2021 (CCHS 2022). En resumen, el Consejo de Seguridad de la ONU buscó defender un régimen interino que surgió durante las luchas democráticas entre 2011 y 2012. Luego demonizó y sancionó al gobierno revolucionario emergente mientras respaldaba consistentemente una "iniciativa" del CCG (es decir, Arabia Saudita) para dividir el país y presentar una títere saudí ante el mundo como presidente.

Podríamos entender la participación de tres de los cinco miembros permanentes del Consejo de Seguridad de la ONU (miembros de la OTAN, Estados Unidos, Reino Unido y Francia), ya que han iniciado al menos ocho guerras contra los Estados y pueblos independientes de la región. ¿Pero qué pasa con Rusia y China? Esos dos contrapesos respaldaron el uso de los poderes del Capítulo VII contra Libia en 2011 (aunque bajo la presidencia de Medvedev en Rusia) (ONU 2011), pero cuando la OTAN abusó del pretexto de 'zona de exclusión aérea' para destruir al pequeño país africano, parecieran haber aprendido la lección. Al año siguiente, en 2012, Rusia y China se opusieron a una intervención similar autorizada por la ONU contra Siria (Reuters 2012).

Entonces, ¿qué fue lo diferente en Yemen en 2014? Siria era un Estado reconocido bajo el ataque de la OTAN, mientras que Yemen era una sociedad que atravesaba una transición revolucionaria (Tharappel 2021). En cualquier caso, al igual que en el caso de Libia, Rusia y China simplemente no estaban prestando atención. Recién en abril de 2015 Rusia se abstuvo de aprobar la sexta resolución del Consejo de Seguridad de las Naciones Unidas (2216), que aumentó las sanciones contra ciertas partes en Yemen (ONU 2015).

Esta abstención fue demasiado limitada y demasiado tarde. El estudio del Centro de Derechos Humanos de Yemen (CCHS 2022) muestra que las resoluciones del Consejo de Seguridad de las Naciones Unidas #2014 de 2011 (CSNU 2014b) y #2051 de 2012 (SCNU 2012) " allanaron el camino" para engañar a la comunidad internacional al afirmar que la agitación en Yemen fue una "amenaza a la paz y la seguridad internacional". Esa amenaza más amplia fue el medio (más adelante en la Resolución #2140 de febrero de 2014 (CSNU 2014a)) para invocar los poderes coercitivos del Capítulo VII.

En sucesivas resoluciones (2014, 2051, 2140, 2201, 2204, 2216 e incluso 2564 de 2021) se vinculó esta supuesta "amenaza a la paz y la seguridad internacional" con citaciones de grupos de Al Qaeda en la Península Arábiga, bandas notoriamente respaldadas por los sauditas (WION 2020) y algunos otros miembros del CCG. Incluso fuentes estadounidenses reconocen que Al Qaeda y el ISIS en Yemen se oponen a la Coalición liderada por Ansarallah (Robinson 2022). En otras palabras, bien entendido, cualquier amenaza más amplia a la paz por parte del terrorismo internacional claramente no provino del nuevo gobierno revolucionario yemení, sino de lo que los yemeníes llaman la "coalición de agresión" liderada por Estados Unidos y Arabia Saudita (Civil Conglomerate 2021).

El Centro de Derechos Humanos de Yemen dice que la resolución 2216 de abril de 2015 "conmocionó al mundo" al hacer "la vista gorda" ante las atrocidades cometidas por la coalición entre Estados Unidos y Arabia Saudita. A partir de 2014, el CSNU mantuvo la ficción de que Abd Rabbo Mansour Hadi, presidente interino en 2012, seguía siendo el presidente legítimo del país (*Press TV* 2021). Por otro lado, quienes integran el Gobierno de Salvación Nacional de Yemen (Jonkers 2021), en virtud de la Resolución 2216 de abril de 2015, fueron sancionados y sujetos a prohibiciones de viaje y embargos de armas por supuestamente participar en "actos que amenazan la paz, la seguridad o la estabilidad de Yemen".

En resoluciones sucesivas (2014, 2140, 2201, 2216 y 2564), el CSNU promovió una "iniciativa" del Consejo de Cooperación del Golfo (CCG), dominado por Arabia Saudita, y su vinculada (y ahora extinta) "Conferencia de Diálogo Nacional", al tiempo que hablaba de boquilla sobre " "todos los partidos" en Yemen.

No importa lo que el pueblo yemení haya dicho y hecho desde 2012; no importa que desde principios de 2015 Hadi estuviera en el exilio y bajo un "arresto en hotel" efectivo en Riad (*al Jazeera* 2017a); este partidismo extremo por parte del Consejo de Seguridad de la ONU buscó congelar en el tiempo los procesos políticos de Yemen. Incluso los medios occidentales reconocieron que el respaldo de la ONU a la guerra era inútil y desastroso, con un titular de la revista

Time en 2016 que decía: "La ONU falló a los niños de Yemen" (Offenheiser 2016).

No agencia de la ONU podría funcionar adecuadamente bajo este régimen intervencionista y desesperado. El Consejo de Derechos Humanos de la ONU se retorció las manos, gritando "le hemos fallado a Yemen", mientras intentaba impotentemente culpar a ambas partes por las violaciones (Reuters en Ginebra 2021). A finales de 2021, el enviado especial de la ONU, Hans Grundberg, presentó un informe casi inútil en el que hablaba de su "frustración y desesperación" e instaba a poner fin a los combates (Grundberg 2021).

El *New York Times*, que había respaldado todas las guerras lideradas por Estados Unidos en la región durante décadas, también recurrió a argumentos de equivalencia moral, afirmando que "ambos bandos" cometieron crímenes de guerra (Cumming-Bruce 2019). Pero ¿dónde se mencionaron los principios de soberanía y no intervención de la Carta de las Naciones Unidas?

La derrota de las fuerzas lideradas por Arabia Saudita y respaldadas por Estados Unidos en Yemen se había hecho evidente en 2017 (Najjar y Al-Karimi 2017), a pesar de que los medios de guerra se quejaron de que todo esto era culpa de "los rebeldes" (Al-Mouallimi 2017)..

Después de varios años de derrota y crisis humanitaria, el Consejo de Seguridad de la ONU se quedó cargando el tacho de esta guerra fallida y aún respaldando a un "gobierno" con un "presidente" exiliado que apenas ha visto suelo yemení desde principios de 2015. Esta fue una gran traición al pueblo yemení por parte del Consejo de Seguridad de la ONU.

3. La inútil intervención extranjera

Al igual que la guerra sucia de Washington contra Siria, la guerra y el asedio impuestos al pueblo de Yemen han sido inútiles. La intervención extranjera ciertamente mata a miles de personas e impone hambre y sufrimiento a millones, pero hay pocas probabilidades de que se produzca un resultado favorable a la coalición de guerra.

La intervención extranjera a gran escala, que comenzó a principios de 2015, se entiende mejor en términos de la amenaza que representa un Yemen independiente para las ambiciones regionales de Washington. Los sauditas ciertamente tienen su propia ambición de dominar la Península Arábiga, pero durante un siglo han servido como agentes leales de los británicos y luego de los Estados Unidos. La guerra contra Yemen se lleva a cabo principalmente porque un Yemen independiente –al igual que una Siria independiente y un Irán independiente– representan una amenaza para el plan del Nuevo Oriente Medio de Washington. Esa estrategia imperial se ve reforzada por las doctrinas del Pentágono de eliminar la "desconexión" con su gobierno y lograr un dominio de espectro completo en esta zona designada por el Comando Central de EEU (Centcom), mediante la cual Washington se atribuye gran parte de Oriente Medio como su "área de responsabilidad" (Anderson 2019: Capítulo 1; CENTCOM 2022).

Yemen se encuentra en una ruta marítima clave entre los dos principales agentes de Washington en la región: los israelíes y los saudíes, y entre la zona del Comando Central de EEUU designada por éste último y su zona Africom. Creado en 2007, Africom pretende supervisar todos los Estados africanos excepto Egipto, que permanece dentro de Centcom (AFRICOM 2022). La ruta marítima que pasa por Yemen también será importante para la Iniciativa de la Franja y la Ruta de China, en el momento adecuado.

Durante la guerra, Washington ha dependido de las fuerzas regionales lideradas por Arabia Saudita, interviniendo sólo directamente de vez en cuando, siendo su principal objetivo desde la revolución la coalición liderada por Ansarallah. En mayo de 2017, un grupo estadounidense entró en la zona desértica de Marib y afirmó haber eliminado a "siete agentes de Al Qaeda" (Cronk 2017). Esa afirmación es muy sospechosa ya que Washington, en ese momento, apoyaba constantemente a los grupos de Al Qaeda en Irak y Siria (Anderson 2016: Capítulo 12). Lo más probable es que los grupos estadounidenses estuvieran tratando de reforzar el control saudita sobre la ciudad de Marib.

Los británicos también han desempeñado su papel en el apoyo a la guerra en Yemen, como lo hicieron en Afganistán, Irak y Siria. Tanto Estados Unidos como Gran Bretaña señalan que han "dado" varios miles de millones de dólares en ayuda a Yemen, pero que esta ayuda se destina principalmente a contratistas extranjeros vinculados al régimen en el exilio y a algunos pequeños grupos dentro de Yemen; nada de esto llega a la mayoría de la población en las zonas controladas por el Gobierno de Salvación Nacional. Si bien la economía de Yemen está paralizada por las sanciones, las operaciones secretas británicas contribuyen a la desestabilización a medida que se inyectan miles de millones de armas en el régimen saudita (Bell 2022). Teherán dice, correctamente, que el gobierno británico "como redactor de la ONU en Yemen, ha fracasado en absoluto en lograr avances en la paz… [y] ha seguido felizmente la política exterior de Estados Unidos, mientras vende más de 22 mil millones de libras esterlinas en equipo militar a la Coalición [liderada por EEUU Arabia Saudita]" (IRNA 2022).

El propio régimen saudí "presionó con éxito para que lo eliminaran de la lista de la ONU de violadores de los derechos del niño", a pesar de sus atrocidades contra los niños yemeníes (Bell 2022). Sin embargo, los ataques saudíes contra Yemen han reavivado "disputas territoriales de larga data" sobre tres provincias, Yizán, Najran y Asir, que los yemeníes "consideran territorios ocupados" - si la guerra persiste, es posible que Yemen intente reclamar estos territorios. El fracaso de la intervención saudí en Yemen puede socavar el papel saudí en la Península Arábiga (Issaev 2018: 28).

Después de muchos años, el juego de poder se ha movido contra el régimen de Hadi y sus sucesores en Riad. Se ha dicho que el tiempo "juega a favor" del gobierno liderado por Ansarallah en Saná (Issaev 2018: 5, 21).

¿Qué proporción de la población está bajo el control del Gobierno de Salvación Nacional? Para evaluar esto, tenemos que observar la población de cada una de las 21 gobernaciones y combinarla con las mejores estimaciones del control de sobre éstas. En 2023, el último censo de la población yemení por gobernación se realizó en 2013 (CSO 2015); la mayoría de las fuentes indican que el Gobierno de Salvación Nacional controla las provincias altamente pobladas del norte y del oeste. A principios de 2022, *Al Jazeera* de Qatar reconoció que "la mayor parte de las tierras altas del norte de Yemen, así como Saná, siguen bajo el control de los rebeldes hutíes"; también indicaron que todas o la mayoría de las siguientes provincias estaban "bajo el control de los rebeldes hutíes": Saadah, al Yawf, Amran, Sanaa, Hajjah, Mahwit, Hodeidah, Dhamar, Raymah, Ibb, al Bayda; y partes de Taiz y Dhale (Haddad 2022). Gran parte de esto es aceptado por otros medios que son en su mayoría hostiles a Ansarallah (Glenn, Nada y Rowan 2022).

No existen mediciones precisas e independientes del control de las áreas en disputa, que representan casi el 40 por ciento del país. Sin embargo, en diciembre de 2022, fuentes en Sanaa (MS 2022) dieron las siguientes estimaciones de las gobernaciones que están total, mayoritariamente o parcialmente bajo el control del Gobierno de Salvación Nacional. Esto se ajusta en términos generales a las estimaciones de *Al Jazeera*. Los detalles se encuentran en la Tabla 1 a continuación e incluyen evaluaciones de que el Gobierno de Salvación Nacional controla el 75 por ciento de Marib, excepto la ciudad capital y 2 distritos, más del 50 por ciento de Taiz y el 45 por ciento de Dhalea (MS 2022). Si asumimos que el control "mayoritario" significa entre el 50 y el 80 por ciento, eso significaría que entre 16,9 y 20,5 millones (de 28,2 millones) o entre el 60 y el 73 por ciento de la población están bajo control del Gobierno de Salvación Nacional. Las cifras de población se basan en el censo de 2013 (CSO 2015).

Table 1: Control of Yemeni Governorates, Dec 2022	
Total population: 28.174m (2013)	Yemen Governorates (Popn in 2013)
Entirely under (National Salvation Government, Ansarallah-led) NSG control [11.079 million]	Sanaa (2.279), Dhamar (1.697), Mahweet (0.732), Amran (1.123), Raymah (0.502), Baydha (0.835), Ibb (3.911), Saadah (0.987)
Majority under NSG control [10.878 million] if NSG 50%/80%: 5.44/8.7 million	Hajjah (1.887), Jawf (0.663), Hodeidah (3.774), Taiz (4.554) [50-80%]
Minority under NSG control [1.757 million] if NSG 20-40%: 0.35-0.7 million	Mareb (Riyadh: 0.504), Dhalea (STC/UAE:0.602), Shabwah (Riyadh 0.651)
Control by foreign backed groups: STC / UAE and Riyadh [4.46 million]	Aden (STC/UAE: 1.087); Abyan (STC/UAE: 0.658), Al Mahrah (Riyadh: 0.400), Hadramaut (Riyadh: 1.329), Lahij (STC/UAE: 0.926), Socotra (STC/UAE: 0.060)
Sources: MS 2022; Haddad 2022; CSO 2015	

Cuadro 1: Control de las gobernaciones yemeníes, diciembre de 2022

Por lo tanto, hay pocos indicios de que la intervención extranjera haya hecho avanzar la hegemonía saudita o haya desplazado al gobierno liderado por Ansarallah. La intervención simplemente mantiene las matanzas y el sufrimiento masivo a través de un asedio respaldado por el Consejo de Seguridad de la ONU. Por otro lado, la guerra entre Estados Unidos y Arabia Saudita ha reforzado el lema de Ansarallah "Muerte a los Estados Unidos", asegurando que el gobierno efectivo de Saná se vincule más estrechamente con Irán, Siria y los demás Estados independientes de la región.

Cuando la situación se estabilice, es muy probable que Yemen, al igual que el Afganistán posterior a Washington, busque colaborar con las iniciativas chinas de la Coalición Internacional de la Franja y la Ruta. China tiene una larga historia de apoyo al desarrollo de infraestructura en Yemen, que se remonta a la construcción china en la década de 1950 de una carretera de 266 kilómetros entre Sanaa y la ciudad portuaria de Hodeidah. Durante el período 2012-2013, China acordó construir tres centrales eléctricas alimentadas con gas y ampliar las terminales de contenedores en Adén y Mokha (Tekingunduz 2019). Como la mayor parte del mundo, China ha mantenido vínculos con el régimen en exilio de Hadi, pero también ha mantenido "reuniones de rutina" con "todas las partes". Adén sigue siendo particularmente importante para ellos (Tekingunduz 2019). El pragmatismo chino eventualmente lo llevará a comprometerse con el verdadero gobierno de Yemen.

Referencias

Africom (2022) 'About the Command', Pentagon, online: online: https://www.africom.mil/about-the-command

Ahmed, Omar (2021) 'Why Yemen's was the only real revolution, post-Arab Spring', Middle East Monitor, 12 November, online: https://www.middleeastmonitor.com/20211112-why-yemens-was-the-only-real-revolution-post-arab-spring/

al-Fasly, Mahmoud Sagheer (2015) 'Witnessing the Yemeni Revolution' in Voices of the Arab Spring, Columbia University Press, online: https://www.degruyter.com/document/doi/10.7312/alsa16318-037/html

Al Hadaa, Karima (2017) 'The Dynamics of the Houthi-GPC alliance', The Yemen peace project, 2 June, online: https://www.yemenpeaceproject.org/blog-x/houthi-gpc-alliance

Al Jazeera (2017a) 'Yemeni President Hadi 'under house arrest' in Riyadh', 7 November, online: https://www.aljazeera.com/news/2017/11/7/yemeni-president-hadi-under-house-arrest-in-riyadh

Al Jazeera (2017b) 'Yemen: Ex-President Ali Abdullah Saleh killed', 10 December, online: https://www.aljazeera.com/news/2017/12/10/yemen-ex-president-ali-abdullah-saleh-killed

al-Qarawi, Hisham (2011) The Yemeni Revolution: replacing Ali Abdullah Saleh, or replacing obsolete institutions?, Arab Center for Research & Policy Studies, Doha Institute, online: https://www.dohainstitute.org/en/lists/ACRPS-PDFDocumentLibrary/Yemeni_Revolution.pdf

Al-Mouallimi, Abdallah Y. (2017) 'It's Up to the Rebels to Stop Yemen's War', New York Times, 3 October, online: https://www.nytimes.com/2017/10/03/opinion/yemen-war-houthis.html

Amos, Deborah (2015) 'For Yemen's Ousted President, A Five-Star Exile With No End In Sight', NPR, 14 June, online: https://www.npr.org/sections/parallels/2015/06/14/413913530/for-yemens-ex-president-a-five-star-exile-with-no-end-in-sight

Anderson, Tim (2016) The Dirty War on Syria, Global Research, Montreal

Anderson, Tim (2019) *Axis of Resistance*, Clarity Press, Atlanta

Bell, Steve (2022) 'Time to end, not escalate, the war on Yemen', Stop the War Coalition UK, 24 January, online: https://www.stopwar.org.uk/article/time-to-end-not-escalate-the-war-on-yemen/

Blinken, Antony (2021) 'Revocation of the Terrorist Designations of Ansarallah', US Department of State, 12 February, online: https://www.state.gov/revocation-of-the-terrorist-designations-of-ansarallah/

Bransten, Jeremy (2006) 'Middle East: Rice Calls For A 'New Middle East', RFERL, 25 July, online: https://www.rferl.org/a/1070088.html

CCHS (2022) 'The UN Security Council has betrayed the Yemeni people', Centre for Counter Hegemonic Studies, 21 January, online: https://counter-hegemonic-studies.site/unsc-yemen-1/

CENTCOM (2022) 'Map of the U.S. Central Command area of responsibility', Pentagon, online: https://www.centcom.mil/MEDIA/igphoto/2002844889/

CEP (2022) 'Houthis', Counter Extremism Project, [US Govt led] online: https://www.counterextremism.com/threat/houthis

Civil Conglomerate (2021) 'Ministry Of Human Rights Denounces Recent UN Security Council Statement On Yemen', 24 October, online: http://www.ccdf-ye.org/en/2021/10/24/ministry-of-human-rights-denounces-recent-un-security-council-statement-on-yemen/

CNN (2016) 'Yemen's Houthis form surprise new government, CNN, 29 November, online: https://edition.cnn.com/2016/11/29/middleeast/yemen-houthis-new-government/index.html

Cronk, Terri Moon (2017) 'Pentagon spokesman describes U.S. raid in Yemen', US Central Command, CENTCOM, 23 May, online: https://www.centcom.mil/MEDIA/NEWS-ARTICLES/News-Article-View/Article/1191797/pentagon-spokesman-describes-us-raid-in-yemen/

CSO (2015) 'Yemen: national health and demographic survey', 2013, Central Statistical Organisation, Republic of Yemen, July, online: https://dhsprogram.com/pubs/pdf/fr296/fr296.pdf

Cumming-Bruce, Nick (2019) 'War Crimes Committed by Both Sides in Yemen, U.N. Panel Says', New York Times, 3 September, online: https://www.nytimes.com/2019/09/03/world/middleeast/war-crimes-yemen.html

Glenn, Cameron; Garrett Nada and Mattisan Rowan (2022) 'Who are Yemen's Houthis?', Wilson Centre, 7 July, online: https://www.wilsoncenter.org/article/who-are-yemens-houthis

Green, Daniel R. (2019) 'Defeating Al Qaeda Shadow Government in Yemen', Washington Institute for Near East Policy, online: https://www.washingtoninstitute.org/media/950

Grundberg, Hans (2021) 'Briefing to United Nations Security Council by the Special Envoy for Yemen – Hans Grundberg, 14 December 2021', 14 December, online: https://reliefweb.int/report/yemen/briefing-united-nations-security-council-special-envoy-yemen-hans-grundberg-14-december

Haddad, Mohammed (2022) 'Infographic: Yemen's war explained in maps and charts', Al Jazeera, 9 February, online: https://www.aljazeera.com/news/2022/2/9/yemens-war-explained-in-maps-and-charts-interactive

ICG (2021) 'Yemen's Southern Transitional Council: A Delicate Balancing Act', International Crisis Group, 30 March, online: https://www.crisisgroup.org/middle-east-north-africa/gulf-and-arabian-peninsula/yemen/yemens-southern-transitional-council-delicate-balancing-act

IRNA (2022) 'British analyst stresses Ansarallah's role in Yemen peace process', 22 June, online: https://en.irna.ir/news/84798662/British-analyst-stresses-Ansarallah-s-role-in-Yemen-peace-process

Issa, Mona (2022) 'Mercenaries in Yemen: Nationalities, numbers & horrors', Al Mayadeen, 29 March, online: https://english.almayadeen.net/news/politics/mercenaries-in-yemen:-nationalities-numbers-horrors

Issaev, Leonid M. (2018) 'Yemen: Unfinished Revolution, Al Sharq Forum Paper Series, Istanbul, online: https://www.hse.ru/mirror/pubs/share/224915854

Jonkers, Brecht (2021) 'Defying Odds, Yemen's Revolutionary Forces Score Stunning Victories', The Crescent, [Jumada' al-Ula' 17, 1442], online: https://crescent.icit-digital.org/articles/defying-odds-yemen-s-revolutionary-forces-score-stunning-victories

Khan, Sabahat (2016) 'The ideological affinities of the Houthis with Iran', The Arab Weekly, 30 October, online: https://thearabweekly.com/ideological-affinities-houthis-iran

Khoshafah, Amjad (2021) 'Houthi-Salafi Coexistence Agreements: Motives and Future Prospects', Sana'a Center For Strategic Studies, online: https://sanaacenter.org/publications/analysis/15839

MEMO (2017) 'Remembering the September 21 Revolution in Yemen', Middle East Monitor, 21 September, online: https://www.middleeastmonitor.com/20170921-remembering-the-september-21-revolution-in-yemen/

Mohammed, Mohammed Abdulla (2020) 'The Houthi Movement from a Local Perspective: A Resurgence of Political Zaidism', Sana'a Center For Strategic Studies, online: https://sanaacenter.org/publications/analysis/11925

MS (2022) Communication with this author, Confidential source 'MS' in Sanaa, 18 December

Nagi, Ahmed (2019) 'Yemen's Houthis Used Multiple Identities to Advance', Carnegie Middle east centre, 19 March, online: https://carnegie-mec.org/2019/03/19/yemen-s-houthis-used-multiple-identities-to-advance-pub-78623

Najjar, Farah and Khalid Al-Karimi (2017) 'Saudi Arabia's war in Yemen 'a strategic failure', Al Jazeera, 23 August, online: https://www.aljazeera.com/features/2017/8/23/saudi-arabias-war-in-yemen-a-strategic-failure

Offenheiser, Ray (2016) 'The U.N. Failed Yemen's Children', Time, 15 June, online: https://time.com/4370208/the-u-n-failed-yemens-children/

Popp, Roland (2015) 'War in Yemen: Revolution and Saudi Intervention', CSS analyses in security policy, Zurich, Number 175, June, online: https://www.research-collection.ethz.ch/bitstream/handle/20.500.11850/118212/eth-49383-01.pdf

Press TV (2021) 'Yemenis rally on Sept. 21 revolution anniversary, condemn foreign aggression', 21 September, online: https://www.presstv.ir/Detail/2021/09/21/666972/Yemen-September-21-Revolution-Ansarallah-Movement-Rally-Saudi-Arabia-Foreign-Aggression

Reuters (2012) 'Russia against no-fly zone over Syria-Sky News Arabia', 18 August, online:

https://www.reuters.com/article/us-syria-russia-lavrov-idUSBRE87H02U20120818

Reuters in Geneva (2021) 'We have failed Yemen': UN human rights council ends war crime probe', The Guardian, 7 October, online: https://www.theguardian.com/world/2021/oct/07/un-human-rights-council-votes-to-end-yemen-war-crimes-investigation

Rezeg, Ali Abdo (2016) 'Houthis announce 'national salvation' govt in Yemen', AA, 28 November, online: https://www.aa.com.tr/en/middle-east/houthis-announce-national-salvation-govt-in-yemen/695048

Riedel, Bruce (2022) 'The Houthis have won in Yemen: What next?', Brookings, 1 February, online: https://www.brookings.edu/blog/order-from-chaos/2022/02/01/the-houthis-have-won-in-yemen-what-next/

Robinson, Kali (2022) 'Yemen's Tragedy: War, Stalemate, and Suffering', Council on Foreign Relations, 21 October, online: https://www.cfr.org/backgrounder/yemen-crisis

Sanaa Centre (2021) 'The Curious Tale of Houthi-AQAP Prisoner Exchanges in Yemen', Sana'a Center For Strategic Studies, online: https://sanaacenter.org/publications/analysis/16002

Stevenson, Tom (2019) 'Saudi's coalition in Yemen: Militias and mercenaries backed by western firepower', Middle East Eye, 28 March, online: https://www.middleeasteye.net/news/saudis-coalitionyemen-militias-and-mercenaries-backed-western-firepower

Tekingunduz, Alican (2019) 'What is China doing in Yemen?', TRT News, 13 December, online: https://www.trtworld.com/middle-east/what-is-china-doing-in-yemen-32183

Tharappel, Jay (2019) 'Yemen: understanding the Zaydi Revival', Oriental Despot, 20 January, online: https://theorientaldespot.com/2019/01/20/salafismvszaydism/

Tharappel, Jay (2021) 'Who is really fighting whom in Yemen?', The Communists, 20 February, online: https://thecommunists.org/2021/02/20/news/who-really-fighting-whom-yemen-jay-tharappel-wpb-antiwar/

Toska, Silvana (2018) 'The rise and fall and necessity of Yemen's youth movements', Middle East Political Science, Elliot School of International Affairs, online: https://pomeps.org/the-rise-and-fall-and-necessity-of-yemens-youth-movements

UN (2011) 'Security Council Approves 'No-Fly Zone' over Libya, Authorizing 'All Necessary Measures' to Protect Civilians, by Vote of 10 in Favour with 5 Abstentions', United Nations, 17 March, online: https://www.un.org/press/en/2011/sc10200.doc.htm

UN (2015) 'Security Council Demands End to Yemen Violence, Adopting Resolution 2216 (2015), with Russian Federation Abstaining, Also Imposes Sanctions on Key Figures in Militia Operations', United Nations,

14 April, online: https://www.un.org/press/en/2015/sc11859.doc.htm

UNSC (2012) 'Resolution 2051 (2012) Adopted by the Security Council at its 6784th meeting, on 12 June 2012', United Nations Security Council, 12 June, online: http://unscr.com/en/resolutions/doc/2051

UNSC (2014a) 'Resolution 2140 (2014) Adopted by the Security Council at its 7119th meeting, on 26 February 2014', 26 February, online: http://unscr.com/en/resolutions/doc/2140

UNSC (2014b) 'Resolution 2014 (2011) Adopted by the Security Council at its 6634th meeting, on 21 October 2011', United Nations Security Council, 21 October online: http://unscr.com/en/resolutions/doc/2014

Wells, Madeleine (2012) 'Yemen's Houthi movement and the revolution', Foreign Policy, 27 February, online: https://foreignpolicy.com/2012/02/27/yemens-houthi-movement-and-the-revolution/

Werleman, C.J. (2021) 'UAE-Israeli Annexation of Socotra is Most Significant ME Occupation Since 1967', Inside Arabia, 5 October, online: https://insidearabia.com/uae-israeli-annexation-of-socotra-is-most-significant-me-occupation-since-1967/

WFP (2022) 'The world's worst humanitarian crisis', World Food Programme, online: https://www.wfp.org/yemen-crisis

WION (2020) "'Epicenter' of al-Qaeda financing: How Saudi Arabia's terror policy backfired', 13 November, online: https://www.wionews.com/world/epicenter-of-al-qaeda-financing-how-saudi-arabias-terror-policy-backfired-343023

YCHR (2022) Yemen Center for Human Rights, online: https://ychr.org

Zabarah, Mohammed A. (1984) 'The Yemeni Revolution of 1962 Seen as a Social Revolution', in Contemporary Yemen, Routledge

Parte 2: Recreando el futuro

10. La retirada estratégica de Washington

Gráfico uno: La retirada de los 20 años de ocupación de Afganistán marcó un punto de inflexión para Washington. Fuente: Prensa asociada

• • • •

El fracaso de la guerra sucia en Siria, las conversaciones de paz en Yemen y la caótica retirada de Afganistán son señales claras de que Washington ha iniciado una retirada estratégica parcial de la región. Los funcionarios estadounidenses más astutos ya han comenzado a explicar las razones pertinentes justo cuando la medida infunde miedo entre los colaboradores regionales. La continuidad entre las administraciones de Trump y Biden es visible no sólo en la sostenida retórica airada contra Irán, las declaraciones de apoyo inquebrantable al apartheid de Israel y el actual asedio económico de los pueblos de la región; también se puede ver en la adaptación de Estados Unidos a una serie de derrotas regionales.

El pensamiento estadounidense sobre esta medida recuerda a la Doctrina Guam, más tarde llamada Doctrina Nixon, desarrollada en 1969 cuando quedó claro que Estados Unidos estaba fallando en sus objetivos militares en Vietnam. Aunque EEUU seguiría masacrando a millones de personas en Indochina durante varios años más, esta doctrina exigía una "vietnamización" de la guerra y una retirada de las fuerzas estadounidenses, al tiempo que apoyaba a sus "aliados regionales". La retórica no era de retirada sino de "permanecer y seguir desempeñando un papel responsable para ayudar a las naciones no comunistas y neutrales, así como a nuestros aliados asiáticos, para defender su independencia". En la práctica fue una retirada estratégica y un llamado a "no asumir más compromisos a menos que fueran requeridos por nuestros propios intereses vitales" (Fundación Nixon 2008).

Washington enfrenta ahora una trayectoria similar en Asia occidental. La voz reciente más elocuente de Estados Unidos a favor de una retirada estratégica ha sido el ex coronel e historiador militar Douglas McGregor, designado por el presidente estadounidense Trump como asesor especial a finales de 2020 (Perry 2020). Anteriormente, en enero de 2020, McGregor había dicho a Fox News: a pesar de algunos contraargumentos, Estados Unidos no tenía "ningún interés estratégico vital" en permanecer en Siria e Irak: "esa guerra terminó y la perdimos; Irán es un ganador, por el momento". McGregor estipula que se podría dejar a que Turquía y los 'islamistas suníes' compitan con Irán por el control de Siria e Irak, pero que los intereses de EEUU "comienzan con una línea que atraviesa la cima de Israel, Jordania, Arabia Saudita, alrededor de Kuwait y hasta en medio del Golfo Pérsico" (Fox News 2020). Sin duda, McGregor representa una facción realista dentro del "Estado profundo" estadounidense que está contemplando un "reposicionamiento" similar.

Es importante destacar que la perspectiva de esta retirada estratégica abre diferencias entre Washington e Israel; ambos quieren quitarle poder a Irán, líder del emergente bloque de resistencia independiente. No obstante, Estados Unidos puede eventualmente aceptar retirarse de sus ocupaciones directas en varios países, recurriendo a ataques ocasionales con misiles y guerras económicas, mientras delega la desestabilización a los saudíes, Turquía y sus representantes como el ISIS [grupo terrorista en Siria e Irak, el *Moyahedin-e-Khalq* (MEK [grupo terrorista iraní]) y el Hayat al Tahrir (grupo terrorista en Siria].

Los múltiples fracasos y sus costos, que llevaron a la idea de una retirada parcial estratégica, fueron argumentados firmemente por Trump como candidato presidencial en 2016 (Chulov 2016); aunque no pudo actuar como había argumentado, esta no fue idea de un solo hombre. Ese pragmatismo regresó con la retirada de Afganistán de la administración Biden en 2020-2021. Al mismo tiempo, los sauditas, después de una serie de pérdidas, demostraron que estaban interesados en un alto el fuego con Yemen (Riedel 2020).

Las fallidas ocupaciones en siria e iraquí están estrechamente vinculadas y colapsarán juntas, tarde o temprano. Si bien la administración Biden ha enviado mensajes contradictorios sobre Siria (MEE 2021), pareció alejarse de la posición de Trump de castigar a aliados regionales como los Emiratos Árabes Unidos y Bahrein (Quilliam 2021) o bloquear a las ONG que buscan reabrir las relaciones con Damasco (IO 2021). Los Emiratos Árabes Unidos, en particular, han anticipado una normalización con Damasco, al menos desde 2018.

Entonces, ¿por qué Washington retrocedería? Estados Unidos es bastante capaz de persistir en perder guerras para castigar y debilitar a sus adversarios. Lo demostró al prolongar su guerra en Vietnam siete años después de las primeras conversaciones de paz de París (Schultz 2013); sin embargo, se retiró de Vietnam, como lo había hecho de Corea en la década de 1950, después de masacrar a millones pero sin lograr sus objetivos militares. Aun, este mal perdedor notoriamente de sangre fría sigue siendo capaz de calcular los costos de perder guerras, tanto en términos materiales como de prestigio; incluso cuando ocultan hechos y falsifican historias.

El declive económico y global de Estados Unidos no es ajeno a estas guerras perdidas, a pesar del logro compensatorio de hacer que los "aliados" subordinados paguen por muchas de estas guerras. Se dice que la guerra perdida en Afganistán le costó a Estados Unidos más de dos billones de dólares (CNBC 2022); y esto, en un imperio en declive, sin un verdadero sistema de salud pública en casa (Reich 2020).

A finales de 2018, el asesor de Trump, Stephen Miller, argumentó la decisión de su presidente de retirar las tropas de Siria (Kelly 2018), una decisión rápidamente revocada por otras fuerzas del Estado profundo. Sin embargo, algunas tropas estadounidenses en Siria fueron redesplegadas. Una justificación provisional, dada por Trump para aplacar a los perros de la guerra, fue una ocupación parcial en curso para "proteger" el petróleo de Siria; según el secretario de Defensa, Mark Esper, para "proteger" del ISIS (Baldor 2019). En la práctica, los restos del ISIS siguieron siendo una herramienta de Washington y el petróleo se envió a Irak con fondos finalmente asignados al representante de las Fuerzas Demócraticas Sirias (AJ 2020).

En agosto de 2021 Biden finalizó la retirada afgana. Se señalan retiradas parciales de Irak y cuando finalice la operación iraquí la ocupación en Siria (denunciada por Turquía, Rusia e Irán) habrá terminado. Esta serie de derrotas catalizó un debate dentro del Estado profundo estadounidense sobre la estrategia futura, uno de cuyos lados se reflejó en la crítica general de Trump a las guerras inútiles, aparentemente interminables e imposibles de ganar y la necesidad de una retirada estratégica (Mead 2019).

Hasta hace poco, la ocupación de Afganistán por parte de Estados Unidos y la OTAN se describía como una protección contra la expansión de China hacia el oeste, en particular de su infraestructura en la Inicitiva de la Franja y la Ruta, manteniendo a los islamistas uigures como una herramienta de desestabilización al estilo de Al Qaeda para ser utilizada en la región (Sidiq 2018), solo ya que se habían utilizado miles en Idlib, Siria (Al-Ghadhawi 2020). Pero esas consideraciones fueron revocadas. Además, los resurgentes talibanes afirmaron que no se les utilizará ni contra Irán ni contra China (Goldkorn 2021). Es una afirmación creíble, porque las relaciones productivas con estos grandes vecinos redundan directamente en el interés de los talibanes.

El realineamiento regional tiene graves consecuencias para los israelíes, que sufren una gran ansiedad ante cualquier tipo de retirada estadounidense. La idea los asusta, y es por eso que constantemente buscan garantías de Washington de que no serán abandonados si Irán realmente responde a sus constantes provocaciones. La visita de 2021 del líder sionista Naftali Bennett a Washington, proponiendo una "muerte por mil cortes" para Irán, como "Plan B" para el prácticamente extinto acuerdo nuclear JCPOA (Khalid 2021), seguramente tenía como objetivo buscar garantías de protección renovadas.

Pero como ha señalado el líder de la resistencia del Líbano, Sayyed Hassan Nasrallah, Israel no controla a Estados Unidos (Nasrallah 2021); la cola sionista no mueve el perro imperial. En el pasado, los líderes estadounidenses han dicho a sus "aliados" subordinados (por ejemplo, Gran Bretaña, Francia, Georgia) que no se les dará por sentado y que no se verán arrastrados a una guerra sin su consentimiento explícito. Los israelíes y todos los demás colaboradores temen un cambio en el papel de Estados Unidos en la región; vieron imágenes de colaboradores desesperados y abandonados en el aeropuerto de Kabul.

• • • •

Referencias

AJ (2020) 'Syria slams US firm's oil deal with SDF as 'null and void'', Al Jazeera, 2 August, online: https://www.aljazeera.com/news/2020/8/2/syria-slams-us-firms-oil-deal-with-sdf-as-null-and-void

Al-Ghadhawi, Abdullah (2020) 'Uighur Jihadists in Syria', New Lines Institute, 18 March, online: https://newlinesinstitute.org/uyghurs/uighur-jihadists-in-syria/

Baldor, Lolita (20-019) 'US may now keep some troops in Syria to guard oil fields', AP, 22 October, online: https://apnews.com/article/donald-trump-syria-ap-top-news-mark-esper-afghanistan-a66bf441fdfb43ca80d200dcbfb5d09d

Chulov, Martin (2016) 'Syrian opposition left with nowhere to turn after Trump's victory', The Guardian, 11 November, online: https://www.theguardian.com/world/2016/nov/11/syrian-opposition-left-with-nowhere-to-turn-after-trumps-victory

CNBC (2022) 'The Fall of Afghanistan: How America's $2 trillion, Two-Decade War Ended In Chaos', YouTube, online: https://www.youtube.com/watch?v=DjhOGlUQNcw

Fox News (2020) 'War in Iraq, Syria 'is over, we lost it': Retired Army Colonel', YouTube: online: https://www.youtube.com/watch?v=_2Ut5Yyx_K8

Goldkorn, Jeremy (2021) 'China makes a deal with the Taliban', The China Project, 28 July, online:

https://thechinaproject.com/2021/07/28/china-makes-a-deal-with-the-taliban/

IO (2021) 'Caesar Act amendments make life easier for pro-Damas NGOs', Intelligence Online, 27 April, online: https://www.intelligenceonline.com/government-intelligence/2021/04/27/caesar-act-amendments-make-life-easier-for-pro-damas-ngos,109660888-art

Kelly, Caroline (2018) 'Stephen Miller defends Trump's Syria withdrawal: 'Are we supposed to stay in Syria for generation after generation spilling American blood?', CNN, 21 December, online: https://edition.cnn.com/2018/12/20/politics/miller-syria-mattis-cnntv/index.html

Khalid, Tuqa (2021) 'Israel's PM presents Biden with 'death by a thousand cuts' Iran strategy', Al Arabiya, 28 August, online: https://english.alarabiya.net/News/middle-east/2021/08/28/Israel-s-PM-presented-Biden-with-death-by-a-thousand-cuts-Iran-strategy-Reports

Mead, Walter Russell (2019) 'Trump's Jacksonian Syria Withdrawal', Wall Street Journal, 7 October, online: https://www.wsj.com/articles/trumps-jacksonian-syria-withdrawal-11570487847

MEE (2021) 'Biden administration warns allies against restoring ties with Syria', Middle east Eye, 25 June, online: https://www.middleeasteye.net/news/syria-biden-team-warns-countries-against-restoring-ties-assad

Nasrallah, Hassan (2021) 'Israel does not control America: Hassan Nasrallah, 2018', CCHS, online:

https://counter-hegemonic-studies.site/nasrallah-israel-usa/

Nixon Foundation (2008) '25 July 1969: The Nixon Doctrine', 24 July, online: https://www.nixonfoundation.org/2008/07/25-july-1969-the-nixon-doctrine/

Perry, Mark (2020) 'The revenge of Col. Douglas Macgregor', Responsible Statecraft, 12 November, online: https://responsiblestatecraft.org/2020/11/12/the-revenge-of-col-douglas-macgregor/

Quilliam, Neil (2021) 'The Middle East Is Preparing for the United States' Exit From Syria', Foreign Policy, 25 August, online: https://foreignpolicy.com/2021/08/25/assad-middle-east-preparing-united-states-exit-syria/

Reich, Robert (2020) 'America has no real public health system – coronavirus has a clear run', The Guardian, 15 March, online: https://www.theguardian.com/commentisfree/2020/mar/15/america-public-health-system-coronavirus-trump

Schultz, Colin (2013) 'Nixon Prolonged Vietnam War for Political Gain—And Johnson Knew About It, Newly Unclassified Tapes Suggest', Smithsonian, 18 March, online: https://www.smithsonianmag.com/smart-news/nixon-prolonged-vietnam-war-for-political-gainand-johnson-knew-about-it-newly-unclassified-tapes-suggest-3595441/

Sidiq, Erkin (2018) 'Retired Army Colonel Lawrence B. Wilkerson on Uyghurs (2018)', YouTube, online: https://www.youtube.com/watch?v=tVmliB0rVIo

11. El fantasma de Soleimani

Gráfico uno: Washington vio a Soleimani como un enemigo porque hizo lo que el Pentágono afirmó falsamente que estaba haciendo: luchar y destruir a ISIS,
Fuente: Press TV

El régimen de Trump imaginó que el asesinato de Qassem Soleimani en enero de 2020 ayudaría a dividir y debilitar a los pueblos independientes de la región. De hecho, causó pena y dolor, pero el asesinato también generó una resolución y coherencia sin precedentes entre las fuerzas de resistencia. La leyenda de Soleimani es ahora una fuerza que impulsa la liberación de la región del plan de Washington para un Nuevo Oriente Medio.

Washington tal vez haya soñado que, al destituir a Soleimani, el único comandante regional, la coalición regional se desesperaría y perdería el rumbo. Pero Soleimani no era sólo un comandante, era un capacitador de comandantes, dejando tras de sí su creación: cientos en toda la región durante 40 años. Incluso al comienzo de la guerra de Saddam contra Irán, respaldada por Estados Unidos, él había sido ya un instructor militar.

En cualquier caso, este acto de terrorismo estadounidense resultó contraproducente y creó una leyenda. Ayudó a unir a las facciones palestinas e iraquíes, generando así un sentimiento de resistencia regional mucho más fuerte.

1. La leyenda

Soleimani desempeñó un papel fundamental en la derrota del complot estadounidense de utilizar el terrorismo masivo en una serie de guerras apadrinadas para subyugar a toda la región y crear un Nuevo Oriente Medio, dominado regionalmente por la colonia israelí y el régimen saudí. El general iraní no se limitó a defender a Irán -como líder de la Fuerza Quds, ayudó a armar a todas las facciones de la resistencia palestina, trabajó estrechamente con la resistencia en el Líbano, ayudó al Ejército Árabe Sirio a derrotar las guerras indirectas en toda Siria y trabajó estrechamente con las Fuerzas de Movilización Popular en Irak. En noviembre de 2017 pudo informar a su líder, Sayyed Ali Khamenei, que la resistencia regional había derrotado al ISIS en todos los pueblos y ciudades principales de la región (Iran Primer 2017). Esa victoria regional fue importante para exponer ante el mundo las múltiples guerras sucias lanzadas por Washington, disfrazado de "poder inteligente".

El gran temor de Washington y Tel Aviv ha sido que las fuerzas de resistencia se unan después de la derrota de los representantes respaldados por la OTAN en Siria e Irak. Su pesadilla es ver una coalición endurecida por la batalla formada por Jezbolá, el ejército árabe sirio, las UMP iraquíes y la Fuerza Quds de Irán en la frontera de la Palestina ocupada, lista para liberar el Golán sirio y desmantelar el régimen colonial.

Esta es la razón por la que Washington—después de las invasiones de Afganistán, Irak y Líbano—aprovechó la oportunidad en 2011 y respaldar a los Hermanos Musulmanes y al terrorismo wahabí en Libia y Siria, lo que culminó con la destrucción del Estado libio y la declaración por parte del ISIS de un Estado Islámico en Siria oriental. Una Siria débil y dividida habría eliminado del panorama a un Estado antisionista independiente y central, contribuyendo así a proteger la colonia sionista.

El memorando de inteligencia estadounidense filtrado de agosto de 2012 indicaba que Estados Unidos previó y dio la bienvenida al 'califato' del ISIS, diciendo que la "posibilidad de establecer un principado salafista declarado o no declarado... [era] exactamente lo que quieren las potencias que apoyan a la oposición, para aislar al régimen sirio" (DIA 2012). Es decir, el califato del ISIS debilitaría y dividiría a Siria, tal como su predecesor en Irak (ISI) había sido diseñado para debilitar a Bagdad y crear divisiones con Teherán. Sólo los países occidentales llamaron al ISIS un "Estado Islámico"; el grupo terrorista nunca fue reconocido como Estado por las naciones independientes de la región, ni tampoco como Estado que operaba según los principios del Islam, a pesar de la retórica islamista.

A finales de 2014, el jefe del ejército estadounidense, el general Martin Dempsey, y el vicepresidente estadounidense, Joe Biden, admitieron por separado que sus aliados clave (en particular, Turquía, los sauditas, Qatar y los Emiratos Árabes Unidos) estaban financiando y armando a todos los grupos terroristas sectarios en Siria, para así derrocar al gobierno sirio (Anderson 2019a: Capítulo 7). El razonamiento de respaldar a estos grupos terroristas continua siendo la práctica de 'divide y vencerás'.

Frente a esta guerra apadrinada, Qassem Soleimani facilitó la entrada de Rusia en septiembre de 2015 para una defensa más directa de Siria, mientras se lideraban guerras terrestres contra Jabhat al Nusra y ISIS tanto en Siria como en Irak. Esta unificación de las fuerzas de resistencia fue una condición central y necesaria para la supervivencia de los pueblos independientes de la región.

Soleimani había desempeñado un papel clave en la defensa de Gaza de los ataques sionistas asesinos y en la defensa del Líbano, especialmente durante la invasión sionista de 2006. El representante de Hamás en el Líbano, Ahmad Abdul Hadi, reveló que el comandante de Hezbolá, Imad Mughniyeh, y el iraní Qassem Soleimani habían visitado Gaza repetidamente, liderando planes para construir cientos de kilómetros de túneles, como defensa contra el asedio y los bombardeos sionistas (Al Manar 2020).

Como comandante de la resistencia regional, Soleimani asumió un papel de liderazgo en las operaciones antiterroristas en Siria e Irak, lo que llevó a su anuncio de victoria sobre ISIS en noviembre de 2017. Siempre humilde, el líder de la Fuerza Quds agradeció el sabio liderazgo del ayatolá Jamenei y los sacrificios de los pueblos iraquí y sirio y sus gobiernos por su valiente lucha contra el grupo terrorista. También agradeció a Hezbolá del Líbano y a las Unidades de Movilización Popular de Irak por su "papel decisivo" en la lucha contra el ISIS (Iran Primer 2017).

El ISIS había cometido crímenes horribles, dijo, "incluyendo decapitar a niños, desollar vivos a hombres delante de sus familias, esclavizar a niñas y mujeres inocentes y violarlas, quemar vivas a personas y matar a cientos de jóvenes en masa" (Tehran Times 2019). El grupo terrorista respaldado por Arabia Saudita también desplazó a millones de personas e infligió enormes daños a la propiedad, incluidas mezquitas y sitios del Patrimonio Mundial. En todas estas atrocidades, el ISIS sirvió como herramienta de Washington.

Las fuerzas de ocupación estadounidenses estaban en ese momento bien atrincheradas tanto en Irak como en Siria con el pretexto de luchar contra el grupo terrorista. Si sus objetivos declarados fueran genuinos, deberían haber aclamado a Soleimani como un héroe. Sin embargo, dado que esas fuerzas eran herramientas de un régimen engañoso, lo vieron como un rival clave.

Los pueblos de la región lo sabían mejor. Soleimani y sus colegas, como el iraquí Abu Mahdi Muhandis, los líderes del ejército sirio, incluidos el general Suheil al Hassan y el general Issam Zahreddine (Gráfico 2 a continuación) y los líderes del Jezbolá del Líbano, en particular Sayyed Hassan Nasrallah, junto con los líderes del movimiento de resistencia palestino, emergieron en el mundo árabe y musulmán como los auténticos héroes antiterroristas, antisionistas y antiimperialistas de la región.

Gráfico dos: Qassem Soleimani (izquierda) con el general sirio Issam Zahreddine (centro) en Deir Ezzor, octubre de 2017, días antes de que Zahreddine fuera asesinado en la isla Sakr. Fuente SANA

• • • •

El compañero clave de Soleimani en Irak, Abu Mahdi al Muhandis, tenía una notable historia como luchador de la resistencia, primero contra el régimen de Saddam Hussein, luego contra las fuerzas de ocupación estadounidenses, después de la invasión de 2003, y luego nuevamente contra los viciosos y sectarios representantes de Washington. Desarrolló relaciones con comandantes de la resistencia en el Líbano, en particular Imad Mughniyeh y Mustapha

Badreddine, así como con Soleimani (Daoud 2017). Antes de la invasión de Irak, Muhandis se opuso a Saddam a través del Partido Islámico Dawa. Después de que Estados Unidos y Arabia Saudita desataran un terrorismo masivo para dividir y debilitar a Irán, Irak y Siria, se convirtió en líder efectivo de las Fuerzas de Movilización Popular (Majidyar 2018; MEE 2020), que lideraron la victoria sobre el ISIS en Irak.

En ese contexto, el presidente Trump, enfurecido y frustrado, decidió repentinamente asesinar tanto a Soleimani como a Muhandis, los principales héroes antiterroristas de Irak e Irán, y los principales símbolos de fraternidad y cooperación entre esos dos países vecinos.

La hija del héroe, Zeinab Soleimani, diría más tarde que su padre "hizo tan bien su trabajo" que molestó a Washington; su padre "salvó gente... no sólo en su propio país... hizo esto por todos los países... destruyó a ISIS porque no quiere que personas inocentes en Europa mueran a causa de un virus tan peligroso... luchó por todos" (Z. Soleimani 2020).

Los medios occidentales reflejaron la visión esquizoide de sus gobiernos. Muchos reconocieron que Soleimani era de hecho el principal comandante anti-ISIS de la región, pero también observaron que Washington estaba enojado por su precedencia en ese papel.

Así, mientras los compinches políticos de Trump y Tel Aviv hablaban de los asesinatos como "autodefensa", los medios estatales británicos (BBC 2020a) informaron del asesinato de Qassem Soleimani como "buenas noticias para los yihadistas del EI [Daesh]", mientras que el canal estadounidense *PBS* habló del "el complejo legado de Soleimani en Irak" (PBS 2020). Mientras tanto, el *Economic Times* de India reconoció que "Soleimani fue el rostro de la resistencia armada contra el ISIS en Irak y Siria y contribuyó en gran medida a derrotar al ISIS" (Chaudhury 2020).

Varios analistas concluyeron que el asesinato de Soleimani por parte de Trump fue contraproducente; lejos de dividir la resistencia, los asesinatos la ayudaron a unificarse. Mientras los medios estadounidenses enfatizaban el creciente potencial de un conflicto directo entre Estados Unidos e Irán (que ambas partes quieren evitar), analistas más reflexivos señalaron una mayor frustración de las ambiciones estadounidenses en el Oriente Medio.

El analista británico-sirio Danny Makki dijo que el legado de Soleimani en Siria perduraría, ya que "todavía hay decenas de miles de combatientes y un gran número de comandantes en Siria a quienes ayudó a entrenar y que aún pueden continuar su trabajo para expandir la influencia y hegemonía de Irán en todo el Oriente Medio" (Makki 2021). De manera similar, el iraní-australiano Mohsen Solhdoost (2020) escribió que, con el surgimiento de nuevos grupos de resistencia que atacan a las fuerzas estadounidenses en Irak, el asesinato de Soleimani "ha fortalecido la posición de Irán" en la región.

El duelo por Muhandis y Soleimani y sus colegas iraquíes fue tremendo. Es posible que el presidente Trump haya querido dañar a los pueblos iraní e iraquí, pero en cambio logró galvanizarlos. Grandes manifestaciones comenzaron en Bagdad y se extendieron por todo Irak e Irán; ambos países declararon días de luto nacional; el dolor público era evidente para el mundo. Los medios coloniales estadounidenses intentaron restar importancia a las cifras, pero incluso los canales extranjeros (BBC 2020; ABC 2020) reconocieron que millones salieron a llorar.

En análisis políticos posteriores, algunas fuentes occidentales señalaron que el asesinato de Soleimani fue "un duro golpe para Jezbollah", ya que el grupo de la Resistencia Libanesa (calificado de terrorista por Washington y Tel Aviv) depende abiertamente del apoyo de Irán. Otros medios estadounidenses estaban preocupados por las posibles represalias iraníes contra las fuerzas de ocupación estadounidenses en la región.

Sin embargo, la reacción dentro de la región fue sorprendente, especialmente en Irak. Las facciones en conflicto se unieron por primera vez en muchos años. El Primer Ministro iraquí, Adil Abdul-Mahdi, dijo que: "el asesinato de un comandante militar iraquí que ocupa un cargo oficial se considera una agresión contra Irak... y la liquidación de figuras destacadas iraquíes o de un país hermano en suelo iraquí es una enorme violación de la soberanía" (Reuters 2020).

El 8 de enero, en la "Operación Mártir Soleimani", el ejército iraní lanzó un ataque con misiles contra la base aérea estadounidense en Ayn al Assad, en Irak. Este fue el primer ataque iraní directo contra las fuerzas estadounidenses. Se había dado una advertencia y no hubo muertes, pero más tarde se informó que 110 militares estadounidenses habían sufrido lesiones cerebrales traumáticas por conmoción cerebral. El general del Pentágono Kenneth McKenzie estimó que Estados Unidos estaba cerca de perder entre 100 y 150 efectivos y hasta 30 aviones (Harkins 2021). Presumiblemente debido a la naturaleza controlada y precisa del ataque y al bajo nivel de víctimas, la administración Trump no lanzó un contraataque.

A raíz de sus fallidas guerras en Afganistán, Siria y Yemen, y después de haber unido a Irak contra ellos, Washington, bajo la administración Trump, buscó mantener su campaña de "máxima presión" contra Irán; esto incrementó hasta incluir un asedio económico contra gran parte de la región y el incumplimiento del acuerdo nuclear con Irán (JCPOA), finalizado por la administración Obama en 2015 diseñado para prevenir la supuesta intención de Irán de producir armas nucleares. Esa retirada alejó a Washington de sus aliados europeos, aun cuando estos se mostraron incapaces de actuar independientemente de Estados Unidos y de hacer frente a su régimen de sanciones contra Irán para mantener al Estado persa involucrado en el acuerdo.

Rusia y China, ex aliados en la campaña nuclear de Estados Unidos contra Irán, ahora estaban sujetos a las medidas coercitivas unilaterales de Washington. El progresivo fracaso de las guerras del Nuevo Oriente Medio de Washington había ayudado a ampliar el papel de ambos países en la región. En diciembre de 2019, justo antes del asesinato de Soleimani y Muhandis, Rusia, China e Irán realizaron ejercicios navales conjuntos en el Golfo Pérsico (Westcott y Alkhshali 2019). Esta fue una respuesta a las falsas afirmaciones de EEUU sobre las amenazas iraníes al transporte marítimo. A mediados de 2020, China e Irán revelaron un acuerdo económico de 25 años por valor de 400 mil millones de dólares centrado en energía, infraestructura y manufactura (Telesur 2021). China y Rusia estaban desarrollando acuerdos económicos paralelos con Siria -esto no era lo que quería Washington.

La venganza de Irán, que comenzó con un ataque a la base aérea estadounidense de Ayn al Asad (Harkins 2021), fue seguida por la acusación iraní contra Trump y decenas de otros (Al Taher, Kiley y John 2020), y luego la aparente ejecución de al menos dos oficiales del ejército. Se dice que el teniente coronel estadounidense James C. Willis y el coronel israelí Sharon Asman fueron asesinados en Erbil, Irak, en represalia por su papel en los asesinatos, aunque las causas de sus muertes se ocultaron oficialmente (*The Cradle* 2021). Tres años después, se dice que la venganza de Irán se ha convertido en "una estrategia" que sólo se cumplirá con la expulsión de la ocupación estadounidense de la región y el desmantelamiento de sus representantes regionales (Fereydounabadi 2023).

• • • •

2. Soleimani en el Levante

• • • •

Gráfico tres: Qassem Soleimani con el líder iraní Sayyed Ali Jomenei y el secretario general de Jezbolá, Sayyed Hassan Nasrallah. Fuente Khameini.IR

Este capítulo no puede a hacer justicia a la historia de Soleimani en el Levante o Irak; eso requeriría los esfuerzos combinados de historiadores palestinos, libaneses, sirios, iraquíes e iraníes. Sin embargo, aquí son posibles dos breves relatos de sus actividades en el Líbano y Siria.

En una extensa entrevista pocos meses antes de su muerte, Soleimani (2019) habló sobre su papel durante la invasión israelí del Líbano en 2006. Estuvo en el Líbano la mayor parte de este tiempo como asesor, transmitiendo mensajes desde Teherán y sirviendo como testigo único de esa notable guerra. En bastante poco tiempo, la resistencia libanesa infligió una segunda derrota (después de la expulsión de los ocupantes en 2000) a lo que la mayoría había supuesto que las fuerzas armadas israelíes eran superiores.

En cuanto al contexto de la invasión, Soleimani llamó la atención sobre la presencia masiva del ejército estadounidense en la región en ese momento, tras las invasiones de Afganistán e Irak. Esos "200.000 soldados, cientos de aviones y helicópteros, así como miles de vehículos blindados" alentaron a los israelíes a pensar que tenían la ventaja. Además, el líder sionista Ehud Olmert habló del apoyo que los israelíes disfrutaban de la mayoría de los regímenes árabes, con lo que se refería a "los países del Golfo Pérsico, con el régimen de Saud a la cabeza" (Soleimani 2019).

Por un lado, los sionistas querían venganza por su expulsión en el año 2000 y, más que eso, querían destruir a Jezbolá y expulsar a la población mayoritariamente chiita que los apoyaba. Incluso habían preparado campamentos y barcos para este fin. Soleimani dijo que el objetivo sionista era "deshacerse de Jezboló para siempre, y el requisito previo era deshacerse de una gran parte del pueblo libanés que vivía en una parte importante del país, no sólo en el sur sino también en el valle de Beqaa y el norte del Líbano" (Soleimani 2019). La guerra estaba planeada desde hacía algún tiempo y se esperaba el momento adecuado. Sin duda, la declaración del 25 de julio de la Secretaria de Estado estadounidense, Condoleezza Rice, mientras estaba en Jerusalén, exhortó a los Estados Unidos a crear un "Nuevo Oriente Medio" (Bransten 2006).

Por otro lado, Jezbolá, el único grupo con capacidad para liberar a prisioneros retenidos en cárceles israelíes, sabía que la única diplomacia que funcionaba con los israelíes era el intercambio de prisioneros. "El pueblo libanés, incluidos los prisioneros drusos, musulmanes y cristianos, no tenía esperanza ni refugio aparte de Jezbolá; como lo hacen hoy" (Soleimani 2019). Jezbolá había prometido liberar a los prisioneros y había puesto en marcha una compleja operación para lograrlo, dirigida por el comandante Imad Mughniyeh, mediante la captura de algunos soldados israelíes que podrían ser intercambiados. De hecho, capturaron a dos soldados israelíes, pero los sionistas utilizaron esto como pretexto para lanzar la guerra.

Los israelíes negaron a menudo que tuvieran prisioneros libaneses, pero en diferentes momentos se llevaron a cabo intercambios de prisioneros. Habían retenido a muchos cientos de personas en la famosa prisión de Khiam (ahora un museo en el sur del Líbano) antes de 2000. En un acuerdo de principios de 2004, los sionistas acordaron liberar "35 prisioneros de países árabes, incluidos 23 libaneses, así como 400 prisioneros palestinos". (AP 2004). Durante la guerra de julio-agosto de 2006, "Jezbolá exigió la liberación de cientos de prisioneros libaneses retenidos en cárceles israelíes que, en algunos casos, han permanecido en prisión durante más de 20 años" (Christoff 2006). Después de la guerra hubo "un prolongado intercambio de prisioneros" (Salem 2006) que se extendió hasta finales de 2007, cuando los cuerpos de "dos combatientes libaneses [fueron intercambiados] por el cadáver de un civil israelí ahogado" (AP 2007).

Soleimani llegó al Líbano el día que comenzó la guerra, cruzando desde Siria por una carretera secundaria. Pero los daños causados por los bombardeos israelíes fueron catastróficos y regresó a Irán después de una semana para informar al líder iraní. "Mi informe fue triste y amargo", dijo; no veía esperanzas de una victoria de la resistencia. "Edificios de 12 pisos [en Beirut] fueron derribados por una bomba". Sin embargo, el ayatolá Jamenei, después de asimilar todos los detalles, lo vio de otra manera. Si bien la batalla fue muy difícil, el líder la comparó con la "Batalla de la Trinchera" coránica, sugiriendo que Jezbolá ganaría. Señaló que "Israel había preparado este proyecto de antemano y quería llevar a cabo una incursión para destruir a Jezbolá lanzando un ataque sorpresa. La acción de Jezbolá –capturar a dos soldados sionistas– perturbó el plan sorpresa" (Soleimani 2019).

Soleimani regresó al Líbano y transmitió este mensaje más esperanzador a Jassan Nasrallah. "Nada podría elevar la moral [de Nasrallah] como estas palabras... él creía firmemente en las declaraciones del Líder Supremo y las considera divinas y oraculares". El mensaje que eleva la moral se transmitió a "todos los combatientes" de que "el resultado de esta guerra será como la victoria de la Batalla de la Trinchera, y aunque implique graves dificultades, se obtendrá una gran victoria" (Soleimani 2019).

El general iraní permaneció en el Líbano durante el resto de la guerra de 33 días, manteniendo conversaciones con Nasrallah y Mughniyeh en el sur de Beirut. Tuvieron que desplazarse debido a los bombardeos israelíes, pero nunca abandonaron esa zona. Soleimani señaló cómo "Jezbolá sorprendió y confundió al enemigo en cada etapa con una nueva herramienta o una nueva acción; es decir, no revelarían todas sus cartas a la vez". Además, las fuerzas de Jezbolá no defendieron una sola "fortaleza", sino que "cada lugar" tuvo sus sorpresas para el invasor. "Uno podría imaginar las tácticas de Jezbolá como un vasto campo minado, un vasto campo minado inteligente sin un lugar vacío o seguro dentro de sus límites... el enemigo no pudo entrar a través de las aldeas, ni siquiera aquellas que estaban justo en la frontera" (Soleimani 2019).

El comandante de la Fuerza Quds habló del famoso incidente cuando un buque de guerra israelí frente a la costa libanesa fue destrozado por un misil, justo cuando Nasrallah hablaba en vivo por la televisión libanesa. Debido a que había rumores de que Nasrallah estaba herido, hizo esta aparición pública. Cuando se acercaban sus palabras finales, se lanzó el misil supersónico "y alcanzó la fragata de inmediato". Nasrallah dijo: "Ahora puedes ver frente a ti la fragata israelí ardiendo" (Soleimani 2019), un gesto dramático que sin duda realzó la sensación de poder de resistencia.

La segunda mitad de la guerra también fue muy difícil, pero estuvo marcada por iniciativas de resistencia y medidas para levantar la moral. Parece que el Comandante Mughniyeh organizó una carta de los combatientes a su Secretario General (Moqawama 2006), en la que decían, entre otras cosas:

Estamos firmes aquí a lo largo de las fronteras de Palestina y en cada parte del sur con orgullo, dignidad y realización. Seguimos siendo la promesa que se hizo como un trueno sobre las cabezas de los sionistas... Somos la libertad de Samir Kuntar... de Nasim Nisr, Yahya Skaf, Muhammad Farran y todos los detenidos. Somos la liberación de las granjas de Shebaa, de las colinas de Kafar Shuba y de cada centímetro de nuestro querido Líbano (*Moqawama* 2006).

El líder de Jezbolá respondió en una carta que luego se convirtió en la famosa canción 'Aji Bjaii' (Mis queridos) de la cantante cristiana libanesa Julia Boutros:

Recibí sus mensajes y escuché sus palabras... Ustedes son la verdadera promesa de la victoria que vendrá, si Dios quiere. Son la libertad para los detenidos, la liberación para la tierra y la protección para la patria, para el honor y para la fe. Hermanos míos, ustedes son la esencia de la historia de esta nación y el epítome de su espíritu... su cultura, sus valores, su amor y su gratitud, ustedes son el epítome de su virilidad, la eternidad del cedro en nuestras cumbres montañosas y la humildad de las espigas de trigo... altísimas como las majestuosas montañas del Líbano, que se elevan sobre los poderosos... después de Dios Todopoderoso son la esperanza y nuestra promesa está en Uds, fueron y todavía son y seguirán siendo la esperanza y la promesa, les beso vuestras cabezas que han levantado en alto todas las otras (Nasrallah 2006).

Soleimani comentó que esas cartas eran "muy importantes" para todos en el campo de batalla. Sobre la carta, de los combatientes dijo: "No vi a nadie escuchar esta carta y no llorar"; por su parte, la carta de Nasrallah "en alabanza a sus guerreros fue como el discurso del Imam Hussain en alabanza a sus propios compañeros en vísperas de Ashura". Juntos, Soleimani vio las cartas como "muy influyentes y divinas", y tuvieron un gran impacto en la batalla (Soleimani 2019).

Poco después, un helicóptero israelí fue derribado y siete tanques Merkava fueron destruidos en un día. Los patrocinadores en Washington, a través del entonces Primer Ministro de Qatar, solicitaron un alto al fuego; aunque los israelíes habían matado a muchas más personas que la resistencia, los colonos no podían tolerar sus propias bajas, mediante repetidos golpes humillantes y dañinos. Esta no fue una guerra de desgaste. Después de todo, la resistencia defendía su propia tierra, sus ciudades y aldeas. Después de la guerra el juego cambió. Soleimani (2019) dice que "la estrategia del régimen sionista cambió de la estrategia de Ben-Gurion de un ataque preventivo y ofensivo y gradualmente dio paso a una estrategia defensiva".

• • • •

Algo debería decirse aquí sobre el papel de Soleimani en Siria, combatiendo la guerra sucia liderada por Estados Unidos desde 2011 en adelante. Su impacto fue a la vez omnipresente y profundo. Fuentes estadounidenses rastrean el papel de Soleimani en Siria a través del movimiento inicial de Hezbolá de asociarse con el Ejército Árabe Sirio, incluido el entrenamiento de las Fuerzas de Defensa Nacional de Siria, para ayudar a derrotar a los representantes sectarios respaldados por Estados Unidos y el CCG en las montañas de Qalamoun a lo largo de la frontera entre Siria y el Líbano (Sullivan 2014). Por supuesto, Yabhat al Nusra (la filial inicial de Al Qaeda, más tarde rebautizada como Hayat Tahrir Sham) representaba una seria amenaza para el Líbano, así como para Siria, y Nusra tenía patrocinadores ricos en el Líbano.

• • • •

ASIA OCCIDENTAL DESPUÉS DE WASHINGTON 235

Después de la muerte de Soleimani, muchas fuentes estadounidenses, y en particular el medio estatal estadounidense *Voice of America*, intentaron enfatizar una motivación chiita sectaria; describieron la conexión con Jezbolá como una extensión de alguna insidiosa misión religiosa iraní (Kajjo, Mohammad, Jedinia, Sahinkaya, Ahmado y Orokzai 2020). Estas discusiones engañosas suelen omitir estos contrapuntos clave: (i) Irán apoya a todas las facciones de la resistencia en Palestina, donde hay muy pocos musulmanes chiítas, (ii) Siria es un Estado secular-pluralista comprometido que prohíbe todos los partidos políticos basados en la religión. La cooperación estratégica en la región no puede entenderse a partir de las rampantes teorías sectarias de la "media luna chiíta".

No obstante, el papel de asesoramiento y entrenamiento de Soleimani en Damasco y el oeste de Siria durante el período 2021-2013 está debidamente vinculado a Jezbolá, especialmente a través de las batallas en las zonas fronterizas, como en Yabrud y al Qusayr (Sullivan 2014). Fuentes israelíes (por ejemplo, Debka 2015) fueron muy conscientes de esto.

Múltiples fuentes confirman que Soleimani jugó un papel central en la intermediación de la entrada del poder aéreo ruso en septiembre de 2015 para apoyar a Siria, después de renovados ataques del ISIS y Al Qaeda contra Siria desde Turquía, el Iraq ocupado e Israel. Se dice que fue a Moscú y abogó por una intervención decisiva del poder aéreo, que también podría ayudar al papel de Rusia en la región, añadiendo que, después de cuatro años, "no hemos perdido todas las cartas" (*Indian Express* 2015; Baranova 2016).

A finales de 2016, los medios occidentales prestaron atención a las actividades de Soleimani en Alepo, que condujeron a la liberación de la parte oriental de esa ciudad a finales de diciembre de 2016 (Weiss 2015; AA 2016). En la foto de abajo (Gráfico 4) se le muestra con el coronel sirio Eyad Salloum quien, con un grupo de 200 soldados sirios, había Estado atrapado bajo asedio durante más de tres años dentro de la ciudadela de Alepo; los soldados quedaron aislados por la ocupación terrorista de gran parte de la ciudad; los suministros se recibían por vía aérea. Este escritor se reunió con el coronel Salloum en Alepo después de la liberación de la ciudad y escuchó directamente sobre la "guerra de los túneles" entre el ejército árabe sirio y las diversas facciones del grupo armado. La mayoría de los soldados que lo acompañaban eran de la ciudad de Alepo y algunos de ellos se casaron durante el asedio y vivieron dentro del castillo hasta el día de la liberación.

Gráfico cuatro: Qassem Soleimani y el coronel sirio Eyad Salloum en Alepo, diciembre de 2016. Fuente SANA

El papel de Soleimani en el este de Siria también fue crucial. Este escritor fue uno de varios observadores extranjeros en Deir Ezzor, en octubre de 2017, mientras el Ejército Árabe Sirio (EAS) expulsaba al

ISIS de esa ciudad y al empujarlos fuera por el río Éufrates a través de Al Maydeen hasta AbuKamal. Soleimani y la milicia bajo su mando desempeñaron un papel importante en esta decisión, destruyendo finalmente el control de ciudades y pueblos del ISIS y asegurando el cruce fronterizo entre Irak y Siria en el Éufrates (Majidyar 2017a).

La coordinación de la resistencia regional fue evidente durante esta operación. Se informó que "videos... mostraban a milicianos del Jezbolá libanés y dos grupos chiítas iraquíes – Kata'ib Jezbolá y Jarakat al-Nuyaba – vinculándose con el ejército sirio... grupos de milicias iraquíes patrocinados por Irán que habían ayudado a liberar la ciudad fronteriza iraquí de al-Qaim entró en Siria para participar en la operación Abu Kamal" (Majidyar 2017b). Ese fue un movimiento estratégico importante, que colocó el cruce de Abu Kamal en manos de las fuerzas de la resistencia regional. Desde entonces, esa base ha sido atacada por Estados Unidos y sus colaboradores. El ejército estadounidense aseguró la mayoría de los demás cruces fronterizos entre Irak y Siria.

El peligro de la continua manipulación de los medios se puede ver en los informes sobre el ataque de la fuerza aérea estadounidense de 2019 muy cerca de Abu Kamal, próximo a la aldea de al Baghouz. El *New York Times* reveló a finales de 2021 este ataque, que dejó a decenas de aldeanos sirios muertos. Bajo presión de los medios, el ejército estadounidense admitió esta masacre; pero el NYT aceptó y promovió el falsa encubrimiento del Pentágono: que esto sucedió como resultado de luchar contra el ISIS (Phillipps y Schmitt, 2021). Sin embargo, fue Soleimani quien expulsó a todas las fuerzas del ISIS de esta zona. A principios de 2019, Al-Baghouz era una ciudad dominada por las separatistas kurdas respaldadas por Estados Unidos, pero con puestos del SAA en las afueras de la ciudad, como ocurre en gran parte del este de Siria. Un general sirio con experiencia en la región de Deir Ezzor le dijo a este escritor que no había ISIS en al Baghouz en ese momento; el ataque de Estados

Unidos fue contra las fuerzas sirias, en un intento de entregar el control total a su representante de las Fuerzas Democraticas Sirias (Anderson 2021).

Nunca pude ver al general Soleimani en Deir Ezzor; su colega sirio, el legendario general Issam Zahreddine, fue asesinado en la isla Sakr el día que llegamos. Si bien, hablé con otro alto general sirio en esa ciudad, quien señaló que el ISIS en el desierto oriental de Siria había localizado algunas posiciones muy recientes del Ejército Árabe Sirio, lo que indica que el ISIS tenía acceso a inteligencia satelital estadounidense. Le dije: "¿Debes sentir que estás luchando contra un comando estadounidense?" "¡100 por ciento!" respondió. Eso es lo que enfrentó Soleimani, desde el Levante hasta Afganistán.

Después de derrotar al grupo terrorista en Mosul de Irak y Deir Ezzor en Siria, en noviembre de 2017 Soleimani informó al líder de Irán que ISIS había sido eliminado de todas las ciudades y pueblos principales de la región (Iran Primer 2017). El líder iraní Jamenei dijo que Estados Unidos había creado al ISIS e Irán lo había destruido (FARDA 2017). Sin embargo, si bien reconocieron el papel de Soleimani y de las Fuerzas de Movilización Popular (FMP) de Irak en la derrota de ISIS, los medios estadounidenses también repitieron la exigencia de Washington de que se disolvieran las FMP (PBS 2017). Estados Unidos no podía tolerar a los héroes nacionales iraquíes ni iraníes.

3. Peligroso en la muerte

Después de asesinar al héroe iraní, Washington designó a Soleimani, ya fallecido, como "una persona peligrosa" para eliminar referencias comprensivas en una amplia gama de medios. Esta censura masiva se llevó a cabo destruyendo cientos de sitios web supuestamente respaldados por Irán, bloqueando u oscureciendo sistemáticamente publicaciones de medios iraníes y prohibiendo a miles de simpatizantes de Soleimani en las redes sociales estadounidenses.

El problema inicial de esta campaña fue el vídeo en línea de los enormes funerales de Muhandis y Soleimani tanto en Irak como en Irán. Mientras que *Euronews* (Jamieson 2020) publicó que "miles" habían asistido al funeral de Soleimani, el *Washington Post* escribió sobre "decenas de miles" (Sly y Dadouch 2020), pero los medios iraníes e incluso los medios estatales británicos y australianos (BBC 2020: ABC 2020) y los británicos *Daily Mirror* (Hafezi y Bazaraa 2020) publicaron sobre "millones" en luto público.

La mayor empresa de redes sociales, Facebook, comenzó inmediatamente una campaña para eliminar o restringir cuentas que expresaran simpatía por Soleimani. Las publicaciones de este autor sobre los funerales de Soleimani y Muhandis (5, 7, 11 y 20 de enero de 2020) fueron eliminadas y etiquetadas como "en contra de nuestros estándares sobre personas y organizaciones peligrosas". Se decía que habían sido eliminados "para prevenir e interrumpir daños fuera de línea" (ver Gráfico 5).

• • • •

Gráfico cinco: Facebook elimina las publicaciones del autor (5 y 7 de enero de 2020) sobre los funerales de las víctimas del asesinato del régimen de Trump, Soleimani y Muhandis.

Facebook anunció su justificación, que reforzó la práctica anterior. El reclamo del gigante de los medios era el siguiente: como somos una empresa estadounidense, debemos cumplir con la ley estadounidense. Facebook declaró que "para cumplir con estas sanciones [de EE. UU.], eliminamos las cuentas mantenidas por o en nombre de una parte sancionada, así como el contenido publicado por otros que apoya o representa al grupo o individuo sancionado" (Zimmerman 2020; Chamas 2020).

Esta censura se intensificó después de los asesinatos; no comenzó con ellos. En 2019, Instagram (también propiedad de la empresa matriz de Facebook, *Meta Platforms*) había prohibido todos los sitios vinculados al ejército iraní del Cuerpo de la Guardia Revolucionaria Islámica de Irán (Esfandiari 2019). Antes de eso, todas las publicaciones sobre el líder de Jezbolá, Jassan Nasrallah (designado terrorista por el régimen israelí y sus partidarios) habían sido ampliamente prohibidas, a pesar de que las palabras de Nasrallah eran lectura prácticamente obligatoria dentro de la propia colonia israelí (Anderson 2019); "conoce a tu enemigo" es una frase inteligente.

El 13 de octubre de 2019, Facebook eliminó una de mis publicaciones que señalaba "Avances del ejército árabe sirio desde septiembre de 2013"; simplemente se dijo que esto iba "en contra de los estándares de nuestra comunidad". Anteriormente, Facebook me había sugerido "revivir" mis publicaciones destacadas de 2018, que comenzaron con un "Homenaje a los soldados caídos que defienden Siria". Cuando hice lo que me invitaron, fue bloqueado porque se decía que la publicación estaba "en contra de los estándares de nuestra comunidad" (ver Gráfico 6)—algo estaba cambiando.

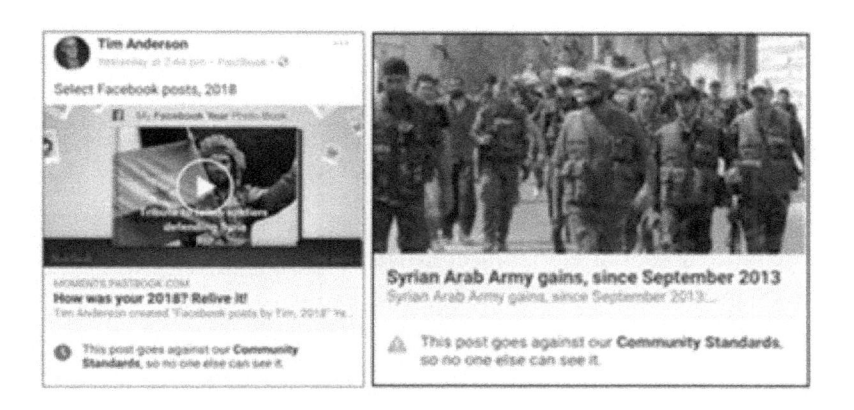

Gráfico seis: dos de las publicaciones bloqueadas del autor en Facebook, 2019

Más tarde, en 2020, Washington comenzó a "incautar" (es decir, destruir) docenas de sitios web que, según afirmaba, estaban financiados o controlados "por el Cuerpo de la Guardia Revolucionaria Islámica de Irán (CGRI) [así] participar en una campaña global de desinformación" (DOJ 2020). Antes de esto no estaba claro que el gobierno de Estados Unidos tuviera algún poder legítimo para cerrar dichos sitios web.

A mediados de 2020, la experta de las Naciones Unidas en ejecuciones extrajudiciales, Sra. Agnes Callamard, confirmó que el ataque con aviones no tripulados contra Soleimani y Muhandis fue un asesinato "ilegal", es decir, un asesinato (*Al Jazeera* 2020). Posteriormente, el poder judicial iraquí (un juez del tribunal de instrucción de Bagdad) emitió una orden de arresto contra Donald Trump por el asesinato de Qassem Soleimani (ABS 2021).

El objetivo de esta censura masiva, coordinada con la Casa Blanca y el Congreso de Estados Unidos, fue ayudar a Washington a presentar su propia versión de los acontecimientos sobre cualquier asunto que tuviera que ver con Irán o cualquier otro país con el que estuviera en conflicto. De la misma manera que el gobierno de Estados Unidos y sus medios de comunicación intentaron reformular el asesinato de Soleimani y ocultar las muestras de simpatía en su funeral, muchos otros asuntos podrían y serían distorsionados.

Por ejemplo, a finales de 2022 la joven iraní Mahsa Amini murió bajo custodia policial. Washington y sus agentes iniciaron inmediatamente una campaña contra Irán, afirmando falsamente que la habían matado a golpes por no llevar un pañuelo en la cabeza. De hecho, el informe del forense y las imágenes de circuito cerrado de televisión (CCTV) mostraron que no había sido golpeada y que había muerto a causa de una "enfermedad subyacente" (Reuters 2022; Halawi 2022; HRCI 2022). Independientemente de estos hechos, se puso en marcha una campaña de desinformación al estilo de una "revolución de color". La campaña contó con la ayuda de una censura masiva. Las perspectivas iraníes fueron fuertemente suprimidas y reemplazadas por las de expatriados iraníes estadounidenses, como Masih Alineyad y Nazanin Boniadi, quienes fueron elevados por los gobiernos y los medios occidentales (por ejemplo, AFP 2022). Las redes sociales estadounidenses siguieron el juego; el propósito, por supuesto, era un "cambio de régimen", un intento de derrocar a un gobierno que Washington no aprobaba, mediante el uso repetido de propaganda falsa.

Esta manipulación mediática creó una burbuja artificial. El analista Marc Owen Jones demostró que, sólo en Twitter en unas pocas semanas, hubo más de 400 millones de tweets vinculados a 'Mahsa Amini' (en inglés y farsi), el 32 por ciento de los cuales procedían de cuentas de Twitter creadas sólo en septiembre y octubre de 2022. Por el contrario, la campaña La vida de los negros es importante (*Black Lives Matter*) en Estados Unidos, que implicó una serie de asesinatos por parte de policías públicos, solo reunió 63 millones de tweets durante varios años (Jones, 2022). En Estados Unidos, más de 1.000 civiles son "muertos a tiros" por la policía cada año (Statista 2023); pero Washington tiene poderosas herramientas mediáticas a su disposición, tanto para encubrir sus propios crímenes como para llevar a cabo ataques propagandísticos contra otros.

La censura sobre Soleimani tenía como objetivo difamar al hombre más prominente y responsable de la derrota del terrorismo del ISIS, un papel que Washington había reclamado para sí, a pesar de las confesiones en 2014 de que sus "principales aliados" habían armado y financiado al ISIS. Sin embargo, siguieron apareciendo pruebas de que el ejército estadounidense "no participó en ninguna operación para liberar a Irak del ISIS". En 2022, por ejemplo, un combatiente iraquí reveló que, en la batalla de Tikrit en marzo de 2015, las Fuerzas de Movilización Popular habían hecho todo el trabajo mientras las fuerzas estadounidenses las obstruían (*The Cradle* 2023).

En otra publicación bloqueada de Facebook a finales de 2020, este escritor citó a la hija de Soleimani, Zeinab, quien dijo que su padre fue asesinado porque "hizo muy bien su trabajo" y molestó a Washington. Facebook volvió a afirmar que estos comentarios iban en contra de "nuestros estándares comunitarios". El vídeo sigue colgado en muchos lugares; no se puede ocultar por completo (Z. Soleimani 2020).

La propaganda estadounidense es omnipresente pero superficial. Si se escarba la superficie, no resulta difícil ver una realidad distinta pero divergente. Las encuestas de opinión independientes realizadas en Irán dieron poco consuelo a los partidarios del "cambio de régimen". En 2018, después de otro "movimiento de protesta" promovido por Occidente, el Programa de Desarrollo de las Naciones Unidas informó que el 71 por ciento de los iraníes confiaba en su gobierno nacional, en comparación con el 39 por ciento en Estados Unidos (PNUD 2018: Tabla 14). Otra encuesta, realizada por la Universidad de Maryland (EE.UU.) y su socio canadiense Iranpoll, sobre la opinión social y política de Irán mostró que el

81 por ciento consideraba que el principal problema del país era económico (desempleo, inflación y bajos ingresos), mientras que el 77 por ciento no estuvo de acuerdo en que "el sistema político de Irán necesita... un cambio fundamental" (sólo el 15 por ciento estuvo de acuerdo). En materia de seguridad regional, representado por Soleimani, hubo un apoyo abrumador (95 por ciento) al programa de misiles de defensa del país y a su programa nuclear (86 por ciento). Una gran mayoría (86 por ciento) apoyó las campañas regionales de Irán contra el terrorismo y el 55 por ciento quería incrementarlas. De las protestas de 2018, el 66 por ciento pensó que la policía las manejó bien (el 24 por ciento dijo "mal") pero el 65 consideró que los manifestantes arrEstados deberían ser liberados. La mayoría pensaba que quienes habían quemado la bandera (63 por ciento) o dañado la propiedad pública (60 por ciento) deberían ser "castigados duramente" (Gallagher, Mohseni y Ramsay 2018). Ésa es la nación que defendió Soleimani, pero no es la imagen que Washington quiere que otros vean.

Peligroso incluso en su muerte, Qassem Soleimani sigue siendo un poderoso símbolo de la resistencia regional a las intervenciones imperiales y un fantasma que persigue a Washington en toda Asia occidental.

Referencias

AA (2016) 'Photos show Iranian general in Aleppo during evacuation', 17 December, online: https://www.aa.com.tr/en/middle-east/photos-show-iranian-general-in-aleppo-during-evacuation/708335

ABC (2020) 'Iran minister goads Donald Trump as millions attend funeral for top general Qassem Soleimani', 7 January, online: https://www.abc.net.au/news/2020-

01-07/millions-attend-quassem-soleimani-funeral-in-iran/11845580

ABC (2021) 'Iraq issues arrest warrant for Donald Trump over killing of Qassim Soleimani', 8 January, online: https://www.abc.net.au/news/2021-01-08/iraq-issues-arrest-warrant-for-us-trump-soleimani-killing/13040752

AFP (2023) 'Exiled Iran Opposition Figures Release United 'Victory' Message', Voice of America, 2 January, online: https://www.voanews.com/a/exiled-iran-opposition-figures-release-united-victory-message-/6901460.html

Al Jazeera (2020) 'US killing of Iran's Qassem Soleimani 'unlawful': UN expert, 7 Jul, online: https://www.aljazeera.com/news/2020/7/7/us-killing-of-irans-qassem-soleimani-unlawful-un-expert

Al Manar (2020) "Imad Mughniyeh, Qassem Suleimani Masterminded Gaza Tunnels", 9 January, online: https://english.almanar.com.lb/911000

Al Taher, Nada; Sam Kiley and Tara John (2020) 'Iran issues arrest warrant for Trump over drone strike that killed Qasem Soleimani', 29 June, CNN, online: https://edition.cnn.com/2020/06/29/middleeast/iran-arrest-warrant-donald-trump-intl/index.html

Anderson, Tim (2019) 'Nasrallah: Banned in the West but Mandatory Viewing in Israel', Tajammo3, 22 July, online: https://www.tajammo3.org/24388/nasrallah-banned-in-the-west-but-mandatory-viewing-in-israel.html

Anderson, Tim (2019a) *Axis of Resistance*, Clarity Press, Atlanta

Anderson, Tim (2021) 'Syria: Why the US massacre at Al-Baghouz?', Al Mayadeen, 28 December, online: https://english.almayadeen.net/articles/analysis/syria:-why-the-us-massacre-at-al-baghouz

AP (2004) 'Israel, Hezbollah prisoner exchange Thursday', NBC News, 26 January, online: https://www.nbcnews.com/id/wbna4054582

AP (2007) 'Israel, Hezbollah swap prisoner and dead', CTV News, 15 October, online: https://www.ctvnews.ca/israel-hezbollah-swap-prisoner-and-dead-1.260361?cache=lcf

Baranova, Maria (2016) 'Qasem Soleimani: Iran's 'architect' of Russian operations in Syria', 5 October, Russia Beyond, online: https://www.rbth.com/international/2016/10/05/qasem-soleimani-irans-architect-of-russian-operations-in-syria_636137

BBC (2020) 'Millions turn out in Iran for General Soleimani's funeral', ^ January, online: https://www.youtube.com/watch?v=1ndfa37Y4-0

BBC (2020a) 'Qasem Soleimani: Why his killing is good news for IS jihadists', 10 January, online: https://www.bbc.co.uk/news/world-middle-east-51021861

Bransten, Jeremy (2006) 'Middle East: Rice Calls For A 'New Middle East'', RFERL, online: https://www.rferl.org/a/1070088.html

Caleb Weiss (2015) 'Iran's covert mastermind was just spotted near one of the most important battlefronts in Syria', Business Insider, 20 October, online: https://www.businessinsider.com/irans-covert-mastermind-was-just-spotted-near-one-of-the-most-important-battlefronts-in-syria-2015-10

Chamas, Zena (2020) 'Facebook admits censoring posts supporting slain Iranian General Qassem Soleimani', ABC, 15 January, online: https://www.abc.net.au/news/2020-01-15/instagram-bans-iranians-from-posting-about-soleimani/11864410

Chaudhury, Dipanjan Roy (2020) 'Soleimani, face of fight against ISIS, Taliban', The Economic Times, 4 January, online: https://economictimes.indiatimes.com/news/politics-and-nation/soleimani-face-of-fight-against-isis-taliban/articleshow/73093126.cms

Christoff, Stefan (2006) 'Bombs over Beirut', Electronic Intifada, 20 July, online: https://electronicintifada.net/content/bombs-over-beirut/6171

Connable, Ben (2020) 'Iraq's Vote to Expel U.S. Troops Is Iran's True Victory', Rand, online: https://www.rand.org/blog/2020/01/iraqs-vote-to-expel-us-troops-is-irans-true-victory.html

Cradle, The (2021) 'Resistance Axis killed two US and Israeli operatives involved in Soleimani/Muhandes assassinations', 20 September, online: https://thecradle.co/article-view/2066/exclusive-resistance-axis-killed-two-us-and-israeli-operatives-involved-in-soleimanimuhandes-assassinations

Cradle, The (2023) 'Exclusive interview with Hezbollah commander in Iraq: 'The Americans did not fight ISIS'', 4 January, online: https://thecradle.co/Article/Interviews/19989

Daoud, David (2017) 'PMF deputy commander Muhandis details Hezbollah ops in Iraq', Long War Journal, 9 January, online: https://www.longwarjournal.org/archives/2017/01/pmf-deputy-commander-muhandis-details-hezbollah-ops-in-iraq.php

Debka (2015) 'Qalamoun battle is do-or-die for Bashar Assad, Hassan Nasrallah and Iran's Gen. Soleimani', 9 May, online: https://www.debka.com/qalamoun-battle-is-do-or-die-for-bashar-assad-hassan-nasrallah-and-irans-gen-soleimani/

DW (2020) 'Iraqi parliament votes to expel US troops', Deutsche Welle, 5 January, online: https://www.dw.com/en/iraqi-parliament-votes-to-expel-us-troops-awaits-government-approval/a-51892888

DIA (2012) 'Department of Defence Information Report, Not Finally Evaluated Intelligence, Country: Iraq', Defence Intelligence Agency, August, 14-L-0552/DIA/297-293, Levant report, online at: http://levantreport.com/2015/05/19/2012-defenseintelligence-agency-document-west-will-facilitate-rise-of-islamic-state-in-order-to-isolate-the-syrian-regime/

DOJ (2020) 'United States Seizes Domain Names Used by Iran's Islamic Revolutionary Guard Corps, Seizure Documents Describe Iranian Government's Efforts to Use Domains as Part of Global Disinformation Campaign', United States Department of Justice, 7 October, online: https://www.justice.gov/opa/pr/united-states-seizes-domain-names-used-iran-s-islamic-revolutionary-guard-corps

Esfandiari, Golnaz (2019) 'Instant Ban For Iran's IRGC On Instagram: Social-Media Giant Blocks Commanders' Sites', 17 April, online: https://www.rferl.org/a/instant-ban-for-iran-s-irgc-on-instagram-social-media-giant-blocks-commanders-sites/29886908.html

FARDA (2017) 'Khamenei Says U.S. Created ISIS And Iran Defeated It', 22 November, online: https://en.radiofarda.com/a/iran-khamenei-isis-is-syria-soleimani/28869633.html

Fereydounabadi, Sadegh (2023) 'The strategy of revenge', Tehran Times, 3 January, online: https://www.tehrantimes.com/news/480413/The-strategy-of-revenge

FNA (2020) 'Zeinab Soleimani Says Her Father Was A Big Monster for US, But A Savior for Nations in Region', Twitter, 16 December, online: https://twitter.com/englishfars/status/1338850903575576578

Gallagher, Nancy; Ebrahim Mohseni and Ray Ramsay (2018) 'Iranian Public Opinion after the protests', Centre for International Security Studies at Maryland, July, online: https://www.jstor.org/stable/resrep20428#metadata_info_tab_contents

Hafezi, Parisa and Danya Bazaraa (2020) 'Qassem Soleimani funeral: Millions line streets as new general vows revenge, Daily Mirror, 6 Jan, online: https://www.mirror.co.uk/news/world-news/millions-soleimanis-funeral-replacement-vows-21224203

Halawi, Bahia (2022) 'Disinformation campaign targeting Iran over Mahsa Amini's death', Al Mayadeen, 3 October, online: https://english.almayadeen.net/articles/analysis/disinformation-campaign-targeting-iran-over-mahsa-aminis-dea

Harkins, Gina (2021) 'Al Asad Missile Attack Nearly Killed 150 US Troops, Destroyed 30 Aircraft: Report', Military News, 1 March, online: https://www.military.com/daily-news/2021/03/01/al-asad-missile-attack-nearly-killed-150-us-troops-destroyed-30-aircraft-report.html

HRCI (2022) 'CCTV and Report on the Death of Mahsa Amini & Ensuing Events, by Human Rights Council of Iran', Human Rights Council of Iran, CCHS, 11 October, online: https://counter-hegemonic-studies.site/mahsa-amini-report-2/

Indian Express (2015) 'Qassem Soleimani: He plotted the Syrian assault in Moscow', 12 October, online:

https://indianexpress.com/article/world/middle-east-africa/qassem-soleimani-he-plotted-the-syrian-assault-in-moscow/

Iran Primer (2017) 'Iran Declares End of ISIS', 22 November, online: https://iranprimer.usip.org/blog/2017/nov/21/iran-declares-end-isis

Jamieson, Alastair (2020) 'Thousands mourn Iranian general Qassem Soleimani at funeral in Baghdad', Euronews, 6 January, online: https://www.euronews.com/2020/01/04/thousands-mourn-iranian-general-qassem-soleimani-at-funeral-in-baghdad

Jones, Marc Owen (2022) 'Thread on the #MahsaAmini hashtag', 28 October, online: https://twitter.com/marcowenjones/status/1585704740067086337?lang=en

Kajjo, Sirwan; Niala Mohammad, Mehdi Jedinia, Ezel Sahinkaya, Nisan Ahmado and Nawid Orokzai (2020) 'How Qassem Soleimani Managed Iran's Proxies in the Middle East', VOA, 7 January, online: https://www.voanews.com/a/extremism-watch_how-qassem-soleimani-managed-irans-proxies-middle-east/6182243.html

Majidyar, Ahmad (2017a) 'Fatemiyoun: We'll Capture Al-Mayadin and Abu Kamal to Fulfill Soleimani's Promise', Middle East Institute, 5 October, online: https://www.mei.edu/publications/fatemiyoun-well-capture-al-mayadin-and-abu-kamal-fulfill-soleimanis-promise

Majidyar, Ahmad (2017b) 'Syrian, Iranian-Led Forces Capture Abu Kamal, Threaten to Confront U.S. and S.D.F.', Middle East Institute, 8 November, online: https://www.mei.edu/publications/syrian-iranian-led-forces-capture-abu-kamal-threaten-confront-us-and-sdf

Majidyar, Ahmad (2018) 'Iran-backed groups seeking to consolidate gains in post-ISIS Iraq', Middle East Institute, 26 January, online: https://www.mei.edu/publications/iran-backed-groups-seeking-consolidate-gains-post-isis-iraq

Makki, Danny (2020) 'Qassem Soleimani's reign may be over, but his legacy in Syria will endure', MEI, 22 January, online: https://www.mei.edu/publications/qassem-soleimanis-reign-may-be-over-his-legacy-syria-will-endure

MEE (2020) 'Who was Abu Mahdi al-Muhandis?', Middle East Eye, 3 January, online: https://www.middleeasteye.net/news/who-abu-mahdi-al-muhandis-qassem-soleimani-iran-iraq

MNA (2020) "Hard Revenge' to continue until expulsion of US forces from region', The Iran Project, 14 February, online: https://theiranproject.com/blog/2020/02/14/hard-revenge-to-continue-until-expulsion-of-us-forces-from-region/

Moqawama (2006) 'Message from the Mujahideen of the Islamic Resistance to the Secretary-General, Sayyed Hassan Nasrallah', online: https://www.moqawama.org/essaydetails.php?eid=7813&cid=319

Nasrallah, Hassan (2006) 'Sayyed Nasrallah's 2006 Letter to the Resistance Men and Their Response, Al Ahed, online: https://english.alahednews.com.lb/34189/370

PBS (2017) 'This Iran-backed militia helped save Iraq from ISIS. Now Washington wants them to disband', 7 December, online: https://www.pbs.org/newshour/show/this-iran-backed-militia-helped-save-iraq-from-isis-now-washington-wants-them-to-disband

PBS (2020) 'Qassem Soleimani's Complex Legacy in Iraq', 5 January, online: https://www.pbs.org/wgbh/frontline/article/qassem-soleimani-killed-airstrike-iran-iraq-legacy/

Phillipps, David and Eric Schmitt (2021) 'How the U.S. Hid an Airstrike That Killed Dozens of Civilians in Syria', New York Times, 15 November, online: https://www.nytimes.com/2021/11/13/us/us-airstrikes-civilian-deaths.html

Reuters (2020) 'Iraqi PM says US killing of Iranian commander will 'light the fuse' of war', 3 January, online: https://news.abs-cbn.com/overseas/01/03/20/iraqi-pm-says-us-killing-of-iranian-commander-will-light-the-fuse-of-war

Reuters (2022) 'Iranian coroner says Mahsa Amini did not die from blows to body', National Post, 7 October, online: https://nationalpost.com/pmn/news-pmn/iranian-coroner-says-mahsa-amini-did-not-die-from-blows-to-body

Salem, Paul (2006) 'The Future of Lebanon', Foreign Affairs, Nov/Dec online: https://www.foreignaffairs.com/articles/israel/2006-11-01/future-lebanon

Sly, Liz and Sarah Dadouch (2020) 'Hezbollah says retribution for Soleimani's death must target U.S. military, not civilians', Washington Post, online: https://www.washingtonpost.com/world/middle_east/hezbollah-says-retribution-for-soleimanis-death-must-target-us-military-not-civilians/2020/01/05/50869828-2e62-11ea-bffe-020c88b3f120_story.html

Solhdoost, Mohsen (2020) 'Has killing Soleimani backfired on the US?', ASPI, 20 July, online: https://www.aspistrategist.org.au/has-killing-soleimani-backfired-on-the-us/

Soleimani, Qassem (2019) Untold facts on Israel-Hezbollah war in an interview with Major General Qassem Soleimani, 1 October, online: https://english.khamenei.ir/news/7074/Untold-facts-on-Israel-Hezbollah-war-in-an-interview-with-Major

Soleimani, Z (2020) 'Exclusive interview with Zeinab Soleimani; Daughter of the Late General Qasem Soleimani', December, online: https://www.youtube.com/watch?v=USBqif2_XBk

Statista (2023) 'Number of people shot to death by the police in the United States from 2017 to 2022, by race', online: https://www.statista.com/statistics/585152/people-shot-to-death-by-us-police-by-race/

Sullivan, Marisa (2014) 'Hezbollah in Syria', Institute for the Study of War, 1 April, online: https://www.jstor.org/stable/resrep07896

Tehran Times (2019) 'Iran foils assassination plot against General Soleimani', 3 October, online: https://www.tehrantimes.com/news/440760/Iran-foils-assassination-plot-against-General-Soleimani

Telesur (2021) 'Iran and China Sign 25-Year $400 Billion Cooperation Agreement', Transcend, 29 March, online: https://www.transcend.org/tms/2021/03/iran-and-china-sign-25-year-400-billion-cooperation-agreement/

UNDP (2018) "Human Development Indices and Indicators, 2018 Statistical Update", United Nations Development Programme, online: https://hdr.undp.org/content/statistical-update-2018

Westcott, Ben and Hamdi Alkhshali (2019) 'China, Russia and Iran hold joint naval drills in Gulf of Oman', CNN, 27 December, online: https://edition.cnn.com/2019/12/27/asia/china-russia-iran-military-drills-intl-hnk/index.html

Ya Ali (2014) 'Christian Singer Honors Hezbollah at 2013 Concert.(English Subtitles)', 4 February, online: https://www.youtube.com/watch?v=5tFhDc5SO3c

Zimmerman, Max (2020) Facebook to Remove Pro-Soleimani Posts on Instagram, CNN Reports', Bloomberg, 11 January, online: https://www.bloomberg.com/news/articles/2020-01-

11/facebook-to-remove-pro-soleimani-posts-on-instagram-cnn-reports

12. El desmantelamiento del apartheid israelí

Gráfico uno: Puesto de control israelí en Jerusalén que restringe el acceso a la mezquita de Al Aqsa

El futuro del régimen israelí en Palestina a menudo se ve como (1) el mantenimiento del Estado racista, con más de la mitad de la población excluida y brutalmente reprimida o (2) el colapso total del régimen y la liberación palestina: una simple dicotomía. Sin embargo, las tensiones entre las elites sionistas y el desmoronamiento histórico de regímenes racistas anteriores sugieren que el desmantelamiento del apartheid de Israel puede llegar antes de lo esperado pero de una manera más complicada. Los Estados racistas a menudo han sido desmantelados, aunque con serios compromisos.

Se muestran grietas en la colonia. Israel está perdiendo mucho en materia de legitimidad internacional, con la marca del apartheid ahora firmemente pegada a su trasero. Desde el asesinato del comandante iraní Qassem Soleimani, la relativa unidad en las fuerzas de resistencia ha aumentado mientras que la división en el lado israelí se ha ampliado; por ejemplo, la gran facción sionista liberal en Estados Unidos ha comenzado a desempeñar un papel en la desestabilización del régimen de Tel Aviv.

El régimen israelí se basa en un privilegio "racial" ficticio con un completo sistema de apartheid que incluye más de 65 leyes sistemáticas de discriminación racial (Adalah 2017). Un enorme dilema para los sionistas "liberales" es la cruda realidad del apartheid, ahora reconocida por seis informes independientes (CCHS 2022). A un informe sudafricano de 2009 y al informe de 2017 de los expertos estadounidenses en derecho internacional Richard Falk y Virginia Tilly se unieron dos informes israelí-palestinos de 2021 (Al Haq y Btselem) y otros dos en 2022 de Observadores de los Derechos Humanos, con sede en Estados Unidos, y el británico -con sede en Amnistía Internacional. Todos confirmaron el estatus del régimen israelí como apartheid y, por tanto, como crimen contra la humanidad. Estos informes han contribuido al colapso de la legitimidad del régimen en todo el mundo y también han provocado una respuesta de algunos sionistas liberales influyentes.

Dos ex líderes israelíes, ambos de la facción liberal, habían advertido anteriormente sobre la amenaza existencial que el apartheid representa para su sueño de un Estado judío. En 2007, Ehud Olmert advirtió que Israel se enfrenta a una "lucha similar al apartheid" si el mito de los dos Estados colapsa (McCarthy 2007). De manera similar, en 2017, Ehud Barak advirtió que su Estado estaba "en una pendiente resbaladiza" hacia el apartheid (Kaplan 2017).

Este asunto preocupa menos a los sionistas más abiertamente fascistas, que dominan el régimen en estos días; aunque los sionistas liberales, con mayor influencia en Estados Unidos, no se han quedado de brazos cruzados. Están alarmados por el daño a la reputación de su "Estado judío", después de haber sido etiquetado como régimen de apartheid y, por lo tanto, por la Convención de las

ASIA OCCIDENTAL DESPUÉS DE WASHINGTON 259

Naciones Unidas de 1973, un crimen contra la humanidad (ONU 1973) que debe ser desmantelado.

Ahora parece útil distinguir entre las facciones israelíes para apreciar las tensiones. Casi podemos hablar indistintamente de facciones israelí y judía, ya que la colonia se describe a sí misma como "el Estado nación del pueblo judío". En primer lugar, está un grupo abiertamente fascista, liderado en su mayoría por Benjamín Netanyahu, que ha controlado el régimen de Tel Aviv en los últimos años; siempre han deseado la totalidad de la Palestina histórica y no les importan mucho las críticas internacionales. Luego está un gran grupo sionista liberal, que todavía comparte ilusiones sobre los "dos Estados" y, lo más importante, valora la posición moral de los judíos israelíes. Odian a los Netanyahus del mundo y están desesperados por escapar de la marca del apartheid. En tercer lugar está un grupo de comunistas, árabes y otros, que tiene cierta representación en el parlamento colonial, que son nominalmente antisionistas pero también están arraigados en el sistema. Finalmente, tenemos un grupo genuinamente antisionista que rechaza los privilegios judíos, no se identifica con Israel y apoyará públicamente el derecho palestino a resistir.

Table 1: Zionist / Jewish factions		
1	Open fascists	Prosecute the ethnic cleansing of entire historic Palestine, calling openly for the ethnic cleansing of the indigenous Arab population.
2	Liberal Zionists	Those who want colonisation of most Arab land while maintaining the fig-leaf of 'two states', very concerned at their international image. Critical of Israeli fascism but reject resistance.
3	Embedded 'anti-zionists'	Internal critics which, nevertheless, remain embedded in the colonial Israeli system (e.g. Haaretz style critics, minority Knesset groups)
4	Genuine anti-zionists	Those who reject Jewish colonial privilege and support the Palestinian and regional resistance (e.g. Israeli historian Ilan Pappe, some religious groups like Neturei Karta, disaffected youth)

Cuadro Uno: Facciones sionistas y judías

• • • •

El segundo grupo, los sionistas liberales, ya comenzó la agitación contra los fascistas liderados por Netanyahu y les encantaría librar a la colonia de su etiqueta de apartheid. En este sentido, siguen la tradición de famosos liberales judíos como Albert Einstein y Hannah Arendt, que hicieron campaña contra Menachem Begin, Yitzhak Shamir y su partido Likud a finales de los años 1940, considerandolo a este último "estrechamente similar a los partidos nazi y fascista". Einstein escribió en 1946 que estaba "firmemente convencido" de que las demandas de un "Estado judío" tendrían "sólo resultados indeseables para nosotros". No obstante, al final aceptó a regañadientes, desde la distancia, apoyar la idea de un "hogar nacional" para el pueblo judío, siempre y cuando no hubiera una "intrusión indebida sobre la población árabe" (Jerome 2009). Esa ingenua esperanza fue traicionada hace mucho tiempo.

Algunos sionistas liberales, descontentos con el tipo fascista, ya han abordado un régimen post-apartheid. No están preparados para vivir con esa "vergüenza" (Herbst 2022) y buscan su propia versión de reestructuración. Por ejemplo, el ex negociador israelí Daniel Levy, ahora presidente del Proyecto Oriente Medio con sede en Estados Unidos, dijo al Consejo de Seguridad de las Naciones Unidas que la noción de un "Estado árabe" estaba muerta y que el apartheid en Palestina era una realidad (Weiss 2022). De manera similar, Peter Beinart, editor de Jewish Currents y colaborador de *The Atlantic* y CNN, escribió en el *New York Times* sobre las muchas afirmaciones sionistas falsas de antisemitismo. Dijo que los grupos sionistas estaban "abandonando un compromiso tradicional con los derechos humanos por un apoyo ciego a Israel" (Beinart 2022).

Luego, a principios de 2023, 170 "importantes líderes judíos estadounidenses" publicaron una declaración conjunta en la que criticaban duramente la política y las prácticas del régimen de Tel Aviv. Los firmantes incluyen "ex directores de cuatro importantes seminarios rabínicos, dos ex responsables políticos, tres embajadores retirados y antiguos líderes de federaciones judías, *United Jewish Appeal*, *AIPAC* y la administración Obama". Calificaron sus críticas como parte de un "debate crítico y necesario" que "emana del amor por Israel y un apoyo firme a su seguridad y bienestar" (Samuels 2023). Pero hay mucho en juego para el régimen del apartheid, que en el pasado exigió la unidad judía frente a la condena internacional.

En el caso de que los sionistas liberales influyentes encuentren una manera de negociar una reforma seria, probablemente se les unirán el tercer y el cuarto grupo. Es significativo que los jóvenes judíos norteamericanos tengan un apego cada vez menor a la colonia. En una encuesta de 2020, solo el 48 por ciento de los judíos estadounidenses de entre 18 y 29 años se sentían "muy o algo" apegados a Israel (cf. promedio 58 por ciento), mientras que solo el 35 por ciento de este grupo de jóvenes consideraba que "preocuparse por Israel era esencial para ser judío" (c.f. promedio 45 por ciento) (PRC 2021). Esta erosión del apoyo es en muchos sentidos una reacción al fascismo abierto de las recientes administraciones de Tel Aviv, incluida la violencia racista sistemática y la colonización ilimitada.

En contraste con esta conflictividad colonial, existe cierta reconciliación entre las facciones de la resistencia palestina así como de la resistencia regional. Particularmente después de la muerte de Soleimani, cuando se reconoció abiertamente el patrocinio iraní de todas las facciones de la resistencia (Subeiti 2022), y ésta presenta un frente más unificado. Se puede comprobar esto en la operación conjunta Saif al Quds (Espada de Jerusalén) para defender la Mezquita de al Aqsa y eventualmente liberar la ciudad santa de la ocupación israelí (QINA 2021); impulsada por la política compartida entre Irán y Siria de apoyar a todas las facciones de la resistencia palestina, incluso hubo una reconciliación en 2022 entre Hamás y Damasco (AFP 2022; Palestina Chronicle 2022). Las relaciones se rompieron en 2012, cuando Hamás se puso del lado de los Hermanos Musulmanes, refugiándose en Qatar, rompiendo con Irán y Damasco y ayudando a los terroristas de Jabhat al Nusra contra Siria.

Así que, dados los esfuerzos de resistencia concertados, el colapso de la legitimidad internacional de Israel y una "quinta columna" sionista liberal en acción, el cambio de régimen parece una realidad más cercana. ¿Pero qué tipo de desmantelamiento se espera? Dos de los tres modos más citados por el lado palestino –crear un Estado árabe (la "solución de dos Estados") y expulsar a todos los colonos judíos– parecen poco prácticos. La idea de dos Estados ha sido aniquilada por la colonización masiva de Cisjordania. En cuanto a las expulsiones masivas, ahora hay varias generaciones de colonos nativos de Israel, incluso si no superan en número a los palestinos indígenas. Durante algunos años, las poblaciones judía israelí y árabe palestina (las que se encuentran entre el valle del Jordán y el Mediterráneo) han sido aproximadamente iguales, alrededor de 6,5 millones cada una (Cohen y Scheer 2015; Heller 2018). Eso sin contar la gran diáspora palestina. Entonces, si bien la población palestina no va a desaparecer, expulsar a todos los colonos enfrentaría enormes dificultades. El tercer modo, una transición al estilo sudafricano hacia un Estado democrático único, parece más plausible, pero también contiene una serie de incertidumbres. Como nos recuerda la experta de la ONU Francesca Albanese (2022), ni siquiera desmantelar el apartheid abordaría tres cuestiones importantes: los crímenes de guerra, el robo de tierras y los refugiados. El apartheid no es el único crimen israelí.

Luego están los mitos sobre el "desmantelamiento". Durante años, los defensores de la colonia han afirmado que sus enemigos regionales quieren "arrojarlos al mar", lo que genera ecos de los crímenes alemanes pasados contra los judíos europeos. Éso bien podría ser un sentimiento entre sectores de la agraviada población palestina; empero, no es ni una agenda política ni una realidad práctica. Aunque el ex presidente estadounidense Barack Obama incluso había afirmado en la ONU que el ex presidente iraní Mahmoud Ahmadinejad había expresado que Israel debería ser "borrado del mapa", esto fue una distorsión. Los medios estadounidenses más serios desacreditaron esta afirmación, señalando que Ahmadinejad estaba citando al Ayatolá Rujollah Jomeini, quien dijo que Israel colapsaría y desaparecería de las "páginas del tiempo" (Kessler 2011).

Como principal partidario de la resistencia armada palestina, la posición iraní sigue siendo importante. El líder ayatolá Ali Jamenei lo ha aclarado de la siguiente manera:

> No sugerimos lanzar una guerra clásica por parte de los ejércitos de los países musulmanes, ni arrojar judíos inmigrantes al mar, ni mediar por parte de la ONU y otras organizaciones internacionales. Proponemos celebrar un referéndum con [la participación de] la nación palestina. La nación palestina, como cualquier otra nación, tiene derecho a determinar su propio destino y elegir el sistema de gobierno del país" (Khamenei 2011).

Ésta es una versión de la solución de "un Estado democrático". Por supuesto, un proceso así no niega la posibilidad real de un conflicto armado que conduzca a esa transición.

Además, la colonia sionista no es autónoma; también sirve como base avanzada clave para el poder hegemónico angloamericano en el Oriente Medio. El presidente estadounidense Joe Biden dijo, allá por la década de 1980 y ha repetido desde entonces, que "si no existiera Israel, tendríamos que inventar uno" (Biden 2021). Las ambiciones de Washington siguen siendo importantes, incluida su necesidad de emprender una retirada estratégica y mantener su propia imagen global.

Pero la resistencia sostenida y la caída de la ilegitimidad dictan que efectivamente habrá una transición. Además, como debería quedar claro a partir de la experiencia sudafricana, ninguno de los principales patrocinadores, Gran Bretaña y Estados Unidos, puede salvar al régimen israelí. La Sudáfrica del apartheid también tenía armas nucleares y poderosos aliados, y alguna vez se la consideró invencible. La administración Reagan, por ejemplo, "demonizó a los oponentes del apartheid... como peligrosos y procomunistas"; pero al final el Congreso de Estados Unidos votó a favor de sanciones y cambios (Elliot 2011). La primera ministra británica Margaret Thatcher también afirmó que las sanciones a Sudáfrica eran "irrelevantes" y serían ignoradas (Mellor 2020), incluso abogó por el regreso a una Sudáfrica de antes de la Primera Guerra Mundial cuando estaba racialmente dividida (Wright 2018). Aunque al final Thatcher, a pesar de ser a último momento, "todavía jugó un papel en el desmantelamiento del régimen de apartheid de Sudáfrica" (Onslow 2013). Si bien ni Gran Bretaña ni Estados Unidos pueden salvar al régimen israelí, existe una alta probabilidad de que se posicionen para tener voz en los compromisos de la transición.

Las fuerzas combinadas de la firme resistencia palestina y la creciente ilegitimidad internacional de Israel siguen siendo las fuerzas más poderosas que trabajan por una Palestina democrática (Anderson 2018). Sin embargo, la desunión de las facciones palestinas (Abdou 2013), activamente fomentada por el régimen sionista, aún puede socavar su posición negociadora. Entre los elementos de desunión, el islamismo sectario combinado con la estrategia de los Hermanos Musulmanes (Ikhwani) siguen siendo los más graves. La opinión pública palestina siempre había favorecido fuertemente la unidad nacional y se había opuesto a la idea Ikhwani de derrotar primero al enemigo interno (es decir, a los palestinos nacionalistas, socialistas o seculares) antes de volverse hacia el enemigo externo (Shadid 1988).

La población palestina sigue en desacuerdo con todas las elites actuales. En una encuesta de 2013, sólo las minorías consideraban "legítimas" a la Autoridad Palestina liderada por Mahmoud Abas (31 por ciento) y a la administración liderada por Haniyeh-Hamas (25 por ciento). La mayoría quería la unificación nacional palestina, pero eran pesimistas acerca de las posibilidades; el 53 por ciento apoyó la solución de dos Estados y el 46 se opuso, pero el 56 por ciento creía que dos Estados ya no eran prácticos debido a la expansión de las colonias sionistas (PCPSR 2013). Una encuesta posterior de 2019 mostró un fuerte apoyo a las elecciones legislativas y presidenciales nacionales (83-87 por ciento) y a la reconciliación nacional (89 por ciento), pero poca fe en los partidos y líderes actuales. Fatah tenía un 35 por ciento de apoyo, Hamás un 12 y el FPLP un tres. De todos los candidatos presidenciales, el preso Marwan Barghouti obtuvo el mayor apoyo con un 12,6 por ciento. Una gran mayoría del 78 por ciento rechazó cualquier acuerdo de paz que implicara "intercambios de tierras" (JMCC 2019). En 2021, la confianza en los partidos seguía siendo baja, con un 36 por ciento para Fatah y un 7,3 para Hamás; el 39 por ciento no confiaba en nadie y el 23,5 dijo que no votaría. El grupo más grande, el 39,3 por ciento, todavía creía que era preferible una "solución de dos Estados", mientras que el 21,4 por ciento dijo que un Estado binacional era la mejor solución (JMCC 2021). Esta falta de confianza y de instituciones y una grave desunión dejan la puerta abierta a acuerdos sucios. Por otro lado, las conversaciones de unidad más recientes entre Fatah y Hamás (*Al Jazeera* 2022) ofrecen cierta esperanza.

Sin embargo, el enemigo es inteligente. Los sionistas liberales son muy conscientes de que los palestinos "formularán cada vez más sus demandas de ciudadanía y soberanía de la manera más clara posible" mientras que, por otro lado, "los israelíes son cada vez más conscientes de que la posibilidad de mantener el carácter judío del Estado junto con su identidad democrática se ven comprometidos como nunca antes" (Anziska 2017). Esto plantea el desafío de buscar una "definición más amplia de ciudadanía que dé cabida a los no judíos en consonancia con una identidad cívica israelí", incluso mediante "formas emergentes de solidaridad judío-musulmana", que "hablan de cambios más profundos en el futuro". Todo esto tiene implicaciones políticas para Estados Unidos así como para la colonización ("asentamientos") en curso en los territorios palestinos ocupados. Qué nuevas posibilidades podrían surgir de estas nuevas contradicciones "queda por ver". Si bien son reacios a abandonar el mito de los dos Estados, los sionistas liberalesl reconocen que "la cuestión de cómo dirigir la lucha nacional palestina sigue siendo tan relevante como siempre" (Anziska 2017). Ese objetivo de redirigir (o cooptar o subvertir) la lucha palestina ha sido durante mucho tiempo una ambición de los sionistas liberales y otros falsos amigos, que pretenden apoyar la causa palestina.

Combinada con el peso de los patrocinadores clave de Israel, la noción de reorientar la causa palestina presupone también controlar los compromisos de transición. Recordemos que a la abolición de la esclavitud masiva en Estados Unidos le siguió otro siglo de brutal discriminación racial tipo Jim Crow (CRF 2022), un sistema que ha sido llamado "esclavitud con otro nombre" (PBS 2021). Esta siguiente etapa del sistema racista recibió bendición legal mediante la decisión de la Corte Suprema "separados pero iguales" en Plessy contra Ferguson (1896), una decisión que no fue revocada hasta la decisión Brown contra la Junta de Educación de Topeka (1954). La abolición de la esclavitud en Estados Unidos no significó la emancipación.

Señalando correctamente los paralelismos con el desmantelamiento del apartheid en Sudáfrica, Omar Barghouti pide un aumento de las iniciativas de boicot y sanciones contra Israel (Barghouti 2021). Sin embargo, no se refiere a los compromisos involucrados en el proceso de transición sudafricano, que llevó a una injusticia económica extrema y a que la Sudáfrica post-apartheid se convirtiera en uno de los países más desiguales del mundo (SA-TIED 2020).

Quizás incluso más relevantes sean los compromisos alcanzados por el régimen racial de Zimbabwe (anteriormente "Rhodesia") que fue desmantelado a finales de los años setenta. Las conversaciones celebradas en Gran Bretaña condujeron a los "Acuerdos de Lancaster House" (SRCC 1979) con las siguientes características. En primer lugar, se creó la "ciudadanía igual", pero estuvo acompañada de varias disposiciones protectoras. Se creó una "lista blanca" para mantener diez (de 40) senadores "blancos" y 20 (de 100) representantes "blancos" en la Asamblea. Entonces se exigía un acuerdo parlamentario del 70 por ciento para realizar cambios constitucionales. Un requisito unánime de cambiar "la representación separada de la minoría blanca en el parlamento" le dio a ese grupo poder de veto. En segundo lugar, en virtud de las disposiciones sobre "libertad de privación de propiedad", se prohibía la expropiación obligatoria de propiedad y se requerían disposiciones de compensación consensuadas. Las disposiciones protectoras para privilegiar la representación de la minoría blanca y prohibir la adquisición de tierras por parte del Estado sólo podrían aplicarse, durante un período de diez años, "mediante el voto unánime de la Cámara de la Asamblea". Eso "congeló" el control de los colonos blancos sobre la mayor parte de las tierras cultivables del país. Sin embargo, el acuerdo de Lancaster House afirmaba que "la cuestión del gobierno de la mayoría... ha sido resuelta". Gran Bretaña prometió proporcionar capital para la compra de tierras, pero no lo cumplió. Veinte años después de la independencia, mientras el gobierno de Mugabe intentaba implementar finalmente la reforma agraria, Gran Bretaña y Estados Unidos impusieron sanciones coercitivas unilaterales al país (BTN 2022).

La cuestión de la tierra es particularmente importante en Palestina, donde las constantes apropiaciones de tierras, robos de viviendas y demoliciones han marginado económicamente a la población indígena y, en el proceso, han expuesto el mito de siete décadas de los "dos Estados" (Ferris 2020).

Las historias paralelas nos advierten de algunas lecciones importantes para desmantelar el régimen sionista. Los sionistas liberales utilizarán su influencia con Washington y Londres para ayudar a llegar a un acuerdo con los elementos más dóciles y propietarios de la comunidad palestina. Es casi seguro que el acuerdo emergente implicará una protección específica de los "derechos de los colonos", límites a los procesamientos por crímenes de guerra, afianzamiento de los privilegios sionistas y un congelamiento de las relaciones territoriales. El "derecho al retorno", que afecta a millones, también será objeto de un acuerdo.

¿Cómo abordará la resistencia este desafío? Los probables colaboradores palestinos de un "Nuevo Israel" serán aquellos vinculados a las monarquías árabes, con propiedades e intereses arraigados en la Autoridad Palestina, que ha funcionado durante mucho tiempo como una municipalidad del régimen del apartheid. La religión no será una barrera, ya que a los colaboradores seculares se unirán aquellos que se unieron a los jugadores de la Hermandad Musulmana, en particular Qatar y Turquía, principales falsos amigos de la causa palestina.

Existe un riesgo real de que una coalición de poderosos angloamericanos, sionistas liberales y colaboradores palestinos comience a llegar a un acuerdo a puerta cerrada, traicionando el legado de sacrificio y resistencia palestinos. Este tipo de traiciones suelen ocurrir en el último momento. Si persisten profundas divisiones entre las facciones de la resistencia palestina, ese acuerdo será más fácil de vender a una audiencia palestina y mundial desprevenida. El desmantelamiento del "viejo Israel" será tan dramático que pocos prestarán atención a los detalles clave del "nuevo Israel"; pero esos detalles serán de crucial importancia para el sufrido pueblo palestino.

Referencias

Abdou, Mahmoud (2013) 'Disunity in Palestine: its history and implications for the peace process', Ideas for Peace, 18 April, online: https://www.ideasforpeace.org/content/disunity-in-palestine-its-history-and-implications-for-the-peace-process/

Adalah (2017) The Discriminatory Laws Database, 25 September, online: https://www.adalah.org/en/content/view/7771

AFP (2022) Hamas resumes Syria ties in Damascus visit, Al Monitor, 19 October, online: https://www.al-monitor.com/originals/2022/10/hamas-resumes-syria-ties-damascus-visit

Albanese, Francesca (2022) 'Situation of human rights in the Palestinian territories occupied since 1967, UN General Assembly, 21 September, online: https://www.un.org/unispal/wp-content/uploads/2022/10/A.77.356_210922.pdf

Al Jazeera (2022) 'Palestinian groups Fatah, Hamas meet in Algeria to heal rift', 11 October, online: https://www.aljazeera.com/news/2022/10/11/palestinian-groups-fatah-hamas-meet-in-algeria-to-heal-rift

Anderson, Tim (2018) The Future of Palestine, CCHS, 7 August, online: https://counter-hegemonic-studies.site/future-palestine-1/

Anziska, Seth (2017) 'Neither Two States nor One: The Palestine Question in the Age of Trump', Journal of Palestine Studies Vol. XLVI, No. 3 (Spring 2017), online: https://www.usmep.us/media/filer_public/ca/93/ca932e8a-6a3c-4a02-b671-eebbd189251b/neither_two_states_nor_one_anziska.pdf

Barghouti, Omar (2021) Let's Dismantle Apartheid!, BDS, 23 November, online: https://bdsmovement.net/Lets-Dismantle-Apartheid

Beinart, Peter (2022) Has the Fight Against Antisemitism Lost Its Way?', New York Times, 26 August, online: https://www.nytimes.com/2022/08/26/opinion/antisemitism-israel-uae-saudi.html

Biden, Joe (2021) 'Joe Biden's long history of pro-Israel statements', Middle East Eye, 22 May, online: https://www.youtube.com/watch?v=86Nrv5izaTs

BTN (2022) 'Zimbabwe: 21 Years of Sanctions for Repossessing Land and Defying Western Powers', Break Through News, YouTube, online: https://www.youtube.com/watch?v=DkDFtM4Blr4

CCHS (2022) 'SIX (6) important reports on Israeli Apartheid', Centre for Counter Hegemonic Studies, 24 February, online: https://counter-hegemonic-studies.site/israeli-apartheid-6/

Cohen, Tova and Steven Scheer (2015) 'Israel's soaring population: Promised Land running out of room?', Reuters, 25 September, online: https://www.reuters.com/article/uk-israel-demographics-idUKKCN0RP0ZG20150925

CPI (2017) 'Fast Track Land Reform in Zimbabwe', Centre for Public Impact, 30 August, online: https://www.centreforpublicimpact.org/case-study/fast-track-land-reform-zimbabwe/

CRF (2022) 'A Brief History of Jim Crow', Constitutional Rights Foundation, online: https://www.crf-usa.org/black-history-month/a-brief-history-of-jim-crow

Elliot, Justin (2011) 'Reagan's embrace of apartheid South Africa: his foreign policy legacy includes an alliance with a racist government', Salon, 5 Feb, online: https://www.salon.com/2011/02/05/ronald_reagan_apartheid_south_africa/

Ferris, Seth (2020) 'Great Land Grab: Two-State Solution or a Two-State Problem?', New eastern Outlook, 30 January, online: https://journal-neo.org/2020/01/30/great-land-grab-two-state-solution-in-palestine-israel-really-a-two-state-problem/

Heller, Jeffrey (2018) 'Jews, Arabs nearing population parity in Holy Land: Israeli officials', Reuters, 27 March, online: https://www.reuters.com/article/us-israel-palestinians-population/jews-arabs-nearing-population-parity-in-holy-land-israeli-officials-idUSKBN1H222T

Herbst, Robert (2022) 'Israeli Apartheid: The power of the frame, the shame of the name', Mondoweiss, 4 July, online: https://mondoweiss.net/2022/07/israeli-apartheid-the-power-of-the-frame-the-shame-of-the-name/

Jerome, Fred (2009) Einstein on Israel and Zionism: His Provocative Ideas About the Middle East, St Martin's Press, New York

JMCC (2019) Poll No. 94 - Shtayeh Government & Elections, 9 April, online: http://www.jmcc.org/documentsandmaps.aspx?id=884

JMCC (2021) Poll No. 97 - Palestine Before the Elections, 20 April, online: http://www.jmcc.org/documentsandmaps.aspx?id=892

Kaplan, Allison (2017) 'Ehud Barak Warns: Israel Faces 'Slippery Slope' Toward Apartheid', Haaretz, 21 June, online: https://www.haaretz.com/israel-news/2017-06-21/ty-article/ehud-barak-warns-israel-on-slippery-slope-to-apartheid/0000017f-ef8b-d0f7-a9ff-efcf52ce0000

Kessler, Glenn (2011) 'Did Ahmadinejad really say Israel should be 'wiped off the map'?', Washington Post, 5 October, online: https://www.washingtonpost.com/blogs/fact-checker/post/did-ahmadinejad-really-say-israel-should-be-wiped-off-the-map/2011/10/04/gIQABJIKML_blog.html

Khamenei, Ayatollah Ali (2011) 'Two-state solution rejected outright: Leader', 1 October, Mehr News, online: https://en.mehrnews.com/amp/48277/

McCarthy, Rory (2007) 'Israel risks apartheid-like struggle if two-state solution fails, says Olmert', The Guardian, 30 November, online: https://www.theguardian.com/world/2007/nov/30/israel

Mellor, Joe (2020) 'Newly revealed documents show Margaret Thatcher's support for apartheid South Africa', The London Economic, 27 December, online: https://www.thelondoneconomic.com/news/newly-revealed-documents-show-margaret-thatchers-support-for-apartheid-south-africa/27/12/

Onslow, Sue (2013) 'Thatcher, the Commonwealth and apartheid South Africa', LSE, 9 April, online: https://blogs.lse.ac.uk/africaatlse/2013/04/09/thatcher-the-commonwealth-and-apartheid-south-africa/

Palestine Chronicle (2022) Hamas Declares a 'Glorious Day' from Damascus after Meeting Assad, 19 October, online: https://www.palestinechronicle.com/hamas-declares-a-glorious-day-from-damascus-after-meeting-assad/

PBS (2021) 'Slavery by another name: Jim Crow and Plessy v. Ferguson', Public Broadcasting Service, online: https://www.pbs.org/tpt/slavery-by-another-name/themes/jim-crow/

PCPSR (2013) 'Palestinian Public Opinion Poll No (50)', Palestinian Centre for Policy and Survey Research, 19 December, online: https://www.pcpsr.org/en/node/189

PRC (2021) 'Jewish Americans in 2020', Pew Research Centre, 11 May, online: https://www.pewresearch.org/religion/2021/05/11/jewish-americans-in-2020/

QINA (2021) Palestinian resistance launches Operation al-Quds Sword as Israeli airstrikes kill 27 in Gaza', Qods International News Agency, 5 November, online: http://qodsna.com/en/355807/Palestinian-resistance-launches-Operation-al-Quds-Sword-as-Israeli-airstrikes-kill-27-in-Gaza

Samuels, Ben (2023) 'Nearly 170 Leading U.S. Jews Call for 'Critical and Necessary Debate' on Israel's Far-right Gov't', Haaretz, 1 February, online: https://www.haaretz.com/israel-news/2023-02-01/ty-article/.premium/170-leading-u-s-jews-call-for-critical-and-necessary-debate-on-israels-far-right-govt/00000186-0df8-d0a3-adc6-4df9c8830000

SA-TIED (2020) 'Extreme inequalities: The distribution of household wealth in South Africa', online: https://sa-tied.wider.unu.edu/article/extreme-inequalities-distribution-household-wealth-south-africa

Shadid, Mohammed K. (1988) 'The Muslim Brotherhood Movement in the West Bank and Gaza', Third World Quarterly, Vol 10 No 2, April pp.658-682

Sherwood, Harriet (2011) 'Palestinian collaborator: 'I am a traitor. I sold my people. But for what?', The Guardian, 17 May, online: https://www.theguardian.com/world/view-from-jerusalem-with-harriet-sherwood/2011/may/17/israel-palestinian-territories

SRCC (1979) 'Report: Lancaster House Agreement', Southern Rhodesia: Constitutional Conference held at Lancaster House, London, September-December, 21 December, online: https://sas-space.sas.ac.uk/5847/5/1979_Lancaster_House_Agreement.pdf

Subeiti, Batool (2022) 'Soleimani's effective role in Palestine, from resistance to liberation', Al Mayadeen, 12 January, online: https://english.almayadeen.net/articles/blog/soleimanis-effective-role-in-palestine-from-resistance-to-li

UN (1973) 'International Convention on the Suppression and Punishment of the Crime of Apartheid', Politics Web, online: https://www.politicsweb.co.za/documents/1973-un-convention-on-apartheid-as-a-crime-against

Weiss, Phillip (2022) 'NYT' and UN Security Council platform apartheid charge against Israel', Mondweiss, 28 August, online: https://mondoweiss.net/2022/08/nyt-and-un-security-council-platform-apartheid-charge-against-israel/

Wright, Patrick (2018) 'Margaret Thatcher believed South Africa should be a 'whites-only state', says UK's former chief diplomat', The Independent, 22 January, online: https://www.independent.co.uk/news/uk/politics/margaret-thatcher-south-africa-whites-only-state-patrick-wright-a8171356.html

13. Siria: asedio y recuperación

Gráfico uno: Soldado sirio pasa por una cafetería rusa en la ciudad de Hama.

• • • •

Después de haber derrotado una década de guerra patrocinada encabezada por Estados Unidos, Siria todavía se enfrenta a un cruel bloqueo económico, cuyo objetivo es matar de hambre y "castigar" al pueblo de la nación independiente. El diplomático sirio Dr. Bashar al Jaafari nos informa de intervenciones y ocupaciones militares "sin precedentes" que acompañan a esta guerra económica (Al Jaafari 2022). Los dos ejércitos más grandes de la OTAN, los de Estados Unidos y Turquía, ocupan enormes extensiones de territorio sirio en el norte y el este, y la ocupación israelí permanece en el sur. Cada uno de ellos proporciona un refugio seguro para los grupos terroristas apadrinados.

Si bien los funcionarios de la ONU reconocen que el 90 por ciento de la población siria vive en la pobreza, prestan más atención a la minoría que vive en las zonas ocupadas. Con sorprendente cinismo, el funcionario de la ONU Martin Griffiths cita la actual violencia terrorista en áreas ocupadas por Estados Unidos y Turquía como una razón para la continua intervención internacional en estas áreas en nombre de una "asistencia humanitaria" y una "recuperación" selectivas, sin pedir un fin a las ocupaciones (OCAH 2022).

La guerra de propaganda fue intensa y tenía como objetivo deshumanizar al país, a sus líderes y al ejército. Las repetidas estafas con armas químicas de destrucción masiva, las masacres con banderas falsas, las afirmaciones falsas de "libertad y democracia", los eslóganes de la "oposición armada moderada" y la demonización del Presidente Assad fueron parte de una guerra para destruir, no sólo al gobierno sirio, sino también al Estado sirio (Anderson 2016: Capítulo 3). Hubo sucesivos planes estadounidenses para dividir Siria en enclaves sectarios o "autónomos" (por ejemplo, Mackler 2018).

Las resoluciones del Consejo de Seguridad de la ONU a partir de 2012 (por ejemplo, CSNU 2015 y CSNU 2021) han tratado de mantener un papel para los Estados de la OTAN y los grupos de "oposición" exiliados en una reconstrucción política del Estado sirio y su constitución. Sin embargo, desde 2015 ese Estado, con sus aliados, ha liberado prácticamente todas las zonas controladas por terroristas excepto las mencionadas anteriormente, que ahora están bajo ocupación extranjera directa.

Pero el bloqueo económico persiste y los Estados de la OTAN y sus colaboradores culpan a Siria de su depresión económica (MEMO 2022). Esos mismos regímenes occidentales que impulsaron la guerra sucia culpan al gobierno y al ejército sirios por la devastación, a pesar de que el vicepresidente Biden (corroborado por el jefe del ejército estadounidense, el general Martin Dempsey y el senador Lindsey Graham) admitió que los aliados de Estados Unidos habían financiado y armado todos los grupos terroristas en Siria, en un esfuerzo por derrocar al gobierno de Damasco (HOS 2020; Anderson 2016: Capítulo 12).

Sin embargo, la vida continúa en Siria con mayor normalidad que en la devastada Libia por la OTAN, el Afganistán desgarrado por la guerra o el fragmentado Líbano. Las escuelas están abiertas, los hospitales, aunque desesperadamente escasos de recursos, todavía funcionan, se está reparando la infraestructura básica, las calles están limpias y hay combustible, pan y algunos otros artículos esenciales subsidiados. Pero también hay hambre y privaciones ya que, tras el fracaso de las guerras del Nuevo Oriente Medio de Washington (Anderson 2019: Capítulo 1), el asedio liderado por Estados Unidos se ha extendido a siete naciones contiguas de Oriente Medio.

Washington ni siquiera se molesta en negar que está robando petróleo y trigo sirios (al Jaafari, 2022). Mientras Estados Unidos firma declaraciones de la ONU apoyando la "soberanía y la integridad territorial" de Siria, las tropas estadounidenses y sus representantes ocupan tierras sirias, aparentemente por despecho, para castigar y dividir tanto a Siria como a los pueblos de la región.

No obstante, Siria se mantiene unida y se enfoca en la producción local mientras construye un futuro económico con los bloques del este. La recuperación se logrará mediante la liberación gradual de las tierras y poblaciones ocupadas, seguida por la búsqueda de nuevas relaciones financieras y luego la integración en una nueva infraestructura regional. Este capítulo expone los elementos del asedio impuesto a los pueblos de Asia Occidental, antes de abordar el carácter de la resistencia siria y su estrategia de recuperación y reconstrucción.

1. El asedio de Asia occidental

Con múltiples guerras fallidas, Washington, sus socios de la OTAN y sus colaboradores regionales (en particular Israel, Qatar, Turquía y Arabia Saudita) impusieron un asedio económico genocida a un bloque contiguo de siete países de Asia Occidental, entre el Mediterráneo y el Himalaya. A los bloqueos físicos contra Palestina y Yemen se suman medidas coercitivas parciales o totales contra el Líbano, Siria, Irak, Irán y Afganistán. Entre otras cosas, este brutal asedio regional ha llevado a que el 90 por ciento de la población siria viva en la pobreza (OCAH 2022), mientras que el pueblo bloqueado de Yemen sufre lo que se ha llamado "la peor crisis humanitaria del mundo" (PMA 2022).

El objetivo en todos los casos es "matar de hambre y causar desesperación" entre toda la población, como se dijo sobre los bloqueos de Washington a Cuba e Irán (OTH 1960; Cole 2018). El objetivo explícito es imponer un "daño intensionado" con la ilusión de forzar un cambio político. Es por eso que estas medidas coercitivas nunca deberían llamarse "sanciones", que sugieren un castigo justo por malas acciones de acuerdo con el derecho internacional (Anderson 2019: Capítulo 3). Un objetivo asociado clave es ayudar a la colonia sionista a persistir en su robo de tierras palestinas, sirias y libanesas, y así desestabilizar y paralizar el desarrollo de toda la región.

Si bien gran parte de este asedio se impone en nombre de la democracia, los derechos humanos y el antiterrorismo, ninguno de los Estados de la región afiliados a la OTAN, como los sauditas y los qataríes, que en realidad financiaron y armaron el terrorismo sectario masivo (*Al Jazeera* 2019; Norfolk 2021)—enfrentan tales sanciones.

Los pretextos para este asedio están enterrados en invenciones pseudolegales. La base de datos de la Oficina de Control de Activos Extranjeros del Tesoro de los Estados Unidos tiene listas de docenas de entidades e individuos sancionados en Palestina, Líbano, Siria, Irak, Irán y Yemen (OFAC 2022). No hay muchas sanciones contra Afganistán, después de 20 años de ocupación militar de Estados Unidos y la OTAN. Sin embargo, Washington notoriamente se apoderó de varios miles de millones de dólares pertenecientes al

Banco Central de Afganistán (Byrd 2022), simplemente porque Estados Unidos no está satisfecho con el actual gobierno afgano. Ese robo probablemente se sumará a la inminente hambruna masiva de millones de afganos (Lee 2021).

Entonces, ¿qué son las sanciones y cuándo pueden justificarse? En el derecho internacional se dice que dos principios limitan las represalias de un Estado contra otros: que la respuesta debe ser "en proporción" a la supuesta acción ilícita del otro; y que cualquier represalia sólo llega después de intentos de negociación (Anderson 2021).

Más aun, las represalias son ilegales cuando (1) el objetivo es dañar la economía de otra nación, o (2) hay un intento de coerción política o (3) las medidas impuestas también dañan los derechos de terceros. Todos estos elementos ilegales están actuando en el actual asedio regional de Washington. Estas sanciones unilaterales ahora se denominan "medidas coercitivas unilaterales" (MCU) y están sujetas a un escrutinio especial en las Naciones Unidas (ACNUDH 2020).

Desde hace algún tiempo, las agencias internacionales informan sobre el impacto catastrófico de este asedio, por ejemplo en Siria y Yemen. A pesar de las teóricas exenciones "humanitarias" en las medidas coercitivas tanto estadounidenses como europeas, el dominio estadounidense sobre las finanzas significa que hay un impacto severo en bienes esenciales como alimentos, medicinas y energía.

Los regímenes de medidas coercitivas unilaterales, ahora tan populares entre Estados Unidos y la Unión Europea, han sido condenados por expertos independientes de la ONU por violar el derecho internacional e impedir los Objetivos de Desarrollo Sostenible de la ONU (CGTN 2022). Si bien las medidas coercitivas unilaterales se "imponen principalmente en nombre de los derechos humanos, la democracia y el Estado de derecho", la relatora Alena Douhan concluye que en realidad "socavan esos mismos principios, valores y normas" al tiempo que infligen daños humanitarios (ACNUDH 2021).

La Organización Mundial de la Salud ha informado que las sanciones unilaterales entre Estados Unidos y la Unión Europea perjudican el tratamiento del cáncer infantil en Siria (Nehme 2017). Los estudios médicos han condenado las sanciones coercitivas de Europa por su daño a la prevención y el tratamiento del COVID-19 en Siria (Hussain y Sen 2020), mientras que Alena Douhan ha pedido el fin de las medidas coercitivas de Washington. que inhiben la reconstrucción de la infraestructura civil de Siria destruida por el conflicto (ACNUDH 2020).

"Las sanciones violan los derechos humanos del pueblo sirio, cuyo país ha sido destruido por casi diez años de conflicto", afirmó la señora Douhan. También condenó la "Ley César" antisiria de Washington, que intenta bloquear el apoyo de terceros a la población siria.

> "Me preocupa que las sanciones impuestas en virtud de la Ley César puedan exacerbar la ya terrible situación humanitaria en Siria, especialmente en el curso de la pandemia de COVID-19, y poner al pueblo sirio en un riesgo aún mayor de sufrir violaciones de derechos humanos", dijo.

En un informe de noviembre de 2022, después de una visita de 12 días a Siria, la señora Douhan añadió:

> Me sorprende la omnipresencia del impacto humanitario y sobre los derechos humanos de las medidas coercitivas unilaterales impuestas a Siria y el total aislamiento económico y financiero de un país cuyo pueblo está luchando por reconstruir una vida con dignidad, después de una guerra de una década de duración. Mientras 12

millones de sirios se enfrentan a la inseguridad alimentaria, insto al levantamiento inmediato de todas las sanciones unilaterales que dañan gravemente los derechos humanos e impiden cualquier esfuerzo de una temprana recuperación, reedificación y reconstrucción. Ninguna referencia a buenos objetivos de las sanciones unilaterales justifica la violación de los derechos humanos fundamentales. La comunidad internacional tiene la obligación de solidaridad y asistencia al pueblo sirio (ACNUDH 2022).

• • • •

Las medidas de asedio a los países del norte de África han sido objeto de críticas similares. En 2015, el Relator Especial de las Naciones Unidas sobre el impacto de las sanciones en los derechos humanos, Idriss Jazairy, instó a los Estados que habían impuesto medidas coercitivas unilaterales (MCU) a Sudán a revisar sus políticas. "Sudán ha estado bajo MCU durante dos décadas sin ninguna adaptación... La señal dada por las medidas obligatorias está en contradicción con sus objetivos proclamados", dijo, refiriéndose a las restricciones financieras impuestas a todas las transacciones comerciales con Sudán (ACNUDH 2015).

En Yemen el razonamiento es un poco diferente. Las sanciones entre Estados Unidos y la Unión Europea que sustentan la crisis humanitaria se llevan a cabo con la aprobación directa del Consejo de Seguridad de la ONU, bajo la idea equivocada de que Mansour Hadi, presidente interino para 2021-2014 pero luego exiliado, sigue siendo el presidente legítimo del país. El actual gobierno revolucionario liderado por Ansaralah está bajo sanciones del Consejo de Seguridad de la ONU. De modo que el asedio a Yemen está autorizado por el derecho internacional, a diferencia de las medidas coercitivas unilaterales contra Líbano, Siria, Irak e Irán.

Sin embargo, la Oficina del Alto Comisionado para los Derechos Humanos de la ONU ha dicho que las potencias occidentales y sus aliados del Golfo Pérsico (especialmente los saudíes y los Emiratos Árabes Unidos) que libran la guerra contra Yemen deberían ser considerados responsables de crímenes de guerra (*BBC* 2019). Ese informe de 2019 detalló una variedad de crímenes de guerra cometidos en los cinco años anteriores, incluidos ataques aéreos, bombardeos indiscriminados, francotiradores, minas terrestres, así como asesinatos y detenciones arbitrarias, tortura, violencia sexual e impedimentos del acceso a la ayuda humanitaria (ACNUDH 2019).

· · · ·

2. Siria y Líbano

Los salarios básicos sirios ordinarios a finales de 2022 oscilaban entre 80.000 y 160.000 libras sirias (entre 20 y 40 dólares estadounidenses) al mes. Muchos no tenían empleo. Los sirios dependen en gran medida del apoyo familiar y de los subsidios gubernamentales para productos básicos como combustible, pan, arroz y azúcar. Todavía había educación y atención médica gratuitas en los abarrotados hospitales públicos, pero muchas otras cosas se habían vuelto muy caras.

El aumento de los precios del combustible se traslada a los costes del transporte y de los alimentos. Los alquileres son elevados y dos bolsas de comestibles del supermercado pueden costar fácilmente el salario de un mes. Cómo sobrevive la gente es un misterio que tiene mucho que ver con el apoyo estatal, las economías informales y el compartir.

Existe poca controversia sobre la pobreza que vive ahora la mayoría de los sirios. La información distorsionada viene en explicaciones sobre quién es el responsable. A pesar de sus lágrimas de cocodrilo, los funcionarios de las Naciones Unidas dominados por la OTAN a menudo no ayudan.

Citando la Resolución 2254 (2015) del Consejo de Seguridad de la ONU (CSONU), el Secretario General António Guterres (2021) culpó efectivamente al gobierno sirio por la situación y dejó a Washington libre de responsabilidad. Al exigir "un acuerdo político negociado", insiste en que sus representantes presidan la creación "dirigida por Siria" de una nueva constitución y un "gobierno de transición" en el que los sirios exiliados respaldados por la OTAN tendrían un estatus similar al del gobierno sirio electo. En cambio, en los siete años posteriores al CSONU 2254, Siria y sus aliados habían resuelto militarmente la mayor parte del terrorismo, liberando Palmira, la ciudad de Alepo, Ghouta Oriental, la ciudad de Deir Ezzor y la región sur alrededor de Daraa.

El Secretario General de la ONU señala correctamente que millones de niños "no van a la escuela" y que "la pandemia de COVID-19 ha empeorado todo aún más" (Guterres 2021). Sin embargo, el problema escolar parece aún peor en las zonas ocupadas por Turquía y Estados Unidos.

Algunas agencias de la ONU están ayudando a Siria. El Programa Mundial de Alimentos está presente en varias partes del país y UNICEF está ayudando con la construcción de escuelas públicas sirias en el noreste de Siria, especialmente después de que la milicia estadounidense, las Fuerzas Democráticas de Siria, cerrara la mayoría de las escuelas de la provincia. A finales de 2021, este autor observó que miles de niños acudían a las escuelas sirias gravemente superpobladas en las pequeñas "zonas de seguridad" de las ciudades de Hasaka y Qamishli, que todavía están controladas por el ejército árabe sirio (HOS 2021).

La mayoría de los informes occidentales se han centrado en la pobreza en las zonas de Siria ocupadas por extranjeros, y particularmente en Idlib, controlada por Al Qaeda. No obstante, las cifras de civiles en los dos tercios de Idlib ocupados por Turquía han sido exageradas, tal como lo fueron en la Alepo ocupada hasta

2016. Esta información errónea parece tener como objetivo ayudar a justificar el desprecio hacia la mayoría de los sirios que viven en otros lugares. Un informe de *Brookings* de 2021 afirmaba que había "3,4 millones de civiles en Idlib, más de 2 millones de ellos desplazados de otras partes de Siria" (Karasapan 2021). De manera similar, ACNUR en febrero de 2020 habló de "más de cuatro millones de civiles en el noroeste de Siria", sin distinguir entre las zonas controladas por el gobierno sirio y las ocupadas por Al Qaeda turco. Por el contrario, la estimación del gobierno sirio de la población total de la Idlib ocupada a finales de 2021 era de 1,3 millones (al Jaafari 2021), de los cuales aproximadamente una cuarta parte probablemente sean grupos armados y sus familias.

Según muchos informes occidentales, el segmento del noroeste de Siria ocupado por Turquía se ha convertido en un sustituto de los problemas humanitarios de todos los sirios. La pobreza y el sufrimiento de los otros 18 millones de sirios son rutinariamente ignorados. Al igual que António Guterres, el analista del *Atlantic Council* vinculado a la OTAN, Joumana Qaddour (2021), llama la atención sobre la pobreza de Siria y culpa a Damasco. Afirma que "las sanciones impuestas tanto por Estados Unidos como por los europeos [están] realmente ligadas a la actividad del régimen de Assad", porque Damasco está comprometido con una "solución militar" a los problemas del terrorismo y la ocupación extranjera.

La presión sobre el Líbano ha sido similar aunque el contexto es diferente. Siria tiene un Estado fuerte y unificado con algunos rasgos socialistas, mientras que el Líbano sigue dividido por motivos sectarios. Así como los británicos dividieron a los pueblos en los antiguos territorios otomanos que tomaron, instalando monarquías y la colonia sionista, los franceses crearon lo que esperaban que siguiera siendo un leal enclave costero dominado por maronitas y cristianos.

En el Líbano, la mayoría maronita desapareció hace mucho tiempo, pero el sistema sectario permanece, modificado sólo ligeramente después de una terrible guerra civil, y dejando un sistema altamente privatizado con poca voluntad política y pocas instituciones nacionales. El resultado es que el Líbano está afrontando el asedio estadounidense de una manera muy distinta a la de Siria. Algunas facciones libanesas incluso se niegan a aceptar que están bajo asedio.

No obstante, Washington ha extendido la serie de medidas coercitivas impuestas al partido de resistencia Hezbolah (Reuters 2021) a sus aliados internos (*BBC* 2020). Las medidas coercitivas de terceros impuestas a Siria (Shatz 2021) y a Irán también limitan al Líbano. Estados Unidos está intentando, sin mucho éxito, sacar del gobierno libanés a quienes han resistido a los israelíes.

Las medidas de asedio regional fueron un factor importante en el colapso financiero del Líbano en 2019, cuando la moneda de Siria se devaluó a una sexta parte de su valor en dos años, mientras que la moneda del Líbano se devaluó a menos de una décima parte. El actual ritmo de devaluación de la lira libanesa también es mayor. El Líbano ha dependido mucho más de la economía monetaria y de las importaciones, un inconveniente en caso de crisis.

Con la crisis financiera, el PIB per cápita libanés promedio cayó de 8.000 dólares por persona en 2018 a 3.000 dólares a finales de 2021. La "clase media" libanesa quedó prácticamente destruida. La pobreza aumentó del 30-35 por ciento en 2019 al 85-90 en 2021. Eso significó falta de medicamentos, escasez de combustible, cortes de energía eléctrica a dos horas por día y oleadas de emigración. Para 2022, algunos barcos que huían del Líbano hacia Chipre o Grecia transportaban más libaneses que palestinos o sirios (Snaije 2022).

Incluso con gran parte del suministro de petróleo de Siria bloqueado o robado por las fuerzas de ocupación estadounidenses y sus representantes de las Fuerzas Democráticas Siria (*Tehran Times*

2021), Siria ha podido ayudar a su vecino, en coordinación con Hezbolah del Líbano, rehabilitando y utilizando su puerto y refinería de Baniyas para canalizar combustible iraní hacia el Líbano (Chehayeb 2021). A pesar de la guerra de sabotaje de Israel contra barcos iraníes (Lubold, Faucon y Schwartz, 2021), tras las severas advertencias de Jassan Nasralah, los israelíes parecieron reacios a sabotear esta operación en particular.

Aun así, el gobierno libanés posterior a la crisis, encabezado por el multimillonario Nayib Mikati, invitó a los supervisores del Fondo Monetario Internacional (FMI) (*Reuters* 2021a) a asegurarse de que el Líbano no imponga nuevos subsidios para ayudar al pueblo libanés. La destrucción de los subsidios alimentarios liderada por el FMI se ha relacionado anteriormente con el hambre y los disturbios por alimentos en muchos países (Palast 2001). Sin embargo, a diferencia de Siria, al Líbano le quedan pocos subsidios que destruir. Los sirios afectados por la pobreza al menos disfrutan de cierto alivio a través de subsidios estatales para artículos básicos como pan, combustible, arroz y azúcar. Aunque durante 2021-2022 esos subsidios se eliminaron para los sirios de mayores ingresos (MEMO 2021).

Los servicios de salud del Líbano están altamente privatizados y en su mayoría permanecen bajo regímenes de "pago por el usuario". Sólo en lo que respecta a las medidas pandémicas, el Líbano estuvo por delante de Siria, debido a los mayores niveles de pruebas y vacunación. A finales de 2022, el Líbano tenía una tasa de pruebas de COVID cien veces mayor que las de Siria: 709.923 pruebas por millón en comparación con 7.915 (*Worldometers* 2022). Ambos países tienen políticas muy parecidas, pero Siria carece de kits de prueba y vacunas.

Todavía hay muchos refugiados de guerra sirios en el Líbano, pero aquí hay una historia recíproca. En 2019, en la antigua aldea cristiana de Maaloula, un sacerdote local me mostró con orgullo una carta de 2006 de Jassan Nasralah de Hezbolah, agradeciendo a la ciudad por acoger a refugiados del sur del Líbano. Esto fue durante la invasión israelí de ese año que desplazó a decenas de miles (Rehrl 2006). Al mismo tiempo, el sacerdote reconoció que, cuando en 2014 la ciudad fue amenazada por los terroristas de Yabhat al Nusra, respaldados por la OTAN, fueron jóvenes musulmanes del Líbano quienes defendieron la ciudad.

Aunque el progreso es lento, es esta cooperación levantina más amplia la que ha estado uniendo a los dos vecinos nuevamente, bajo un asedio común. La administración Biden tuvo que renunciar a sus propias "sanciones" a terceros y así permitir "la primera visita oficial" (MEO 2021) de una delegación del gobierno libanés a Siria en diez años. Esto se debió a que la única alternativa energética al combustible iraní que se le ocurrió a Washington era transportar gas egipcio o jordano a través de Siria hasta el Líbano (Martin 2021). Dio la casualidad de que el combustible iraní barato (que se pagará en moneda libanesa) llegó mientras la idea del gas egipcio-jordano aún enfrentaba incertidumbres y finalmente fue bloqueado por el Banco Mundial con sede en Washington (*Egypt Today* 2022).

A largo plazo, ambos países se necesitan mutuamente. El Líbano ha sido el centro costero altamente comercializado y Siria el interior más fuerte y productivo. Un obstáculo importante para una cooperación más profunda es el sistema sectario y privatizado del Líbano. Eso impide que el pequeño país se imponga tanto en casa como en el extranjero, justo lo que quieren Estados Unidos, Francia y Gran Bretaña.

3. Resistencia y recuperación

A pesar de estar bajo extrema presión, Siria se ha ido estabilizando. Frente a una guerra masiva patrocinada seguida de múltiples intervenciones extranjeras, ha recuperado casi todas sus ciudades principales y, a diferencia del Líbano, produce la mayoría de sus propios bienes básicos. Las relaciones con Irán, Rusia y China están sentando las bases tanto para una estrategia de seguridad como para una economía exterior reestructurada.

La capacidad de recuperación del país proviene de su carácter resistente; pero eso también lo ha convertido en un objetivo para las grandes potencias. Su negativa centenaria de recibir órdenes de potencias extranjeras y su resistencia a repetidas intervenciones extranjeras se remontan a la antigüedad, cuando la reina Zenobia rompió con el dominio romano (Stoneman 1995). Se enardeció un siglo atrás cuando el sultán Pasha al Atrash encabezó la Gran Revuelta Árabe de la década de 1920 contra el poder colonial francés (Provenza, 2005); y volvió a resurgir al derrotar una guerra masiva de una década de duración impulsada por Washington, con otros Estados de la OTAN y las monarquías del Golfo Pérsico (Anderson, 2016).

Siria, como nación árabe, alguna vez incluyó la actual Iskenderun (en Turquía), el Líbano, Palestina y Jordania. Los colonos intentaron aplastar su ideología panárabe, que se levantó contra los franceses y los británicos, lo que llevó a la duramente reñida renovación por la independencia en 1947. El panarabismo que forma la base del Partido Árabe Sirio Baath y otros grupos como los naseristas y el Partido Socialista Nacional Sirio, es un reflejo de los pueblos de habla árabe de la región, con una historia, aspiración y cultura compartidas (Al Jaafari 2022).

Además, casi de manera única en la región, Siria lidera el proceso de separar la religión de la política, lo que respalda sus tradiciones árabes más amplias e inclusivas y su defensa histórica de múltiples comunidades sociales. El famoso pluralismo de Siria fue atacado por los grupos terroristas patrocinados por la OTAN, principalmente Yabhat al Nusra y el ISIS o Daesh abusaron de las comunidades minoritarias en contravención del mandato coránico y de la práctica islámica histórica, mientras masacraban a cualquiera que respaldara al gobierno de Damasco.

La estrategia estadounidense tenía como objetivo hacer de Siria "un Estado fallido". Eso significaba socavar los medios de subsistencia y fortaleza de Siria: el trigo, agua, petróleo, la presa de Tabaqa, la irrigación para la agricultura, sistemas de salud y fuentes de energía. Sin un Estado, las potencias extranjeras pueden hacer "lo que quieran, porque no existe el Estado" (Al Jaafari 2022). Pero Siria, con sus aliados regionales, había resistido durante cuatro años antes de que Rusia acudiera en su ayuda. Después de eso, el progreso fue consistente, aunque costoso. El ejército árabe sirio cargó con la mayor parte de los sacrificios para liberar las ciudades y pueblos de Siria.

La estrategia económica independiente de Siria en el período posterior puede considerarse en términos internos e internacionales. A nivel interno existe un enorme esfuerzo por mantener la unidad social y luego centrarse en la producción, la autosuficiencia y el apoyo social o los subsidios. Para ello ha sido fundamental el mantenimiento de un Estado, un ejército y una constitución pluralista que funcionen. A nivel internacional, la estrategia ha sido oponerse al bloqueo occidental y al mismo tiempo construir nuevas relaciones con los bloques orientales emergentes.

En términos internos, el presidente Bashar al-Assad, después de tomar juramento para un cuarto mandato en 2021, enfatizó la importancia de la producción, la inversión y la lucha contra la corrupción, en vista de las difíciles circunstancias económicas. El aumento de la producción era "la clave para mejorar los medios de vida". Todavía era posible realizar algunas inversiones, especialmente en el campo de las energías renovables (CGTN 2021). La cohesión social se mantuvo mediante una serie de subsidios sociales para la mayoría de las personas, aunque se han recortado para los sirios más ricos (MEMO 2021).

A nivel internacional, mientras trabaja contra la propaganda utilizada para sostener el bloqueo económico occidental (quizás fragmentando a los europeos, que a menudo tienen una visión distinta a la de la Unión Europea), Siria ha iniciado un compromiso con las instituciones del este y del sur, a su vez producto de de insatisfacción generalizada con las instituciones dominadas por Occidente, como el Fondo Monetario Internacional (FMI), el Banco Mundial, la Organización Mundial del Comercio (OMC) y el sistema SWIFT basado en el dólar. Siria tiene relaciones bilaterales sólidas y en desarrollo con otros Estados bajo bloqueo, como Irán, Venezuela, Cuba y Rusia. Irán, a su vez, tiene relaciones de "asociación estratégica" tanto con Rusia como con China (Carl, Fitzpatrick y Lawlor 2022; Hamrah y Eliasen 2021) y recientemente se ha unido a la Organización de Cooperación de Shanghai (OCS) (*Telesur* 2022).

El ascenso de los BRICS y la OCS muestra que una "parte asiática del mundo" sustancial ha renunciado a organizaciones dominadas por Occidente como la OMC, el FMI y el Banco Mundial. Ya no creen en estos y quieren crear alternativas"; eso incluye a Siria, que ha solicitado unirse a la OCS (al Jaafari 2022). Eso podría eludir el sistema SWIFT controlado por los Estados Unidos y abrir nuevos mecanismos financieros para reiniciar el comercio y la inversión.

El primer paso en la recuperación debe ser la liberación de los territorios ocupados por Turquía, Estados Unidos e Israel. Eso liberará recursos humanos y naturales. En segundo lugar está abrir el acceso a una nueva arquitectura financiera, un proceso que muy probablemente será liderado por China y Rusia. En tercer lugar estará el desarrollo de la infraestructura y la integración regional, en particular las carreteras, los ferrocarriles, la energía y los canales de comunicación entre Teherán y el Mediterráneo. Algunos elementos de esto se han intentado antes, pero fueron descarrilados por divisiones y guerras impulsadas por Occidente. Sin embargo, esa integración sigue siendo la clave para el futuro de Siria y la región.

Referencias

Al Jaafari, Bashar (2021) Interview with this writer, Damascus, November

Al Jaafari, Bashar (2022) Interview with this writer, Damascus, September

Al Jazeera (2019) 'Saudi Arabia, UAE gave US arms to al-Qaeda-linked groups: Report', 5 February, online: https://www.aljazeera.com/news/2019/2/5/saudi-arabia-uae-gave-us-arms-to-al-qaeda-linked-groups-report

Anderson, Tim (2016) The Dirty War on Syria, Global Research, Montreal

Anderson, Tim (2019) Axis of Resistance, Clarity Press, Atlanta

Anderson, Tim (2021) 'Sanctions as Siege Warfare', Centre for Counter Hegemonic Studies, 14 June, online: https://counter-hegemonic-studies.site/sanctions-3/

BBC (2019) 'Yemen: Western powers may be held responsible for war crimes – UN', 4 September, online: https://www.bbc.co.uk/news/world-middle-east-49563073

BBC (2020) 'Lebanon's Gebran Bassil hit by US sanctions 'for corruption'', 6 November, online: https://www.bbc.com/news/world-middle-east-54823667

Byrd, William (2022) 'Demands for Prompt Return of Afghan Central Bank Reserves Miss the Full Picture', US Institute of Peace, 15 August, online: https://www.usip.org/publications/2022/08/demands-prompt-return-afghan-central-bank-reserves-miss-full-picture

Carl, Nicholas; Kitaneh Fitzpatrick, and Katherine Lawlor (2022) Russia and Iran double down on their strategic partnership, Institute for the Study of War, 11 August, online: https://www.understandingwar.org/backgrounder/russia-and-iran-double-down-their-strategic-partnership

CGTN (2021) 'Assad highlights production, investment, anti-corruption as fourth term as Syrian president begins', 17 July, online: https://news.cgtn.com/news/2021-07-17/Assad-sworn-in-as-Syrian-president-11YoKmIOG1G/index.html

CGTN (2022) 'UN Human Rights official: Unilateral sanctions violate international law', 30 July, online: https://news.cgtn.com/news/2022-07-30/UN-official-Unilateral-sanctions-violate-international-law-1c5CHprNcxa/index.html

Chehayeb, Kareem (2021) 'Hezbollah-brokered Iranian fuel arrives in crisis-hit Lebanon', Al Jazeera, 16 September, online: https://www.aljazeera.com/news/2021/9/16/first-shipment-hezbollah-iranian-fuel-arrives-lebanon

Cole, Brendan (2018) 'Mike Pompeo Says Iran Must Listen to U.S. 'If They Want Their People to Eat'', Newsweek, 9 November, online: https://www.newsweek.com/mike-pompeo-says-iran-must-listen-us-if-they-want-their-people-eat-1208465

Egypt Today (2022) 'Gas deal between Egypt, Lebanon stalled because of WB new terms: Minister', 19 September, online: https://www.egypttoday.com/Article/3/119305/Gas-deal-between-Egypt-Lebanon-stalled-because-of-WB-new

Guterres, António (2021) 'As Plight of Syrians Worsens, Hunger Reaches Record High, International Community Must Fully Commit to Ending Decade-Old War, Secretary-General Tells General Assembly', United Nations, 30 March, online: https://press.un.org/en/2021/sgsm20664.doc.htm

Hamrah, Satgin and Alexander Eliasen (2021) 'The China-Iran Strategic Partnership: 40 Years in the Making', 4 December, online: https://thediplomat.com/2021/12/the-china-iran-strategic-partnership-40-years-in-the-making/

HOS (2020) 'Syria by admissions – revisited, Hands Off Syria, YouTube, 13 November, online: https://www.youtube.com/watch?v=fjtdJX2gVmI

HOS (2021) 'Syrian students flood Hasakeh's state schools, despite SDF/QSD repression', hands Off Syria, YouTube, 28 October, online: https://www.youtube.com/watch?v=sifwoflSmr4

Hussain and Sen (2020) 'EU guidance impedes humanitarian action to prevent COVID-19 in Syria', The Lancet, 2 July, online: https://www.thelancet.com/journals/langlo/article/PIIS2214-109X(20)30289-8/fulltext

Karasapan, Omar (2021) 'The coming crisis in Idlib', Brookings, 13 May, online: https://www.brookings.edu/blog/future-development/2021/05/13/the-coming-crisis-in-idlib/

Lee, Michael (2021) 'Mass starvation looms in Afghanistan as half the country faces hunger under Taliban rule', New York Post, 7 December, online: https://nypost.com/2021/12/07/mass-starvation-looms-in-afghanistan-as-half-the-country-faces-hunger-under-taliban-rule/

Lubold, Gordon, Benoit Faucon and Felicia Schwartz (2021) 'Israeli Strikes Target Iranian Oil Bound for Syria', Wall Street Journal, 11 March, online: https://www.wsj.com/articles/israel-strikes-target-iranian-oil-bound-for-syria-11615492789

Mackler, Jeff (2018) 'The US Plan to Partition Syria', CounterPunch, 9 February, online: https://www.counterpunch.org/2018/02/09/the-us-plan-to-partition-syria/

Martin, Jose Maria (2021) 'Lebanon to reactivate Arab Gas Pipeline to import natural gas from Egypt', Atalayar, 29 December, online: https://atalayar.com/en/content/

lebanon-reactivate-arab-gas-pipeline-import-natural-gas-egypt

MEMO (2021) 'Syria to lift subsidy system from richest citizens', Middle East Monitor, 4 November, online: https://www.middleeastmonitor.com/20211104-syria-to-lift-subsidy-system-from-richest-citizens/

MEMO (2022) 'Syria war has cost $650bn, poverty rate hits 90%', Middle East Monitor, 4 October, online: https://www.middleeastmonitor.com/20221004-syria-war-has-cost-650bn-poverty-rate-hits-90/

MEO (2021) 'TV report on major development in Syria-Lebanon ties', Middle East Observer, 24 September, online: http://middleeastobserver.net/tv-report-on-major-development-in-syria-lebanon-ties/

Nehme, Dahlia (2017) 'Syria sanctions indirectly hit children's cancer treatment', Reuters, 16 March, online: https://www.reuters.com/article/us-mideast-crisis-syria-sanctions-idUSKBN16M1UW

Norfolk, Andrew (2021) 'Qatar 'funnelled millions of dollars to Nusra Front terrorists in Syria'', The Sunday Times. 4 June, online: https://www.thetimes.co.uk/article/qatar-funnelled-millions-of-dollars-to-nusra-front-terrorists-in-syria-x5rnbsr3l

OCHA (2022) 'Under-Secretary-General for Humanitarian Affairs and Emergency Relief Coordinator, Mr. Martin Griffiths - Briefing to the Security Council on the humanitarian situation in Syria, 20 June, online: https://reliefweb.int/report/syrian-arab-republic/under-secretary-general-humanitarian-affairs-and-emergency-relief-coordinator-mr-martin-griffiths-briefing-security-council-humanitarian-situation-syria-20-june-2022

OFAC (2022) 'Specially Designated Nationals List - Data Formats & Data Schemas', U.S. Department of Treasury, online: https://home.treasury.gov/policy-issues/financial-sanctions/specially-designated-nationals-list-data-formats-data-schemas

OHCHR (2015) 'Sudan: Unilateral sanctions hit the innocent harder than the political elites, warns UN rights expert', Office of the High Commissioner for Human Rights, 1 December, online: https://www.ohchr.org/en/press-releases/2015/12/sudan-unilateral-sanctions-hit-innocent-harder-political-elites-warns-un

OHCHR (2019) 'Yemen: Collective failure, collective responsibility – UN expert report', Office of the High Commissioner for Human Rights, 1 December, online: https://www.ohchr.org/en/press-releases/2019/09/yemen-collective-failure-collective-responsibility-un-expert-report?LangID=E&NewsID=24937

OHCHR (2020) 'US must remove sanctions and allow Syria to rebuild – UN expert', Office of the High Commissioner for Human Rights, 29 December, online: https://www.ohchr.org/en/press-releases/2020/12/us-must-remove-sanctions-and-allow-syria-rebuild-un-expert

OHCHR (2021) 'A/HRC/48/59/Add.2: Visit to the Bolivarian Republic of Venezuela - Report of the Special Rapporteur on the negative impact of unilateral coercive measures on the enjoyment of human rights, Alena Douhan', online: https://www.ohchr.org/en/documents/country-reports/ahrc4859add2-visit-bolivarian-republic-venezuela-report-special

OHCHR (2022) 'UN expert calls for lifting of long-lasting unilateral sanctions 'suffocating' Syrian people', Office of the High Commissioner for Human Rights, 10 November, online: https://www.ohchr.org/en/node/104160

OTH (1960) '499. Memorandum From the Deputy Assistant Secretary of State for Inter-American Affairs (Mallory) to the Assistant Secretary of State for Inter-American Affairs (Rubottom), Foreign Relations of the United States, 1958–1960, Cuba, Vol. VI, Office of the Historian, 6 April, Washington, online: https://history.state.gov/historicaldocuments/frus1958-60v06/d499

Palast, Gregory (2001) 'IMF's four steps to damnation', The Guardian, 29 April, online: https://www.theguardian.com/business/2001/apr/29/business.mbas

Provence, Michael (2005) The Great Syrian Revolt, University of Texas Press, Austin

Qaddour, Jomana (2021) 'Civil War Has Left Syria In Ruins And Its People In Poverty', NPR, 18 March, online:

https://www.npr.org/2021/03/18/978495982/civil-war-has-left-syria-in-ruins-and-its-people-in-poverty?t=1635858994268

Rehrl, Annette (2006) 'Syrian villagers open their doors to mass arrival of Lebanese refugees', UNHCR, 8 August, online: https://www.unhcr.org/news/latest/2006/8/44d8ca652/syrian-villagers-open-doors-mass-arrival-lebanese-refugees.html

Reuters (2021) 'U.S. issues sanctions tied to supporters of Hezbollah, Iran', 18 September, online: https://www.reuters.com/world/middle-east/us-issues-sanctions-tied-supporters-hezbollah-iran-treasury-2021-09-17/

Reuters (2021a) 'Lebanon's Mikati says IMF talks a necessity not a choice', 20 September, online: https://www.reuters.com/world/middle-east/lebanons-mikati-says-imf-talks-necessity-not-choice-2021-09-20/

Shatz, Howard (2021) 'The Power and Limits of Threat: The Caesar Syrian Civilian Protection Act at One Year', Rand, 8 July, online: https://www.rand.org/blog/2021/07/the-power-and-limits-of-threat-the-caesar-syrian-civilian.html

Snaije, Bassem (2022) 'Lebanon: Financial crisis or national collapse?', CIDOB, June, online: https://www.cidob.org/es/publicaciones/serie_de_publicacion/notes_internacionals_cidob/275/lebanon_financial_crisis_or_national_collapse

Stoneman, Richard (1995) Palmyra and Its Empire: Zenobia's Revolt against Rome, University of Michigan Press, Michigan

Tehran Times (2021) 'U.S.-backed SDF militants steal 140,000 barrels per day of Syrian oil in Hasakah', 22 February, online: https://www.tehrantimes.com/news/458438/U-S-backed-SDF-militants-steal-140-000-barrels-per-day-of-Syrian

Telesur (2022) 'Iran to Become Full Member of Shanghai Cooperation Organization', 15 September, online: https://www.telesurenglish.net/news/Iran-to-Become-Full-Member-of-Shanghai-Cooperation-Organization-20220915-0004.html

UNSC (2015) UNSC Resolution 2258 (2015), Adopted by the Security Council at its 7595th meeting, on 22 December 2015, online: https://documents-dds-ny.un.org/doc/UNDOC/GEN/N15/447/61/PDF/N1544761.pdf[1]

UNSC (2021) UNSC Resolution 2585 (2021), Adopted by the Security Council at its 8817th meeting, on 9 July 2021, online: http://unscr.com/en/resolutions/doc/2585

WFP (2022) 'The world's worst humanitarian crisis', World Food programme, online: https://www.wfp.org/yemen-crisis

---

1. https://documents-dds-ny.un.org/doc/UNDOC/GEN/N15/447/61/PDF/N1544761.pdf?OpenElement

Worldometers (2022) 'COVID-19 CORONAVIRUS PANDEMIC', 25 October, online: https://www.worldometers.info/coronavirus/

14. Un puente terrestre iraní hacia China

Gráfico uno: La alianza de Asia Occidental liderada por Irán tiene las mejores perspectivas de integración con la infraestructura china, incluidos trenes muy rápidos. Fuente CGTN

• • • •

La idea de "un puente terrestre iraní" conmociona la imaginación de Washington, los israelíes y otros comprometidos con la desestabilización occidental de Asia Occidental. Ese grupo considera que la construcción de fuertes vínculos entre Irán y el Levante es el resultado de los fracasos de Estados Unidos en Irak, Siria y el Líbano, y también como "a largo plazo, la amenaza existencial más grave para Israel" (Milburn 2017: 35). La noción tiene un significado aún más amplio: un Irán grande e independiente es fundamental para la competencia entre los Estados Unidos y China y para los esfuerzos del gigante norteamericano de obstruir la creación China de una "nueva ruta de la seda" a través del supercontinente euroasiático.

A primera vista, debería parecer obvio que China, el gigante de Asia Oriental, tenga ventajas tanto logísticas como morales sobre el gigante norteamericano que, desde el otro lado del mundo, ha librado principalmente la guerra y tratado de dividir, dominar y desestabilizar una serie de naciones de Asia Occidental. China, por el contrario, avanza en su mayor parte de manera lenta y constante, desarrollando su poder económico con la lógica del beneficio mutuo.

Sin embargo, ese contraste no siempre es obvio, particularmente en la medida en que la experiencia norteamericana en doble discurso y su dominio de las industrias culturales y mediáticas confunden el asunto. Por lo tanto, el futuro político y económico de la región de Asia Occidental está empañado por la mitología imperial, una construcción que debemos abordar aquí antes de pasar a las importantes cuestiones del realineamiento estratégico y la integración económica. Como principal Estado independiente de la región, Irán se ha convertido en un elemento central tanto para la resistencia regional como para la transmisión a los pueblos de Asia Occidental de los beneficios políticos y económicos de la reestructuración global.

1. ¿Un "puente terrestre iraní"?

En algunos escritos anteriores más reflexivos, se había hablado de Irán como el "punto central" de un corredor euroasiático norte-sur, creando un puente entre "dos importantes zonas energéticas del Caspio y el Golfo Pérsico" (Homayoun 1997), o como un "puente terrestre entre el Mar Caspio y el Golfo Pérsico", en relación con la orientación futura de Irán (Sciolino 2001). Empero, una Eurasia integrada ya era un espectro para los estrategas estadounidenses, amenaza sobre la cual advirtió Zbigniew Brzezinski (1997a). ¿Cómo podría Washington mantener su predominio sobre Asia y Europa si hubieran buenas relaciones en toda Eurasia y, en particular, entre China, Rusia y Europa occidental?

El poder potencial de Eurasia eclipsaría al de los Estados Unidos, afirmó, instando a realizar esfuerzos para bloquear cualquier nuevo polo de poder, especialmente aquellos que ayudarían a integrar Asia con Europa (Brzezinski 1997b). Para mantener la "supremacía" global, Washington tuvo que desarrollar "una geoestrategia euroasiática integral e integrada" (Brzezinski 1997a: xiv). Esto significaría crear una barrera en Europa del este para bloquear la influencia rusa y una barrera en Europa Central para contener la expansión de China.

Con la segunda ola de "nuevas guerras en Oriente Medio" en marcha en septiembre de 2011, la Secretaria de Estado Hillary Clinton anunció su ambición de una "Nueva Ruta de la Seda" estadounidense que pudiera "unir a una región desgarrada durante demasiado tiempo por conflictos y divisiones" (Clinton 2011). La referencia a oponerse al "conflicto y la división" fue sorprendentemente cínica, y se produjo inmediatamente después de las invasiones encabezadas por los Estados Unidos en Afganistán e Irak, una renovada invasión israelí del Líbano, la destrucción de Libia por parte de la OTAN y la guerra apadrinada para el cambio de régimen en Siria. Pero la idea de Clinton de integrar el Afganistán ocupado por ellos a la India y Pakistán tenía poca sustancia real. Un comentarista comprensivo destacó las ideas estadounidenses para los proyectos energéticos entre Turkmenistán, Afganistán y Pakistán, pero observó de que se trataba de "cimientos difícilmente firmes" para un futuro afgano y que "no esta claro que los vecinos de Afganistán vayan a estar interesados'', dados los riesgos involucrados (Kucera 2011).

El gran vecino occidental de Afganistán, Irán, por mucho tiempo ha sido blanco de la hostilidad estadounidense desde la revolución de 1979. El sitio de inteligencia estadounidense *Stratfor* habló de la república Islámica con una mezcla de celosa confusión y agudeza. Por un lado, Irán era visto como un "puente terrestre para el sur de Asia" y al oeste, un conquistador potencial de las llanuras iraquíes ricas en recursos; por el otro, como una nación fuerte y centralizada preocupada principalmente por la "cohesión interna" y desconfiada de los esfuerzos de sus enemigos de "fomentar la disidencia étnica" y el separatismo en sus fronteras. El periódico añadió que Washington estaba haciendo precisamente eso utilizando a las minorías baluchi, árabe y kurda (*Stratfor* 2011).

Sin embargo, Irán fue visto más significativamente como una amenaza debido a su potencial para respaldar a las fuerzas regionales que se oponen a las intervenciones y ocupaciones estadounidenses. Un artículo más amplio, que simpatiza con la estrategia de Obama y Clinton, expuso las diferencias entre las opiniones china y estadounidense sobre una "Nueva Ruta de la Seda", mientras argumentaba (sin mucha evidencia y antes de que se revelara la Iniciativa de la Franja y la Ruta (BRI) de Beijing): que China estaba llevando a cabo un proyecto imperial al estilo japonés (Lin 2011).

Sin embargo, el discurso de Washington sobre una "Nueva Ruta de la Seda" fue mayoritariamente retórico, mientras que las medidas de China fueron sustanciales y basadas en la historia. De hecho, es imposible hablar de una "Ruta de la Seda" sin una referencia implícita a China, el punto de origen de la seda comercializada con Europa; aunque es muy fácil hablar de una sin los Estados Unidos. Más aún rechazar una equivalencia moral entre Washington y Beijing, en términos de motivos imperiales, no descarta el hecho de que estamos presenciando un nuevo "gran juego" entre grandes potencias (Chen y Fazilov, 2018). Cualquier expansión de la influencia china se considera en América del Norte una "amenaza" a la hegemonía estadounidense.

La Ruta de la Seda original era una ruta comercial de China a Europa, que pasaba por Asia central y persistía desde el siglo II a.C. hasta el siglo XVI d.C. (Vaid 2016). Las ideas de un renacimiento parecen haber llegado a mediados del siglo XX. En 1959, la Comisión Social y Económica para el Asia y el Pacífico (CESPAP) de las Naciones Unidas presentó una propuesta para un proyecto de Red Ferroviaria Transasiática (TAR), que uniría Shanghai con Rotterdam en Europa, abriendo también nuevas posibilidades comerciales para los países sin litoral de Asia Central (Rousseau 2011).

El primer ministro chino, Li Pen, durante una visita a Asia central en 1994, dijo que "era importante abrir una versión moderna de la Ruta de la Seda". Poco después, el primer ministro de la India respaldó la idea (Vaid 2016). Fue en una conferencia de la UNESCAP en noviembre de 2006 que alrededor de 40 países acordaron ayudar con una red ferroviaria de 81.000 kilómetros, que une a 28 países por carretera y mar con los mercados europeos (Rousseau 2011).

• • • •

Table 1: Which 'Iranian Landbridge'?	
A	Historical north-south conduit between the Caucasus, the Persian Gulf and South Asia
B	Threat to US-Israeli 'divide and rule' plans for the region
C	Potential regional fulcrum of eastern integration

Cuadro Uno: ¿Qué "puente terrestre iraní"?

Dejando de lado por un momento la primera y más antigua línea euroasiática, el ferrocarril transiberiano del norte que cruza Rusia (Liliopoulou, Roe y Pasukeviciute 2005), China es la que más ha hecho en los últimos años para construir nuevos enlaces de transporte euroasiáticos (Lin 2011). En términos simples, el segundo corredor va desde Lianyungang en el noreste chino a través de Mongolia y Rusia hasta la ciudad portuaria de Rotterdam. *China Daily* en 2004 habló de este segundo corredor como un "puente continental euroasiático", en uso desde 1992, que permitirá a China "desarrollar sus propias regiones occidentales cooperando con los países de Asia Central y Occidente" (Fu 2004). El tercer corredor comienza en el sureste industrial de China y atravesará muchas naciones de Asia central y occidental. Tanto este segundo como tercer corredor permiten el paso terrestre de mercancías chinas en tiempos mucho más cortos que las rutas marítimas equivalentes, al tiempo que unen a más de 40 países asiáticos y euroasiáticos (Fu 2004; Lin 2011; Xu y Schramm 2020).

• • • •

Todo esto fue precursor del anuncio del presidente Xi Jinping durante sus visitas de 2013 a Kazajstán e Indonesia de una 'Iniciativa de la Franja y la Ruta' (BRI), una inversión china masiva en infraestructura dirigida principalmente a los vínculos euroasiáticos, pero que también llega a África y América Latina (Zhang 2019). El Banco Mundial, con sede en Washington, estima beneficios sustanciales en la reducción de los tiempos de viaje, la expansión del comercio y la reducción de la pobreza para las 70 "economías del corredor" de la Iniciativa de la Franja y la Ruta (*Ruta* 2018). La propia China habla de enormes beneficios mutuos (CGTN 2022). El Consejo de Relaciones Exteriores de los Estados Unidos (CFR) reconoce que tal iniciativa ampliaría "significativamente" la influencia económica y política de China, aunque le preocupa que también pueda ser "un caballo de Troya para el desarrollo regional y la expansión militar liderados por China" (Charsky y McBride 2020). La principal prueba sugerida en la "expansión militar" china fue el compromiso de China de utilizar su ejército para proteger la infraestructura y la inversión en el extranjero (Lin 2011: 10). Esto está muy lejos de los cientos de bases en el extranjero que mantiene Washington. China tampoco ha perseguido ningún equivalente a las múltiples invasiones, intervenciones y ocupaciones militares no solicitadas de Washington en Asia Occidental (Afganistán, Irak, Siria, Libia, Yemen) (Anderson, 2019).

La clave para reconciliar los puntos de vista opuestos es recordarnos que Washington considera que la expansión de la influencia china en Eurasia erosiona sus propios puntos de apoyo hegemónicos en los continentes asiático y europeo. La obstrucción de Asia Occidental y la integración euroasiática es precisamente la razón por la que existen esfuerzos tan prolongados para dividir a Irán de Irak, fragmentar a Irak y Siria internamente, colocar fuerzas de ocupación en las fronteras de Irak y Siria, dividir a Yemen y desestabilizar Xinjiang en China occidental.

Por el contrario, desde la perspectiva China, el "puente terrestre euroasiático" es fundamental para una reestructuración global que promoverá los intereses político-económicos chinos y atraerá a participantes de buena voluntad. Desde la perspectiva de Asia Occidental, este proceso se centra en Irán y más recientemente se habla de él como un "puente terrestre iraní" por dos razones principales; la primera es que Irán es el líder estratégico indiscutible del bloque de naciones independientes de Asia Occidental: Palestina, Líbano, Siria, Yemen, Irak y el propio Irán. Los israelíes temen una fuerte coalición liderada por Irán en las "fronteras" de la Palestina ocupada. Es por eso que los estrategas sionistas consideran "un puente terrestre seguro desde Irán a Siria y el Líbano... [como] la amenaza existencial a largo plazo más grave para Israel" (Milburn 2017: 1) y abogan por ataques directos continuos contra Irán junto con el apoyo a los separatistas kurdos en Irak y Siria (Milburn 2017: 35, 46). Los analistas militares estadounidenses, de manera similar, ven un "Corredor terrestre iraní hacia el Mediterráneo" como un elemento clave en "la campaña continua de Irán para perseguir una influencia hegemónica en el Oriente Medio, exportar su ideología revolucionaria y amenazar a Israel y Occidente" (Adesnik McMaster y Taleblu 2019). Al igual que con la expansión económica de China a través de una Nueva Ruta de la Seda, Washington busca tildar a un actor indígena como una especie de aventurero rival.

La segunda razón para centrarse en Irán y hablar de un puente terrestre iraní es que las relaciones estratégicas de Irán con Rusia y China se han vuelto clave para la transmisión de los beneficios de la reestructuración global a las otras naciones de Asia occidental. Esto se debe a su voluntad política, recursos energéticos, capacidad tecnológica e industrial y a su integración con los demás miembros de este "Eje de Resistencia". Por lo tanto, las nuevas asociaciones estratégicas de Irán son fundamentales para considerar el futuro político y económico de Asia occidental, una región actualmente dividida y asediada.

• • • •

2. Nuevas relaciones estratégicas

Con el asedio económico casi integral de los Estados Unidos y la Unión Europea sobre Asia Occidental, el futuro económico en la región se está construyendo de tres maneras principales: la autosuficiencia, la búsqueda de algunas aperturas en el bloqueo y la construcción de nuevas relaciones económicas con los bloques del este y del sur. Este último, si bien es un proyecto a más largo plazo, ofrece la mayor esperanza, dada la obstinación del asedio occidental. Si bien naciones más pequeñas como Palestina, Líbano, Siria, Yemen e Irak están revisando sus propias relaciones externas, parece probable que se transmitan mayores beneficios a través de las asociaciones estratégicas de Irán con Rusia y China. Esto se debe a que Rusia y China se han trasladado primero a la nación más grande y decisiva de Asia occidental con enormes recursos energéticos y la mayor capacidad de cooperación.

Las evaluaciones de los avances en la reestructuración deben considerar las nuevas asociaciones estratégicas de Irán y los grupos internacionales liderados por Rusia y China, en particular los BRICS y la OCS. En ese contexto podemos comprender mejor proyectos particulares, como los oleoductos y gasoductos regionales.

El acuerdo de asociación estratégica China-Irán, firmado por los respectivos ministros de Asuntos Exteriores en marzo de 2021, fue la culminación de crecientes relaciones bilaterales durante más de cuatro décadas. China comenzó a intensificar su comercio con Irán durante la guerra entre Irán e Irak, cuando Washington y la mayor parte del mundo respaldaron a Irak (Weisskopf 1983; Hamrah y Eliasen 2021). Siempre hubo un elemento estratégico en las relaciones, en el sentido de que ambas naciones luchaban contra la hegemonía estadounidense. Más recientemente, el líder de Irán, Sayed Ali Jamenei, concluyó que "la era posterior a Estados Unidos ha comenzado" (Blankenship 2021).

Las grandes inversiones chinas en Irán crecieron de manera constante a partir de 2014, cuando comenzamos a ver múltiples proyectos (en varios campos, pero particularmente en petróleo y ferrocarril) que superan los mil millones de dólares (Green y Roth 2021: 20-21). El acuerdo de marzo de 2021 compromete cientos de miles de millones de dólares en una gama muy amplia de áreas durante 25 años. Si bien no reacciona a ninguna maniobra estadounidense en particular (como las "sanciones de máxima presión" o los intentos de restringir la tecnología nuclear de Irán), existe un claro objetivo conjunto de hacer frente al "unilateralismo" estadounidense y desarrollar un "multilateralismo genuino" (Blankenship 2021). Los elementos clave del acuerdo de asociación estratégica son la construcción del más alto nivel de diplomacia, reuniones periódicas de alto nivel con apoyo mutuo para objetivos estratégicos como la política de "Una China" y el apoyo al papel ampliado de Irán en su propia región. Irán apoyará la Iniciativa de la Franja y la Ruta de China y China invertirá en el sector energético de Irán. Habrá una mayor cooperación en los medios de comunicación, la defensa, la seguridad, el derecho y la cultura. La cooperación en "multipolarización" incluirá atraer a Irán y sus aliados regionales a la Organización de Cooperación de Shanghai (Lumsden 2022).

Los análisis norteamericanos de esta nueva asociación entre dos grandes naciones consideradas rivales suelen conllevar supuestos "excepcionalistas". Por ejemplo, a menudo se hace referencia al acuerdo como "decididamente opuesto al orden internacional liderado por los Estados Unidos", incluido el "desafío" a las "sanciones" estadounidenses (Green y Roth 2021: 3). Por supuesto, esto se refiere a una orden y medidas coercitivas, que no tienen base en el derecho internacional.

Paralelamente, Irán ha desarrollado relaciones estratégicas con Rusia, aunque con algunas diferencias. La creciente relación entre Irán y Rusia fue considerada al principio más como una "alianza táctica" que como una asociación estratégica. Los objetivos y las relaciones institucionales no estaban tan bien desarrolladas (Kortunov 2021). Sin embargo, la intervención rusa de 2015 en defensa de Siria y, más aún, la intervención Rusa provocada en Ucrania en 2022, actuaron para aumentar los niveles de cooperación. La guerra en Ucrania ayudó a crear mayores causas contra las medidas coercitivas de Estados Unidos, y algunos analistas occidentales sugirieron que esta cooperación más estrecha ayudó a construir una "relación potencialmente más equilibrada en la que Rusia ya no es la parte dominante" (Carl, Fitzpatrick y Lawlor 2022: 1).

En cualquier caso, está claro que una buena parte de esta nueva cooperación se ha producido en el sector energético. En 2021 las exportaciones rusas de gas (241 mil millones de metros cúbicos) fueron catorce veces mayor que las de Irán (17 mil millones de metros cúbicos), pero en 2022 se estaban abriendo nuevas oportunidades para operaciones conjuntas (Mikovic 2022). En julio de 2022, Gazprom y la Compañía Nacional de Petróleo de Irán firmaron un acuerdo por un valor de 40.000 millones de dólares

(*Iran International* 2022a). Esta cooperación implica necesariamente no solo una nueva infraestructura, incluidos gasoductos que eluden las medidas del bloqueo de los Estados Unidos, sino también cooperación militar, nuevos centros comerciales, vuelos de pasajeros, comercio de alimentos y cooperación financiera a través del sistema de pagos MIR de Rusia (Carl, Fitzpatrick y Lawlor 2022).

Las ambiciones energéticas rusas en Irak y Siria también se basan en sus asociaciones con Irán. Estaba previsto que Gazprom de Rusia ayudara a reconstruir el gasoducto de Kirkuk (Irak) a Baniyas (Siria) en 2007, pero esto se vio estancado por problemas en el lado iraquí. El proyecto se renovó en 2010, pero se estancó nuevamente con la guerra patrocinada de Washington contra Siria. Desde entonces, las empresas rusas han intentado mediar entre Erbil (la administración regional del Kurdistán) y Bagdad. Incluso si Rusia e Irán compiten por participaciones en el sector energético de Siria (Grajewski 2021: 5-6), la asociación más sólida puede ayudar a abordar estas tensiones (Salih 2019). En cualquier caso, el ámbito más amplio de cooperación entre Rusia e Irán se está expandiendo constantemente, con las exportaciones de energía a la vanguardia.

Una lógica similar se aplica a la cooperación bien establecida entre Irán y Venezuela. Si bien Irán y Venezuela han desarrollado una amplia gama de asociaciones industriales, bajo un plan de cooperación de 20 años, los vínculos energéticos se han mantenido en el centro. En 2020, Irán ayudó a Venezuela a reiniciar la unidad de craqueo catalítico en su refinería Cardón (Guanipa y Buitrago 2020) y poco después Irán abrió su propia refinería El Palito en Venezuela, vinculada a algunas iniciativas petroquímicas conjuntas (*Al Mayadeen* 2022). Irán también participa en una importante cooperación biotecnológica y farmacéutica con Cuba (ACN 2022), aunque sus inversiones en los sectores energético e industrial de Venezuela tienen un mayor peso económico.

La amplitud y el ritmo de la reestructuración se pueden ver en los grandes grupos internacionales creados por China y Rusia, en particular los BRICS, la Organización de Cooperación de Shanghai (OCS) y la Iniciativa de la Franja y la Ruta (BRI) de China.

Fue la sugerencia de Rusia a finales de la década de 1990 de "un punto central estratégico a tres bandas entre Rusia, India y China" (Simha, 2015) lo que finalmente condujo a la OCS y a los BRICS. La insatisfacción de China con los grupos del Banco Mundial, el FMI y la OMC dominados por Occidente (Huang, 2015) ciertamente ayudó. La OCS (con la mitad de la población mundial, una cuarta parte del PIB mundial y más de las tres cuartas partes de la masa continental de Eurasia) se creó en 2001 (SCO 2015) y los BRICS (con más del 40 por ciento de la población mundial y una cuarta parte de PIB mundial) en 2006 (BRICS India 2021). La OCS fue, al menos, una protección china contra el fracaso percibido de las instituciones globalistas lideradas por EEUU. Pero desde el declive de la OMC a principios del siglo XXI y la búsqueda general de nuevas oportunidades a través de organismos regionales, incluso los analistas estadounidenses vieron a la OCS como parte de "la creciente aceptación del regionalismo", especialmente en el emergente clima de 'guerra contra el terrorismo' promovido por Washington, con su triple enfoque en el terrorismo, el separatismo étnico y el extremismo (Boland 2011; Yuan 2010). Mientras tanto, Washington persiguió sus agendas a través de bloques regionales como los Acuerdos de Asociación Transatlántico y Transpacífico (Robert, 2016). Los objetivos de China en la OCS también eran globales, si no globalistas. La OCS declaró que sus objetivos generales eran "fortalecer la confianza mutua y la vecindad" y construir "un nuevo orden político y económico internacional democrático, justo y racional" (SCO 2015). De manera similar, los BRICS desarrollaron distintos objetivos políticos y económicos en industria, reducción de la pobreza y salud pública (Portal de información BRICS 2021).

Si bien los BRICS mantuvieron a sus cinco miembros principales durante sus primeros 15 años, en 2022 el grupo parecía estar al borde de una expansión significativa. Siete países más habían solicitado acceso (Argelia, Argentina, Irán, Arabia Saudita, Turquía, Egipto y Afganistán) y, con candidatos aún más probables, el grupo pronto podría incluir a más del 50 por ciento del mundo (Devonshire Ellis 2022). De manera similar, los 4 billones de dólares del megaproyecto de integración de China, la Iniciativa de la Franja y la Ruta (BRI), han atraído mucho interés en todo el mundo (Shira 2022). El presidente de Irán, Ebrahim Raisi, por su parte, antes de la VI Cumbre de la Conferencia sobre Interacción y Medidas de Fomento de la Confianza en Asia (CICA), dijo que la política exterior de Irán se "basaba en la construcción de relaciones con organizaciones regionales y extrarregionales [para]... la paz, estabilidad y seguridad" (IRNA 2022). En septiembre de 2022, Irán inició su adhesión como miembro de pleno derecho de la OCS (*Telesur* 2022) y Siria también solicitó convertirse en miembro (al Jaafari 2022).

Si bien los bloques OCS y BRICS tienen un tremendo potencial tecnológico, económico y comercial, Washington mantiene el dominio institucional en las finanzas, y esto presenta un obstáculo clave para el desarrollo independiente. El dominio se debe en parte a la aplicación de pagos en dólares en sectores clave, incluido el petróleo, y en parte a través del dominio estadounidense de los sistemas de comunicaciones interbancarias, en particular el sistema SWIFT. SWIFT ha operado en conjunto con los sistemas estadounidenses CHIPS, FEDWIRE y BANKWIRE, pero en los últimos años ha visto cierta competencia del SPFS de Rusia y el CIPS de China. Los europeos tienen sus propios sistemas, como el CHAPS del Reino Unido, pero los mecanismos europeos establecidos para evitar la dominación de Estados Unidos y SWIFT, como INSTEX, han logrado poco.

El sistema SWIFT (Sociedad de Telecomunicaciones Financieras Interbancarias Mundiales) se creó en 1973 para el intercambio de información fiable y seguro entre bancos. SWIFT no es un banco y no posee fondos ni cuentas. Aunque se creó en Bruselas, Bélgica, Estados Unidos ganó influencia gradualmente (Scott y Zachariadis, 2012) y ha llegado a dominar SWIFT a través del control del dólar por parte del Tesoro estadounidense y amenazas de imponer medidas coercitivas (sanciones) al propio SWIFT. Por ejemplo, en 2012 Washington amenazó a SWIFT con medidas coercitivas si no lograba eliminar a los bancos iraníes de la red (Eichengreen 2022: 2). En las últimas décadas, los protocolos legales internacionales sobre vigilancia e información sobre el lavado de dinero y la financiación del terrorismo han ayudado a consolidar el monopolio de SWIFT. El resultado es que SWIFT se ha convertido en un vehículo para hacer cumplir la mayoría de las medidas coercitivas unilaterales de Washington.

Los miembros de BRICS han considerado alternativas al SWIFT durante algunos años, dado que un nuevo sistema de información de pagos podría "proporcionar mayor independencia y crearía una garantía definitiva para los países sin riesgos asociados con decisiones arbitrarias... por parte de países que tienen el sistema de pagos actual". (AA 2015). En 2015, el Banco Popular de China (PBOC, el banco central de China) creó el CIPS (Sistema de Pagos Internacionales de China) como organismo independiente, supervisado por el PBOC. A mediados de 2022, CIPS contaba con 1.304 participantes, aproximadamente el 40 por ciento en China y el 60 por ciento en el extranjero. Sin embargo, se dice que el 80 por ciento de los mensajes CIPS también pasan por el sistema SWIFT, en parte debido a los inconvenientes del lenguaje basado en caracteres chinos (Eichengreen 2022: 4). La versión rusa de SWIFT, llamada SPFS (en traducción: Sistema para Transferencia de Mensajes Financieros) funciona desde hace algunos años junto con el CIPS de China. A finales de 2022, Rusia dijo que su sistema PESA se estaba expandiendo rápidamente, con más participantes extranjeros; sin embargo, Estados Unidos logró impedir que varios participantes utilizaran las tarjetas MIR de Rusia con una nueva ronda de sanciones (Marrow 2022). Se dijo que la participación global combinada del PESA y el CIPS fue del 10 por ciento en 2019 (Russia Briefing 2019).

En el momento de redactar este informe estaban en juego o se habían propuesto varios mecanismos nuevos para evitar la tiranía del dólar. En América Latina, Brasil y Argentina han propuesto una moneda común "para impulsar el comercio eliminando los costos de conversión y la incertidumbre del tipo de cambio" (Glover 2023). Esta idea existe desde hace algunos años en los círculos del ALBA. Y si bien se ha hablado de criptomonedas respaldadas por oro, en enero de 2023 comenzaron los informes de que Irán y Rusia estaban a punto de lanzar una moneda digital del banco central respaldada por oro (Fathi 2023). Poco después, Mohsen Karimi, del Banco Central de Irán, anunció que el sistema de telecomunicaciones financieras de Irán, SEPAM, ha establecido enlaces informáticos directos con todos los bancos rusos "y 106 bancos no rusos en 13 países", obviando así la necesidad del sistema SWIFT. (Tasnim 2023). Esto podría actuar para reabrir las finanzas y el comercio entre una amplia gama de países bajo asedio occidental.

La lógica de los BRICS puede conducir a vínculos entre los sistemas de pago chino y ruso, añadiendo al mismo tiempo a Brasil, India, Sudáfrica y otros futuros miembros de los BRICS. La introducción por parte de China de una moneda digital del banco central (CBDC), el yuan digital (eCNY), también puede complementar la autonomía de este sistema, ya que el Banco Popular de China eliminará las oportunidades de vigilancia de las agencias extranjeras (Eichengreen 2022: 5). En particular, el e-CNY es una CBDC, no una criptomoneda. En octubre de 2022, el Banco de Pagos Internacionales (BPI) informó sobre un proyecto piloto, el "Proyecto m-Bridge", que evaluó el uso de múltiples CBDC. El e-CNY de China fue el más grande de ellos. El objetivo era ver si podían operar de manera eficiente, sin causar daño y aumentar la resiliencia, al tiempo que "garantizaban la coexistencia y la interoperabilidad con sistemas que no son CBDC" (BIS 2022). En el contexto de las medidas coercitivas unilaterales generalizadas de Estados Unidos y la Unión Europea, esto sugiere que Beijing está "buscando acelerar los esfuerzos de globalización del yuan en medio de crecientes tensiones geopolíticas". El economista chino G. Bin Zhao comentó: "Esto proporciona una ventana histórica para que China promueva la internacionalización del yuan a medida que los Estados Unidos convierte al dólar en un arma". El e-CNY proporciona un "atajo" para las transacciones financieras (*CUtoday* 2022). Una vez que los BRICS, las alternativas rusas o chinas al SWIFT y al dólar sean fuertes y confiables, es probable que participen muchas docenas de países que deseen escapar de los dictados de Washington.

El INSTEX (Instrumento de Apoyo a los Intercambios Comerciales) europeo se creó en enero de 2019 para permitir el comercio continuo con Irán (E3 2019), ya que los europeos no compartían todas las medidas coercitivas de Estados Unidos contra Irán. Sin embargo, la primera transacción de la Unión Europea con Irán no se produjo hasta 2020, durante la pandemia de COVID19, y esa transacción, en cualquier caso, puede no haber violado ninguna regulación coercitiva (Brzozowski 2020). Los intentos europeos de trazar un rumbo distinto con Cuba también han sido silenciados por las sanciones estadounidenses contra terceros que hacen negocios con la pequeña isla (Wise, 1995). En general, podemos decir que los europeos no han logrado romper con las medidas coercitivas unilaterales de Estados Unidos, incluso cuando no están de acuerdo con ellas. Es por eso que las alternativas chinas, rusas, BRICS y SCO ofrecen mayores promesas a los países asediados.

Eludir el SWIFT con una constelación de nuevos mecanismos financieros liderados por Rusia, China, Irán y quizás también América Latina se verá reforzado por el desplazamiento gradual del petrodólar, ese privilegio otorgado al poder adquisitivo estadounidense al denominar las ventas de petróleo en dólares. China ya ha iniciado acuerdos con los sauditas y Qatar, anteriormente dependencias de Washington, para comenzar a utilizar el yuan para las ventas de petróleo a través de la Bolsa Nacional de Gas y Petróleo de Shanghai de China (CNA 2022). Este puede ser otro paso en la "extensión hacia el oeste" de la OCS (Lau 2022).

3. El futuro económico

En resumen, el asedio de Asia Occidental —y las medidas coercitivas impuestas a otros países y regiones independientes— han forzado el ritmo de la reestructuración global. Si bien este tipo de guerra económica hace que sea importante centrarse en medidas autosuficientes y buscar aperturas en el bloqueo, la participación estratégica en futuros reestructurados debe estar en el centro de cualquier plan independiente. Los bloques orientales particularmente fuertes, especialmente los BRICS, la OCS y la iniciativa BRI de China, ofrecen promesas que no se ven en el lado occidental. En este contexto, la noción de "puente terrestre iraní", en todos sus sentidos, representa un punto de apoyo para el cambio estratégico. En primer lugar, está el sentido en que Irán, como la nación independiente más grande de la región, forma un corredor de transporte, comercio y energía entre Rusia y el sur de Asia. En segundo lugar, Irán está en el centro del corredor terrestre del sur de Eurasia entre China y Europa. En tercer lugar, los vínculos estratégicos entre Teherán y el Levante mediterráneo (Palestina,

Líbano y Siria) plantean, por un lado, una amenaza para la colonia de Palestina respaldada por Occidente y, por el otro, la esperanza de una integración económica próspera para Asia Occidental. pueblos divididos durante mucho tiempo por la colonización y la guerra.

Es cierto que las naciones independientes buscarán sus propias relaciones con los nuevos bloques oriental e internacional. Por ejemplo, en enero de 2022 Siria se unió a la BRI de China. En la firma del memorando de entendimiento se hizo referencia a restaurar el papel de Siria en la antigua Ruta de la Seda y, en particular, el papel de las ciudades de Alepo y Palmira (Xinhua 2022). De manera similar, se ha argumentado que Yemen "es un Estado esencial" para la BRI de China porque su ubicación estratégica en el Golfo de Adén, el Mar Rojo y el Cuerno de África puede convertirlo en "el puente entre Asia y África, y entre los dos países". Océano Índico y Mediterráneo" (Chaziza 2021).

Sin embargo, el papel de Irán en la transmisión de nuevos vínculos energéticos, infraestructura para el desarrollo y la integración dentro de Asia Occidental sigue siendo central. Los intereses reales han dictado que Irán avance en sus asociaciones estratégicas con Rusia, China y Venezuela y que la financiación de estas nuevas empresas ayudará a abrir nuevas tecnologías antibloqueo. Lo mismo puede decirse sobre la adhesión de Irán a la OCS, y el presidente Raisi observó que el grupo podría "ayudar a frustrar el unilateralismo estadounidense" (Iran International 2022b).

La integración de Asia occidental podría ver su notable transformación de una región dividida y devastada por la guerra a una alianza próspera con enlaces por carretera, ferrocarril, energía y comunicaciones. Sobre la base de los avances conjuntos en materia de seguridad, el puente terrestre iraní temido por los colonos y los imperialistas podría incluir un tren de alta velocidad desde Teherán a Beirut y o Tartus. Sería un gran proyecto estilo BRI y un gran avance. Como parte de su BRI, China ya está financiando enlaces ferroviarios de alta velocidad similares en Indonesia entre Yakarta y Bandung (Jibiki 2022). Estos vínculos abrirían muchas posibilidades comerciales y civiles. La renovación de alguna versión del oleoducto de Kirkuk a Baniyas, estancada varias veces en las últimas décadas (GEM 2022), ya cuenta con el interés de Rusia (Salih 2019) y bien podría implicar extensiones a Irán y tal vez inversiones de China. Tal integración energética ayudaría a estabilizar la región y arrojaría un salvavidas al Líbano aislado y dividido internamente. La integración regional haciendo uso de la BRI y la OCS de China podría abrir puertas a un intercambio más amplio y sin obstáculos en ciencia y tecnología, medicina, educación superior y comercio. En resumen, una vez liberada de las fuerzas intervencionistas que dividen la región, Asia Occidental podría beneficiarse enormemente de la integración independiente proporcionada por un puente terrestre iraní, especialmente uno que se extienda hasta China.

Referencias

AA (2015) 'BRICS consider alternative SWIFT funds transfer system, Russian Deputy Foreign Minister says BRICS countries have led off consultations on an alternative to the global SWIFT system', 17 June, online: https://www.aa.com.tr/en/world/brics-consider-alternative-swift-funds-transfer-system/35300#[1]

ACN (2022) 'Cuba and Iran sign agreements on biotechnology', Cuban News Agency, 18 May, online: http://www.cubanews.acn.cu/economy/17488-cuba-and-iran-sign-agreements-on-biotechnology

---

1. https://www.aa.com.tr/en/world/brics-consider-alternative-swift-funds-transfer-system/35300

Adesnik, David, McMaster, H.R. and Benham Ben Taleblu (2019) 'Burning Bridge: The Iranian Land Corridor to the Mediterranean', FDD, 18 June, online: https://www.fdd.org/analysis/2019/06/18/burning-bridge/

Al Jaafari, Bashar (2022) Interview with this writer, Damascus, September

Al Mayadeen (2022) 'Iran-Venezuela relations developed despite western sanctions', 13 November, online: https://english.almayadeen.net/news/politics/iran-venezuela-relations-developed-despite-western-sanctions

Anderson, Tim (2019) Axis of Resistance, Clarity Press, Atlanta

BIS (2022) 'Project mBridge, Connecting economies through CBDC', Bank of International Settlements, October, online: https://www.bis.org/publ/othp59.pdf

Boland, Julie (2011) 'Ten Years of the Shanghai Cooperation Organization: A Lost Decade? A Partner for the U.S.?', Brookings, 20 June, online: https://www.brookings.edu/wp-content/uploads/2016/06/06_shanghai_cooperation_organization_boland.pdf

Blankenship, Bradley (2021) 'China-Iran strategic partnership encapsulates China's Middle East security initiative', CGTN, 29 March, online: https://news.cgtn.com/news/2021-03-29/China-Iran-partnership-encapsulates-China-s-security-initiative-Z1HYU6fgGI/index.html

BRICS Information Portal (2021) '13th BRICS Summit Pledges to Build on Multilateralism and Reform UN Security Council', online: https://infobrics.org/

BRICS India (2021) 'Evolution of BRICS', online: https://brics2021.gov.in/about-brics

Brzezinski, Zbigniew (1997a) Grand Chessboard: American Primacy And Its Geostrategic Imperatives, Basic Books, New York

Brzezinski, Zbigniew (1997b) 'A Geostrategy for Eurasia', Foreign Affairs, September/October, online: https://www.foreignaffairs.com/articles/asia/1997-09-01/geostrategy-eurasia

Brzozowski, Alexandra (2020) 'EU's INSTEX mechanism facilitates first transaction with pandemic-hit Iran', Euractiv, 1 April online: https://www.euractiv.com/section/global-europe/news/eus-instex-mechanism-facilitates-first-transaction-with-pandemic-hit-iran/

Carl, Nicholas; Kitaneh Fitzpatrick, and Katherine Lawlor (2022) Russia and Iran double down on their strategic partnership, Institute for the Study of War, 11 August, online: https://www.understandingwar.org/backgrounder/russia-and-iran-double-down-their-strategic-partnership

CGTN (2022) 'Connecting the World', online: https://www.cgtn.com/how-china-works/feature/What-Does-the-Belt-and-Road-Initiative-mean-to-China-and-the-world.html

Chatzky, Andrew and James McBride (2020) 'China's Massive Belt and Road Initiative', Council on Foreign Relations, 28 January, online: https://www.cfr.org/backgrounder/chinas-massive-belt-and-road-initiative

Chaziza, M. (2021). The Belt and Road Initiative: New Driving Force for Sino-Yemen Relationship. China Report, 57(2), 229–246. https://doi.org/10.1177/00094455211004231

Chen, X., Fazilov, F. (2018) Re-centering Central Asia: China's "New Great Game" in the old Eurasian Heartland. Palgrave Commun 4, 71 online: https://doi.org/10.1057/s41599-018-0125-5

Clinton, Hillary (2011) 'Remarks at the New Silk Road Ministerial Meeting', U.S. Department of State, online: https://2009-2017.state.gov/secretary/20092013clinton/rm/2011/09/173807.htm

CNA (2022) 'China to use Shanghai exchange for yuan energy deals with Gulf nations – Xi', Channel News Asia, 9 December, online: https://www.channelnewsasia.com/business/china-use-shanghai-exchange-yuan-energy-deals-gulf-nations-xi-3134551

CUtoday (2022) Test of China's Digital Yuan Went Well; Plans Are to Speed Up Globalization, Report Suggests', 6 December, online: https://www.cutoday.info/THE-globe/Test-of-China-s-Digital-Yuan-Went-Well-Plans-Are-to-Speed-Up-Globalization-Report-Suggests

Devonshire-Ellis, Chris (2022) 'The New Candidate Countries for BRICS expansion', Silk Road Briefing, 9

November, online: https://www.silkroadbriefing.com/news/2022/11/09/the-new-candidate-countries-for-brics-expansion/

E3 (2019) 'Joint statement on the creation of INSTEX, the special purpose vehicle aimed at facilitating legitimate trade with Iran in the framework of the efforts to preserve the Joint Comprehensive Plan of Action (JCPOA)', Joint statement by the E3 Foreign Ministers, Jean-Yves Le Drian (France), Heiko Maas (Germany), Jeremy Hunt (United Kingdom), 31 January, online: https://assets.publishing.service.gov.uk/government/uploads/system/uploads/attachment_data/file/775681/19_01_31_Joint_Statement_E3.pdf

Eichengreen, Barry (2022) 'Sanctions, SWIFT, and China's Cross-Border Interbank Payments System', CSIS Briefs, May 20, online: https://www.csis.org/analysis/sanctions-swift-and-chinas-cross-border-interbank-payments-system

Fathi, Abdelaziz (2023) 'Iran and Russia are creating gold backed stablecoin', 16 January, online: https://financefeeds.com/iran-and-russia-are-creating-gold-backed-stablecoin/

Fu Jing (2004) 'Re-building the ancient Silk Road', China Daily, 1 September, online: https://www.chinadaily.com.cn/english/doc/2004-09/01/content_370519.htm

GEM (2022) 'Hafez and the failure of Kirkuk to Tartous pipeline', Global Energy Monitor, 11 March, online: https://www.gem.wiki/Kirkuk-Baniyas_Oil_Pipeline

Glover, George (2023) 'Brazil and Argentina are gearing up to launch a joint currency that could become South America's euro', Markets Insider, 23 January, online: https://markets.businessinsider.com/news/currencies/brazil-argentina-joint-currency-dollar-dominance-south-american-euro-lula-2023-1

Grajewski, Nicole (2021) 'The Evolution of Russian and Iranian Cooperation in Syria', Centre for Strategic and International Studies, 17 November, online: https://www.csis.org/analysis/evolution-russian-and-iranian-cooperation-syria

Green, Will and Taylore Roth (2021) 'China-Iran Relations: A Limited but Enduring Strategic Partnership', U.S.-China Economic and Security Review Commission, 28 June, online: https://www.uscc.gov/research/china-iran-relations-limited-enduring-strategic-partnership

Guanipa, Mircely and Deisy Buitrago (2020) 'Venezuela receives material from Iran to help restart refinery –official', Reuters, 24 April, online: https://www.reuters.com/article/us-venezuela-oil-iran-idUSKCN2253FX

Hamrah, Satgin and Alexander Eliasen (2021) 'The China-Iran Strategic Partnership: 40 Years in the Making', 4 December, online: https://thediplomat.com/2021/12/

the-china-iran-strategic-partnership-40-years-in-the-making/

Homayoun, Assad (1997) 'Iran, the pivot of Eurasian corridor', Speech at Strategy '97 Conference Washington, DC. September 22-24, 1997, in Azadegan Foundation, online: https://azadeganiran.com/euroasian.asp

Iran International (2022a) 'Iran, Russia Sign Energy Memorandum On Eve of Putin Trip', 19 July, online: https://www.iranintl.com/en/202207194766

Iran International (2022b) 'Iran Can Thwart US Sanctions Via Shanghai Organization', 16 September, online: https://www.iranintl.com/en/202209162127

IRNA (2022) President Raisi: Iran's foreign policy based on building ties with regional, trans-regional organizations, 12 October, online: https://en.irna.ir/news/84910798/President-Raisi-Iran-s-foreign-policy-based-on-building-ties

Jibiki, Koya (2022) 'Indonesia presents China-made high-speed train cars', Nikkei Asia, 3 October, online: https://asia.nikkei.com/Business/Transportation/Indonesia-presents-China-made-high-speed-train-cars

Kortunov, Andrey (2021) 'Russia and Iran: How Far from a Strategic Partnership?' Russian Council, 6 May, online: https://russiancouncil.ru/en/analytics-and-comments/analytics/russia-and-iran-how-far-from-a-strategic-partnership/

Kucera, Joshua (2011) 'The New Silk Road?', The Diplomat, 11 November, online: https://thediplomat.com/2011/11/the-new-silk-road/

Lau, Jack (2022) 'Is Xi Jinping's trip to Saudi Arabia another step in the SCO's Mideast expansion?', South China Morning Post, 5 December, online: https://www.scmp.com/news/china/diplomacy/article/3202067/xi-jinpings-trip-saudi-arabia-another-step-scos-mideast-expansion

Liliopoulou, Anastasia; Michael Roe and Irma Pasukeviciute (2005) 'Trans Siberian Railway: from inception to transition', European Transport \ Trasporti Europei n. 29 (2005): 46-56

Lin, Christina (2011) 'China's New Silk Road to the Mediterranean: The Eurasian Land Bridge and Return of Admiral Zheng He', ISPSW, October, online: https://www.files.ethz.ch/isn/133405/165_Lin.pdf

Lumsden, Andrew (2022) 'Media Guide: The Iran-China Strategic Partnership', American Iranian Council, 2 March, online: http://www.us-iran.org/resources/2022/3/1/media-guide-the-iran-china-strategic-partnership

Marrow, Alexander (2022) 'Russia's SWIFT alternative expanding quickly this year, central bank says', Reuters, 24 September, online: https://www.reuters.com/business/finance/russias-swift-alternative-expanding-quickly-this-year-says-cbank-2022-09-23/

Mikovic, Nicola (2022) 'What's driving Russia-Iran energy cooperation, AsiaTimes, 7 October, online:

https://asiatimes.com/2022/10/whats-driving-russia-iran-energy-cooperation/

Milburn, Franc (2017) 'Iran's Land Bridge to the Mediterranean: Possible Routes and Ensuing Challenges', INSS, Strategic Assessment, Volume 20, No. 3, October, online: https://www.inss.org.il/publication/irans-land-bridge-mediterranean-possible-routes-ensuing-challenges/

Roberts, Paul Craig (2016) 'Trans-Atlantic & Trans-Pacific 'Partnerships' Complete Corporate World Takeover', Foreign Policy Journal, 15 April, online: https://www.foreignpolicyjournal.com/2016/04/15/trans-atlantic-trans-pacific-partnerships-complete-corporate-world-takeover/

Rousseau, Richard (2011) The New Iron Silk Road', The Diplomatic Courier, 4 June, online: https://www.diplomaticourier.com/posts/the-new-iron-silk-road

Russia Briefing (2019) 'Russian & Chinese Alternatives For SWIFT Global Banking Network Coming', 17 June, online: https://www.russia-briefing.com/news/russian-chinese-alternatives-swift-global-banking-network-coming-online.html/

Ruta, Michele (2018) 'Belt and Road Initiative', World Bank, 29 March, online: https://www.worldbank.org/en/topic/regional-integration/brief/belt-and-road-initiative

Salih, Diyari (2019) Russia and the Geopolitics of the Kirkuk-Baniyas Pipeline, TGP, 29 September, online: https://thegeopolitics.com/russia-and-the-geopolitics-of-the-kirkuk-baniyas-pipeline/

Sciolino, Elaine (2001) 'Persian Mirrors: The Elusive Face of Iran', New York Times, 31 January, online: https://archive.nytimes.com/www.nytimes.com/books/first/s/sciolino-persian2.html

SCO (2015) 'The Shanghai Cooperation Organisation', online: http://eng.sectsco.org/about_sco/

Scott, Susan V. and Zachariadis, Markos (2012) Origins and development of SWIFT, 1973–2009. Business History, 54 (3). pp. 462-482

Shira, Dezan (2022) 'The Belt and Road Initiative', Silk Road Briefing, online: https://www.silkroadbriefing.com/the-belt-and-road-initiative.html

Simha, Rakesh Krishnan (2015) 'Primakov: The man who created multipolarity', Russia Beyond, 27 June, online: https://www.rbth.com/blogs/2015/06/27/primakov_the_man_who_created_multipolarity_43919

Stratfor (2011) 'The Geopolitics of Iran: Holding the Center of a Mountain Fortress', WorldView, 16 December, online: https://worldview.stratfor.com/article/geopolitics-iran-holding-center-mountain-fortress

Tasnim (2023) 'Iranian Banks Don't Need SWIFT Anymore: Official', 2 February, online: https://www.tasnimnews.com/en/news/2023/02/02/2847224/iranian-banks-don-t-need-swift-anymore-official

Telesur (2022) 'Iran to Become Full Member of Shanghai Cooperation Organization', 15 September, online: https://www.telesurenglish.net/news/Iran-to-Become-Full-Member-of-Shanghai-Cooperation-Organization-20220915-0004.html

Vaid, Manish (2016) 'India and China: Time to Hit a Right Note on the New Silk Road', Liberal Studies, Vol. 1, Issue 2, July–December, online: https://sls.pdpu.ac.in/downloads/A3MV.pdf

Weisskopf, Michael (1983) 'China Plays Both Sides In Persian Gulf War', The Washington Post, 13 January, online: https://www.washingtonpost.com/archive/politics/1983/01/13/china-plays-both-sides-in-persian-gulf-war/e5f921aa-5797-467c-9d6d-293eed9911dc/

Wise, Elizabeth (1995) Europe chances clash with US over Cuba talks', Politico, 4 October, online: https://www.politico.eu/article/europe-chances-clash-with-us-over-cuba-talks/

Xinhua (2022) 'Syria Joins China's Belt and Road Initiative', 13 January, online: https://english.news.cn/20220113/819fc4163f384be6b8fdf2f4d9956a1c/c.html

Xu Zhang and Hans-Joachim Schramm (2020) 'Assessing the market niche of Eurasian rail freight in the belt and road era', The International Journal of Logistics Management, Vol. 31 No. 4, pp. 729-751

Yuan, Jing-Dong (2010) 'China's Role in Establishing and Building the Shanghai Cooperation Organization (SCO)', Journal of Contemporary China, 19:67, 855-869, DOI: 10.1080/10670564.2010.508587

Zhang, Pepe (2019) 'Belt and Road in Latin America: A regional game changer?', Atlantic Council, Issue Brief, 8 October, online: https://www.atlanticcouncil.org/in-depth-research-reports/issue-brief/belt-and-road-in-latin-america-a-regional-game-changer/

15. La economía de resistencia y la integración regional de Irán

Gráfico uno: Teherán, la capital de Irán

• • • •

La "economía de resistencia" iraní a veces se presenta como meramente defensiva, incluso como un costo para el pueblo. A pesar de las nuevas guerras de Washington en Oriente Medio y de la rápida evaporación de los beneficios esperados del largo proceso del acuerdo nuclear (*JCPOA*), persiste cierta ilusión de que una "normalización" general con las potencias externas aún podría traer beneficios económicos al país. Sin embargo, sigue siendo cierto que, si bien Irán es un país grande, la pura autosuficiencia impondría límites físicos indeseables. Entonces, ¿dónde están las mejores oportunidades económicas para la nación?

Este capítulo sostiene que la respuesta está en una economía de resistencia que construya un bloque regional económicamente integrado. Comienza demostrando las falsas promesas del liberalismo económico global y luego ubica las ideas de la economía de resistencia de Irán en el contexto de los debates sobre el "nuevo regionalismo". Esto constituye una base para discutir el potencial económico de la integración de Asia Occidental. Se trata de un estudio interpretativo que pone a prueba el proyecto económico liberal con hechos y luego lo compara con algunas iniciativas regionales contemporáneas.

1. El neoliberalismo y la guerra económica

La ideología del globalismo neoliberal de globalización corporativa obligatoria (Hoogvelt 1997) buscaba, no obstante, sugerir que una apertura total al capital extranjero traería beneficios similares a los teorizados para el llamado libre comercio. Sin embargo, los sistemas para lograr esta apertura incorporaban reglas amañadas y generaban beneficios asimétricos.

Este proyecto neoliberal angloamericano se basó selectivamente en las ideas económicas liberales de "ventaja comparativa" (Ricardo, 1817), que fomentan la especialización y el comercio, y las ideas de "mercado abierto" de los economistas neoclásicos europeos de la década de 1870, complementadas por las de mediados del siglo XX sobre gestión macroeconómica (Keynes, 1936). Las instituciones financieras internacionales como el Banco Mundial (2009) han promovido ideas de liberalización universal encaminadas a lograr un crecimiento económico generalizado. Se aceptó cierta necesidad de diversificación (y, por tanto, de un "crecimiento de base amplia"), pero no de mejoras industriales planificadas. Las perspectivas de desarrollo de la "ventaja comparativa" siempre fueron limitadas, ya que la idea se basaba en estáticas comparativas y solo abordaba oportunidades a corto plazo. Los economistas liberales hablaron de un papel económico mínimo para el Estado, oponiéndose a la inversión pública que podría desplazar (o competir con) la inversión privada (Spencer y Yohe, 1970). Desde esta visión del mundo, el Estado debería minimizar sus compromisos e introducir servicios de "pago por el usuario" y servicios privatizados para fomentar la participación de los consumidores y la formación de mercados. La idea liberal de un Estado minimalista siempre enfrentó una contradicción de doble rasero resaltada por lo que se decía que era (en la tradición excepcionalista norteamericana) la necesidad de una poderosa "hegemonía benevolente" para estabilizar el sistema mundial.

Existen muchas críticas a las ideas de mercado abierto, en particular porque las teorías de mercado no corresponden a la realidad de la producción industrial dominada por corporaciones gigantes, incluidas las corporaciones financieras monopolísticas. Sin embargo, la crítica más reveladora es que los modelos liberales no describen el camino histórico real del desarrollo de los países ricos. Las estrategias de mercado abierto no fueron el principal medio para la industrialización de Europa, América del Norte o Japón. Los intentos liberales de sugerir lo contrario (por ejemplo, Rostow, 1960) tienen poco contenido histórico.

En gran parte el desarrollo de Europa fue posible gracias a un excedente económico sustancial de las colonias y las economías esclavistas (por ejemplo, Williams, 1944) absorbido por el comercio y la industria. El desarrollo capitalista europeo, norteamericano y japonés hizo crecer tanto sus recursos humanos como sus tecnologías con patrocinio estatal, asistencia financiera y monopolios público-privados (Ettlinger, 1991). Después de la Segunda Guerra Mundial, EE.UU. sugirió que Japón debería aprovechar su "ventaja comparativa" como proveedor de mano de obra barata en la industria básica. Los japoneses, por el contrario, en un país pobre en recursos y devastado por la guerra, decidieron invertir en recursos humanos y mejorar la capacidad productiva (Johnson, 1982).

No obstante, los Estados Unidos y los europeos estaban deseosos de abrir mercados de exportación para sus productos industriales en el período posterior a la Segunda Guerra Mundial. Ése fue el principal motivo detrás del Acuerdo General sobre Aranceles Aduaneros y Comercio, a partir de 1947, y de su sucesora, la Organización Mundial del Comercio (OMC), establecida en 1995. Sin embargo, los principios de igualdad de oportunidades y no discriminación en el comercio, que suenan muy bien, no coincidían en la práctica occidental. Los detalles de los acuerdos y un manipulado proceso de toma de decisiones de "consenso" dominado por las grandes potencias se encargaron de ello. La agricultura fue incluida por primera vez en la Ronda Uruguay final del GATT (1986-1994), con el fin de atraer a un grupo de exportadores agrícolas que buscaban nuevas oportunidades comerciales. Más aun cuando las conversaciones de la OMC se paralizaron, a principios del siglo XXI, el fracaso de las promesas sobre las exportaciones agrícolas fue una de las principales razones. Se decía que las normas sobre subsidios agrícolas estaban "amañadas" a favor de Europa y Estados Unidos, que "no estaban dispuestos a renunciar a sus subsidios agrícolas" (Amadeo 2019). Jawara y Kwa (2003) estudiaron el proceso y encontraron un ambiente de negociación tóxico que estaba "completamente en desacuerdo con la imagen oficial de un consenso basado en reglas". Encontraron "puertas cerradas en lugar de acceso abierto", decisiones tomadas sin la aprobación total de los países en desarrollo y "presiones e incentivos ilegítimos... incluidas amenazas... e insinuaciones de que se puede retener la ayuda a los países que se niegan a doblegarse". Se ha debatido ampliamente el fracaso del proceso de la OMC y el posterior auge de los acuerdos regionales. Hussain (2004) atribuye el fracaso al "campo de juego desigual" que enfrentan los países en desarrollo, al mayor unilateralismo y a la protección agrícola en los países ricos.

Paralelamente, hubo una tremenda reacción entre los países en desarrollo a los "programas de ajuste estructural" (PAE) creados por el Banco Mundial y el FMI a principios de los años 1980. Estas prescripciones políticas (presupuestos equilibrados, apertura al capital extranjero, privatizaciones, eliminación de aranceles y reducción de los controles sociales sobre los inversores) se adjuntaron a los paquetes de alivio de la deuda, para la crisis de deuda pública que siguió al levantamiento de los controles sobre las tasas de interés bancarias. Los PAE estuvieron ampliamente asociados con presupuestos de austeridad y la venta de activos públicos a empresas extranjeras. En 1999, los PAE pasaron a llamarse Documentos de Estrategia de Reducción de la Pobreza y la palabra "privatización" desapareció del léxico del Banco Mundial y el FMI, para ser reemplazada por una variedad de "asociaciones". Los analistas señalaron serios compromisos hechos en aquellos países bajo ajuste estructural, en particular la represión política y un debilitamiento del papel de "amortiguador" del Estado para proteger a las poblaciones de shocks externos (Cheru 1999). Otros encontraron que los PAE actuaron para "empeorar el respeto del gobierno por los derechos a la integridad física", como la tortura, el encarcelamiento político y las ejecuciones extrajudiciales (Abouharb y Cingranelli 2006).

A finales del siglo XX hubo una revuelta interna contra el programa neoliberal. Joseph Stiglitz (2002), ex economista jefe del Banco Mundial y posteriormente ganador del Premio Nobel, denunció que el programa de liberalización del FMI y el Banco Mundial era disfuncional porque, en ausencia de un marco institucional adecuado, la "liberalización" apresurada del capital (como en Rusia y algunos países de Europa del Este)) podría simplemente agravar los problemas económicos de un país. Algunos años más tarde, Stiglitz declaró que el proyecto neoliberal estaba "muerto tanto en los países en desarrollo como en los desarrollados" (Martin 2016).

Irán se perdió muchas de estas experiencias, ya que nunca fue miembro del GATT ni de la OMC. La República Islámica solicitó unirse a la OMC en 1996 (Yousefvand 2016), pero fue bloqueada por Estados Unidos. Se informa que Teherán ha dicho que la adhesión ya no es una prioridad (Jalili 2017). Tampoco Irak, Siria, Líbano o Palestina son miembros de la OMC. Entre los países de Asia Occidental, solo Yemen fue admitido (en 2014) para disfrutar de los dudosos beneficios del estatus de "nación más favorecida" de la OMC (OMC 2019b).

No es una coincidencia que hoy Irán, Irak, Siria, Líbano y Yemen estén sujetos a asedio o sanciones por parte de Estados Unidos y sus aliados con diversos pretextos, incluidos prácticamente todos los grupos de la Resistencia Palestina (Departamento del Tesoro de Estados Unidos, 2019). ¿La membresía en la OMC evitaría la discriminación en el comercio? No, como lo ilustra el caso del Yemen asediado. Éste es también el caso de Cuba, miembro de la OMC sujeto a sanciones económicas de Estados Unidos (que los cubanos llaman "bloqueo") desde 1962.

No hay duda de que gran parte de estas sanciones unilaterales van en contra del derecho internacional, que prohíbe el ejercicio de coerción económica por el principio de no intervención y mediante una prohibición implícita en la Carta de las Naciones Unidas. Esto se complementa con el derecho consuetudinario y convencional en áreas como el comercio, el transporte marítimo y las telecomunicaciones. La ilegalidad es más obvia cuando existe una "intención ilegal", como la coerción política o dañar una economía nacional (Shneyer y Barta 1981: 468, 471-475). También son ilegales las medidas que lesionen los derechos de terceros. Objetivos ilegales, intenciones agresivas y daños a terceros se pueden observar en gran parte de los regímenes de sanciones de Washington, incluidos aquellos contra la República Islámica de Irán. Las falsas promesas de los regímenes neoliberales han ido acompañadas de constantes agresiones económicas y físicas contra Irán y la mayoría de los países independientes de la región, como se describe en el Cuadro 1 a continuación.

Table 1: The false promises of neoliberalism	
Globalism	Economic liberal ideology of integration with universal benefits, but 'rigged rules' and contrived outcomes
Structural adjustment	1980s-90s conditional loans, created a strong reaction and rejection, especially of privileges for foreign capital
GATT-WTO	'Rules based system', rejected in the 21st century mainly over (a) agriculture (b) IPRs and (c) investment privileges
Unilateral sanctions	Widespread economic war, aggravated by 'rigged rules', as a declining US economy demanded monopoly rents
West Asia	Invasions, economic and proxy wars drove systematic exclusion for the independent peoples of West Asia.
Source: the author	

Cuadro 1: Las promesas falsas del neoliberalismo

Washington ha tratado de presionar al pueblo cubano y "controlar las acciones de terceros Estados" (Shneyer y Barta 1981: 452). El endurecimiento del bloqueo a Cuba en la década de 1990 ha sido descrito como una política de imponer un "daño premeditado" (White 2018: 14). A principios de la década de 1960, el alto funcionario estadounidense Lester Mallory defendía los ataques económicos perjudiciales contra toda la población como medio de socavar lo que reconocían que era un gobierno cubano popular: "deben adoptarse rápidamente todos los medios posibles para debilitar la vida económica de Cuba... para provocar hambre, desesperación y derrocamiento del gobierno" (Mallory 1960). De manera similar, a principios de la década de 1970, el presidente estadounidense Nixon expresó la esperanza de forzar agitación política y cambios en Chile mediante medidas "para hacer gritar a la economía" (Kornbluh 2017). Nixon pretendía causar daños directos a la salud pública, la seguridad alimentaria, el bienestar y la seguridad. Estas acciones contra Cuba y Chile —como también hoy contra Irán, Venezuela y Siria— son una guerra económica y posiblemente crímenes contra la humanidad (Selby-Green 2019).

Así que antes de pasar a la agresión directa contra los países independientes de Asia Occidental (la limpieza étnica en Palestina, la destrucción de Estados en Afganistán, Irak y Libia, las invasiones y ocupación de Siria, la agresión contra Yemen y las guerras terroristas patrocinadas llevadas a cabo contra gran parte de la región) podemos identificar una exclusión económica y una agresión sistemática contra esas mismas naciones, que se remonta a algunas décadas atrás. Todo esto forma un trasfondo crítico, esencial para las consideraciones de la estrategia económica.

2. Las preocupaciones estratégicas de la economía de resistencia

Los llamados a una 'economía de resistencia' surgieron después de años de agresión y surgieron en el contexto de la 'visión nacional de 20 años' de Irán anunciada en 2005. Los principios en ese momento incluían llamados a que Irán se convirtiera en un país desarrollado "fundado en principios éticos e islámicos, valores nacionales y revolucionarios", que tomarán la delantera en "conocimientos avanzados... economía, ciencia y tecnología" (Khamenei 2005). Los objetivos de la visión nacional sugerían que Irán debería ser "un país completamente avanzado, ascendiendo al puesto número uno en progreso económico, científico y tecnológico entre 28 naciones de Oriente Medio y el Sudeste Asiático". Esto significaría (a) lograr un crecimiento económico rápido y sostenible; b) creación de oportunidades de empleo duraderas; c) aumento del factor productivo; (d) presencia activa en los mercados regionales e internacionales; e) el desarrollo de una economía diversa, basada en el conocimiento, libre de inflación y dotada de seguridad alimentaria; y (f) establecimiento de un entorno de mercado propicio para el espíritu empresarial nacional e internacional" (Amuzegar 2006). Sin embargo, a los intentos de Estados Unidos e Israel de bloquear el programa nuclear de Irán se sumó una nueva ola de agresión económica (sanciones).

En ese contexto, el líder de Irán, el Ayatollah Ali Jamenei, elaboró su idea de una "economía de resistencia" en 2012, señalando que "el objetivo del enemigo era centrarse en nuestra economía, trabajar en contra de nuestro crecimiento nacional, socavar los esfuerzos para crear oportunidades de empleo, perturbar y poner en peligro nuestro bienestar nacional, crear problemas para el pueblo, desilusionarlo y aislarlo de la República Islámica" (Khamenei 2012). En respuesta a esto, el líder sugirió:

> ...una economía de resistencia... [lo que significa] poner a la gente a cargo de la economía... minimizar nuestra dependencia del petróleo... gestionar el consumo, es decir, moderar el consumo y evitar la extravagancia... aprovechar al máximo el tiempo, los recursos y las instalaciones disponibles ... avanzar sobre la base de planes... confianza en los talentos internos, en las capacidades internas del país, en estos jóvenes, en su creatividad, en las tareas que realizan, en los conocimientos que adquieren y en los conocimientos que se conviertan en tecnología (Khamenei 2012 y 2016).

La idea se puede resumir como un proceso para lograr crecimiento y prosperidad bajo presión. Irán apoyaría a las industrias locales para convertir las amenazas en oportunidades (Sharara 2019).

Sobre la base de esta idea, podemos observar varias preocupaciones estratégicas articuladas, comenzando con un esfuerzo concertado para impulsar la producción nacional. ¿Cómo podrían las amenazas convertirse en oportunidades? Las sanciones durante los gobiernos de los presidentes Jatami y Ajmadineyad ya habían "estimulado el desarrollo industrial de Irán, en la medida en que mantuvieron a raya la competencia extranjera. De hecho, Irán pudo convertirse en una especie de potencia industrial" (Sharara 2019). La economía de resistencia enfatizó la producción nacional, con roles para el gobierno, las cooperativas y los trabajadores, pero incluyendo a las elites y sus tecnologías. Incrementar la producción nacional implicaba estabilizar la economía, impulsar la producción nacional innovadora y reducir la dependencia de los ingresos petroleros (Piran y Dorche 2015: 648-651).

El desarrollo industrial del país, si bien fue objeto de sanciones, incluyó la eliminación de las importaciones de acero y combustible. De hecho, la Administración de Comercio Internacional, con sede en Estados Unidos, reconoció que, entre 2015 y 2018, Irán había pasado de ser un importador neto de acero a uno de los 20 principales exportadores de acero del mundo (ITA 2018). La producción de acero promedió más de 2 millones de toneladas por mes desde octubre de 2018 hasta junio de 2019 (*Trading Economics* 2019) o 25 millones de toneladas por año (Rahmani 2019). Irán ya no exporta petróleo crudo ni importa combustible porque su capacidad ampliada de refinería ha garantizado la autosuficiencia nacional en combustible (Paraskova 2019). El sector de telefonía móvil y hardware informático del país está muy avanzado (PBC 2019). La producción de vehículos de motor, incluida la producción para exportación, ha crecido fuertemente y crecerá más desde que las sanciones estadounidenses a terceros obligaron a los fabricantes de automóviles franceses (Renault, Peugeot y Citroen) a retirarse (Khatinoglu 2018). Un analista de la industria extranjera calificó el mercado de vehículos de motor de Irán (2019-2024) como un "mercado consolidado con fuertes perspectivas de crecimiento" (MI 2019). Mientras tanto, Irán ha estado realizando ingeniería inversa en máquinas tuneladoras y productos farmacéuticos construidos en el extranjero. La ciudad farmacéutica de Barakat (provincia de Alborz), inaugurada en 2018, emplea a 7.000 personas e indirectamente a otras 30.000 (Sharara 2019). En algunos de estos casos se ha creado un potencial exportador.

Los comentaristas externos a veces hablan de un "proteccionamiento" de la economía iraní, lo que indica que las fuerzas de seguridad han pasado a desempeñar un papel económico importante. Así, Toumaj (2014) observa que la economía de resistencia implica un "proteccionamiento", donde las fuerzas de seguridad, incluido el IRGC, desempeñan un papel importante en la gestión tanto de la política económica como de las empresas estratégicas. El Ministerio de Inteligencia también se ha involucrado, ya que las preocupaciones económicas están vinculadas a la posición estratégica de Irán en la región, con Irán mirando hacia un mundo multipolar y a mayores vínculos con Asia (Toumaj 2014: 7-8). A veces el término "proteccionamiento" se utiliza de manera despectiva, sugiriendo una gestión ineficiente o algo que de alguna manera afecta negativamente al gobierno. De hecho, la participación de las fuerzas de seguridad en empresas estratégicas es una adaptación bastante natural a décadas de agresión. En Cuba, por ejemplo, el ejército participa en operaciones turísticas en los bordes exteriores de la isla principal, donde la vigilancia y la defensa también tienen una prioridad (Frank 2017). En Corea del Norte (RPDC), el proteccionamiento se ha convertido en un asunto sistémico, denominado "*Songun*", donde existe participación de las fuerzas de seguridad en prácticamente todas las principales infraestructuras e industrias estratégicas (Park 2007).

Además de las empresas económicas estratégicas, Irán ha logrado avances sustanciales en la industria militar. La historia contextual es que casi todas las grandes potencias ayudaron a Sadam Jusein a librar su guerra contra Irán en los años 1980; y muchas de esas mismas potencias (incluidas Rusia y China) en años más recientes ayudaron a someter a Irán a una gran presión para que pusiera su industria nuclear bajo controles y vigilancia externos. Un resultado de esta presión es que, al igual que en 2019, Irán dice que está muy cerca de fabricar todos los motores de aviones y helicópteros que necesita (Tasnim 2019). El país también ha producido una amplia gama de misiles, el avión de combate Kosar (Sharara 2019) y su propio sistema de defensa antimisiles, el Bavar-373, una contraparte mejorada del S-300 de Rusia (IFP 2019).

La idea de una mayor participación en una economía de resistencia se ha vinculado al artículo 44 de la Constitución, que exige que el Estado, los sectores cooperativo y privado contribuyan al desarrollo bajo un sistema planificado. En cuanto a la "resistencia", se han hecho llamamientos para empoderar aún más al sector privado, disminuir la dependencia del país del petróleo y, al mismo tiempo, promover una gestión más eficiente de los recursos y una planificación estable (Farhi 2012).

Los desafíos internos de gestión y planificación están vinculados a la participación; es decir, el Estado iraní tiene que fomentar esta participación mientras supera sus propios problemas. En 2012, el portavoz o presidente del parlamento, Ali Lariyani, fue citado diciendo que las sanciones solo representaban el 20 por ciento de los problemas económicos de inflación, divisas y producción de Irán, y que la mala gestión interna era un problema mayor (Farhi 2012). Estos problemas se vuelven más complejos por las divisiones políticas internas entre la facción liberal y los llamados "principalistas" dentro del país y los "de línea dura" afuera. Por ejemplo, se atribuyó los problemas de producción a la "mala gestión" de los tipos de cambio por parte del presidente Roujani a principios de 2018, porque se decía que había "favorecido el consumo sobre la producción" en un momento de crisis (Sharara 2019). Las recriminaciones por el acuerdo nuclear JCPOA de 2015, que tanto entusiasmó a los liberales, también ilustran la división interna.

• • • •

Table 2: Strategic concerns	
Leader's idea	Provide for 'growth and prosperity ... even under pressure'; turn vulnerabilities into opportunities
Boost domestic production	Substitute local production for imports; build local and export industries (e.g. steel)
Securitization	A military role in the organisation of production and exchange
Greater participation & improved management	Participation at elite, technology, cooperative and popular levels. Proper state planning, address corruption, stabilise currency
Strategic partners and Iran's regional role	Choose secure partners, especially for major investments; the state to engage in regional stabilisation
Source: the author	

Cuadro 2: Preocupaciones estratégicas

La división de opiniones interna también se ve en la importancia relativa dada al desarrollo de socios estratégicos confiables, en comparación con una mayor atención a las demandas de las potencias occidentales. Sin embargo, la idea de la economía de resistencia favorece fuertemente la búsqueda de nuevas oportunidades económicas con socios estratégicos, en particular los de la región (Piran y Dorche 2015: 648-651). Los analistas estadounidenses están muy conscientes del "consenso" de las facciones de Irán en torno a la política estratégica, al tiempo que observan diferencias sobre la fuerza deseada de los vínculos económicos con los europeos y los EE.UU. (Toumaj 2014: 2). Sin embargo, existen importantes socios estratégicos fuera de la región, como Rusia, China y Venezuela. Además, a pesar de las crueles sanciones estadounidenses, el comercio no petrolero de Irán con Vietnam, Indonesia, Sudáfrica, Turquía y Argentina (el grupo VISTA con una población de más de 540 millones) creció muy fuertemente en los primeros meses de 2019 (FT 2019); mientras que las relaciones regionales de Irán siguen siendo fundamentales.

3. Nuevo regionalismo: lecciones para el Asia Occidental

El "nuevo regionalismo" es una forma de hablar de los diferentes enfoques adoptados tras el fracaso de las conversaciones multilaterales en la OMC y tras el fracaso del globalismo liderado por los Estados Unidos. En algunas discusiones se refiere simplemente a la búsqueda de nuevas oportunidades comerciales; a menudo implica el desarrollo de bloques competitivos (por ejemplo, el TLCAN después de la UE), lo que a veces implica nuevas estrategias hegemónicas, y en otras hay un impulso de desarrollo o contrahegemónico. Por ejemplo, Linares (2011) habla de la "nueva estrategia sociocultural" del grupo latinoamericano ALBA fundado por Cuba y Venezuela; mientras que Porter, Osei-Hwedie y Bertha (2015) hablan del nuevo regionalismo como una forma de promover el desarrollo regional; y Grugel (2004) destaca las diferencias en el "nuevo regionalismo" de la UE y Estados Unidos hacia América Latina. El término es bastante flexible (ver Tabla 3a a continuación).

Table 3a: New regionalism	
New regionalism	Reaction to the collapse of US-driven globalism: for new trade opportunities, competition between blocs and/or counter-hegemony
Trade opportunities	Most new trade opportunities in the 21st century have been within regional agreements, as WTO talks failed
Strategic bloc concerns	EU, NAFTA, SCO, BRICS, ALBA, CEFTA, etc - all have competitive and/or counter-hegemonic aims
West Asian context	Fragmented and sabotaged region, facing systematic exclusion, hybrid wars, local failures in political will and lack of critical infrastructure

Tabla 3a: Nuevo Regionalismo

En cualquier caso, los acuerdos regionales son sin duda el nuevo juego. Según la OMC, en junio de 2019 había al menos 294 ACR en vigor y otros 170 notificados, en comparación con menos de 30 en 1992 (*WTO* 2019a). La mayoría de estos acuerdos se registraron después de que las conversaciones multilaterales comenzaron a colapsar a partir de 2003. Eso significa que la mayoría de las nuevas oportunidades comerciales en las últimas dos décadas han llegado a través de acuerdos comerciales "preferenciales" regionales y bilaterales. En esta mezcla existen varios intentos fallidos por parte de Estados Unidos de crear 'acuerdos comerciales megaregionales'

(MRTA), como la Asociación Transatlántica de Comercio e Inversión, la Asociación Transpacífico (*TPP*) (Mevel 2016) y el Área de Libre Comercio de las Américas (ALCA), que fue hundida por una coalición de Estados latinoamericanos independientes en 2005 (Amadeo 2018). Esas propuestas incluían elementos rechazados en la ronda de Doha de la OMC, como derechos de propiedad intelectual más fuertes y reclamos de acceso de los inversores, que pueden verse como nuevos intentos de impulsar el privilegio corporativo europeo y norteamericano.

Anteriormente, en los años 50 y 60, los planes para la integración regional entre los países en desarrollo enfatizaban (al igual que la economía de resistencia de Irán) el uso de la "sustitución de importaciones a escala regional", al tiempo que enfrentaban problemas de ineficiencias en la producción, especialmente si no se enfrentaban a competencia (Balassa y Stoutjesdijk 1975). Irán hoy no enfrenta los mismos desafíos de desarrollo que muchos de esos países en desarrollo, que tienen mucho menos desarrollo en capital humano, tecnología e industrialización. Sin embargo, vale la pena revisar brevemente los argumentos desarrollistas abordando los argumentos liberales contra el regionalismo y en el contexto de la agresión económica. La Tabla 3b a continuación muestra puntos clave y objetivos sugeridos delineados por Lanhammer y Hiemenz (1990). Estos objetivos son muy paralelos a los establecidos para la economía de resistencia, aunque con un enfoque regional: expandir el mercado interno, mejorar la asignación de recursos, mejorar la industrialización, proteger contra shocks externos y construir un consenso de seguridad.

Table 3b: Regional integration and development: potential benefits	
'Training ground'	Industrial development builds skills and technology
Expand domestic market	Expanded market helps economies of scale
Improve resource allocation	Regional division of labour helps efficiencies
Enhance industrialisation	The multiple benefits of industrialisation compensate for possibly cheaper imports
Joint production of public goods	Cooperation in (e.g.) infrastructure and services
Protection against global shocks	Reduce vulnerability to sudden outside changes
Collective bargaining power	Bulk shared purchases can leverage prices
Build security consensus	Joint practice can help identify common aims
Source: Langhammer and Hiemenz 1990	

Cuadro 3b: Integración y Desarrollo Regional: beneficios potenciales

La Alianza Bolivariana para Nuestra América (ALBA), el bloque regional contrahegemónico de América Latina, ofrece algunas lecciones adicionales, a partir de una experiencia paralela. Fundado por Venezuela y Cuba, luego Bolivia y varios otros países, este bloque progresista creció como reacción directa al plan hegemónico de Washington para las Américas, el fallido Área de Libre Comercio de las Américas (ALCA). Ese proyecto fue visto como una extensión de una práctica anexionista, excluyente y subyugante que se remontaba al siglo XIX.

El fallecido Hugo Chávez destacó la necesidad de que la integración sea un proceso participativo: "integración necesaria, integración liberadora, no integración neocolonial... los movimientos sociales de América Latina, los trabajadores, los estudiantes, los pequeños agricultores, las mujeres organizadas tienen un papel clave ", en una lucha contra el neoliberalismo y el imperialismo (Chávez 2004). Este grupo construiría una integración que no incluyera a la principal potencia imperial, los Estados Unidos de América (ni, según el ALBA, a los oligarcas de la región); la necesidad de integración iría mucho más allá del comercio, el "libre comercio" o las cuestiones económicas, hacia una integración social y política profunda e inclusiva basada en la solidaridad, la complementariedad y la cooperación (Martínez 2005). Chávez habló de "construir la Patria Grande" en América Latina" (López Blanch 2009: 2). Venezuela y Cuba enunciaron varios principios fundacionales: "desarrollo justo y sostenible"; "trato especial y diferenciado" para socios desiguales; acceso garantizado a beneficios para quienes participan (a diferencia de un sistema competitivo donde ganan los grandes jugadores); "cooperación y solidaridad", particularmente tal como se expresa en fuertes programas sociales regionales; fondos y medidas especiales para el medio ambiente y para emergencias; integración energética (tema impulsado por Venezuela); menor dependencia de la inversión extranjera y preferencias entre los miembros por el capital público y de empresas conjuntas; protección de las culturas latinoamericanas y caribeñas y el establecimiento de Telesur, un canal de televisión pública para presentar "nuestras realidades". También habría posiciones compartidas sobre las luchas democráticas (ALBA-TCP 2004). Un economista cubano dijo que el proyecto tenía dos ideas: crear "un esquema de integración regional que promueva la justicia social junto con el desarrollo económico", y crear "un espacio de proyección de poder antihegemónico para neutralizar la dominación estadounidense del hemisferio occidental" (Alzugaray Treto 2011).

La complementariedad práctica se puede ver en los primeros intercambios Cuba-Venezuela, que fueron intercambios trueque a gran escala, principalmente la provisión por parte de Cuba de servicios médicos y educativos y capacitación a cambio de la asistencia de Venezuela para reconstruir el sector energético de Cuba y el suministro de petróleo a precios reducidos. Durante los cinco años transcurridos entre 2004 y 2008 (cuando golpeó la crisis financiera de EE.UU.), la tasa de crecimiento económico per cápita promedio de Cuba fue del ocho por ciento, mientras que la de

Venezuela fue del 8,6, en comparación con un promedio latinoamericano del cuatro por ciento (CEPAL 2012). En unos pocos años, el grupo ALBA había crecido hasta contar con 11 Estados nacionales.

Las expresiones más poderosas del ALBA en sus primeros años fueron los programas sociales −alfabetización, atención primaria de salud, programas educativos y de salud− típicamente financiados y con apoyo logístico de Venezuela y atendidos por profesionales cubanos. A través de estos programas, Venezuela, Bolivia y Nicaragua redujeron el analfabetismo de sus adultos a niveles mínimos en tan solo unos pocos años (Nehru 2011). En 2011, se decía que los logros del nuevo grupo incluían: sacar a 11 millones de personas de la pobreza; alfabetizar a 3,5 millones de personas más, elevando así la alfabetización general del 84 al 96 por ciento; aumento de la matrícula escolar y universitaria; programas masivos de salud conjuntos que reducen la mortalidad infantil en un 32 por ciento; y ayudar a 900.000 personas discapacitadas sólo en 2010 (ERBV 2011).

Se formaron acuerdos tipo ALBA con países no miembros. Por ejemplo, a principios de 2005 Venezuela firmó nueve acuerdos con Argentina, que incluían: un compromiso con Telesur; cooperación técnica entre agencias petroleras estatales; suministro de instalaciones de construcción naval argentina a Venezuela a cambio de acuerdos de suministro concesional de petróleo; cooperación en salud, hospitales, ciencias de la salud y ciencias sociales (ALBA-TCP 2008); y acuerdo para desarrollar el proyecto de un gasoducto continental. Otros países expresaron su interés en participar en algunos de los programas sociales del ALBA, como la misión discapacidad. Además, el ALBA articuló el llamado a una "nueva arquitectura financiera regional", que incluyera una nueva moneda regional y un Banco del ALBA, para financiar grandes proyectos de empresas conjuntas (Secretaría del ALBA-TCP 2010).

Algunos de los proyectos y empresas de la "Patria Grande" entraron en nuevos territorios. ALBAMED, por ejemplo, enumeró 475 medicamentos esenciales que se pondrían a disposición de los países miembros bajo un nuevo sistema regulatorio. ALBATEL estaba construyendo un nuevo sistema de comunicaciones, incluso mediante el uso de su propio satélite (Sanz 2012). La cooperación en productos farmacéuticos significaría una mayor eficiencia en la producción de los medicamentos necesarios y, si fuera necesario, un mayor poder de negociación para realizar compras fuera del bloque (Cuba Standard 2013; RTV 2014).

Aunque el bloque ALBA es todavía joven y ha enfrentado algunos reveses, parece haber algunas lecciones para Irán y sus vecinos. En primer lugar, un bloque contrahegemónico regional con sistemas políticos diversos pero con una solidaridad social compartida puede producir beneficios rápidos. En segundo lugar, dicho bloque puede consolidar intereses reales para disminuir la amenaza de potencias hegemónicas externas. En tercer lugar, los principios establecidos por dicho bloque pueden tener una influencia más amplia. Sería útil transformar los acuerdos bilaterales existentes en Asia Occidental para convertirlos en mecanismos de cooperación regional más formales.

4. Irán y la integración de Asia Occidental

Irán está nuevamente bajo presión y el gobierno debe tener como prioridad la seguridad y la estabilización de los medios de vida de sus ciudadanos. Pero eso no puede significar una retirada de la región, como exigen sus enemigos. La "economía de resistencia" tiene implicaciones más amplias tanto para Irán como para la región. Implica una participación activa y la construcción de nuevas realidades políticas y económicas, en lugar de abrigar esperanzas en las falsas promesas del neoliberalismo. No hay duda de que la República Islámica de Irán, con su estabilidad de principios y su gran capacidad, está en la mejor posición para liderar una alianza económica en Asia Occidental, así como un bloque de seguridad independiente. Tal integración beneficiaría a Irán, así como a la región. El temor imperial y sionista, frecuentemente manifEstado, a tal alianza simplemente refuerza esta visión. Esta sección final describe los elementos clave y relevantes de la capacidad de Irán y algunos de los beneficios y consecuencias prácticas de la integración regional.

La propaganda nunca duerme. En el 40.º aniversario de la revolución, el presidente estadounidense Donald Trump publicó una serie de gráficos propagandísticos en los que sugería que Irán había experimentado "40 años de fracaso" (*AFP* 2019); nadie puede aceptar al pie de la letra las reclamaciones de un enemigo comprometido. De hecho, pruebas independientes del Programa de las Naciones Unidas para el Desarrollo nos muestran que, a pesar de la agresión constante, Irán logró avances sobresalientes. Entre 1990 y 2017, el Índice de Desarrollo Humano del país creció en promedio un 1,21 por ciento anual, solo superado por China (PNUD 2018b: Cuadro 2). El progreso de Irán se debió a mejoras excepcionales y sostenidas en la esperanza de vida, principalmente debido a mejoras en la atención médica y la supervivencia infantil y mejoras en la educación (PNUD 1999; PNUD 2018a). Entre 1980 y 2017, la esperanza de vida promedio en Irán aumentó de 54,1 a 76,2 años, y el promedio de años de escolaridad aumentó de 2,2 a 9,8, un aumento de más de cuatro veces, casi en equidad de género (PNUD 2016; PNUD 2018a). La desigualdad y la pobreza disminuyeron sustancialmente (PNUD 1999; Banco Mundial 2019). Irán avanzó mientras sus enemigos libraban guerras espantosas e inútiles.

En la región, el papel de Irán fue fundamental en su apoyo a los pueblos de Palestina, Líbano, Siria, Irak y Yemen. Esa solidaridad real con los pueblos independientes y que sufren y que están siendo atacados es lo que atrae la agresión del régimen sionista y de Washington. Temen, con razón, que lo más probable es que Irán lidere una alianza de pueblos independientes para rechazar la intervención imperial. Esa "amenaza" reside en los principios de Irán, su estabilidad, su voluntad política y su capacidad humana y natural.

Por ejemplo, el ex funcionario estadounidense Larry Wilkerson reconoció que, ante el plan estadounidense de "barrer Oriente Medio" y "desestabilizar toda la región", Washington se enfrentaba a Irán como "uno de los países más estables de la región" (Wilkerson 2018). Las polémicas baratas contra Irán de estos días son refutadas por fuentes independientes. Según el Banco Mundial (2019b), Irán redujo su desigualdad (medida por el índice de Gini) de 47,4 en 1986 a 38,8 en 2014. La desigualdad en los EE.UU. sigue siendo significativamente mayor, con 41,5 (Gini); y, a pesar de su retórica de "libertad", la tasa de encarcelamiento (la más alta del mundo, 698 por 100.000 habitantes) era más del doble que la de Irán (287)—muchos más iraníes confían en su gobierno nacional (71 por ciento) que en los EE.UU. (39 por ciento) (PNUD 2018b: Cuadros 3, 12 y 14). Ese progreso y esa confianza son la raíz de la actual estabilidad de Irán.

Con esa estabilidad y capacidad, ¿qué papel podría desempeñar Irán en la integración regional? Los sionistas y sus aliados temen el papel de Irán en la formación de un frente unido frente a la Palestina ocupada y temen el surgimiento de un puente terrestre iraní desde Teherán a Beirut (Ibish 2017). De hecho, dichos corredores de infraestructura representarían un gran avance económico y social para los pueblos de esta región saboteada y dividida. Los efectos indirectos positivos de las grandes infraestructuras, si se gestionan adecuadamente, pueden funcionar tanto a nivel regional como a nivel nacional (Najkar, Kohansal y Ghorbani 2018). Algo similar podría decirse sobre el proyecto ferroviario conjunto Rusia-Irán, que une Asia y Europa (SRB 2017). La resurrección de proyectos energéticos como el oleoducto Kirkuk-Baniyas (Boev 2017) entra en la misma categoría. Estos proyectos transnacionales pueden romper el intento de asedio a los países de Asia Occidental y abrir nuevas posibilidades en beneficio de los pueblos de la región; pero requieren cooperación, inversión conjunta y una estrecha cooperación en materia de seguridad. Esto plantea la cuestión de hacer cumplir las garantías de seguridad de los inversores externos que deseen unirse al probable auge del desarrollo de Asia Occidental. ¿No debería exigirse a los socios estratégicos que contribuyan a proteger los grandes proyectos de repetidos intentos de desestabilización?

Con esa estabilidad y capacidad, ¿qué papel podría desempeñar Irán en la integración regional? Los sionistas y sus aliados temen el papel de Irán en la formación de un frente unido frente a la Palestina ocupada y temen el surgimiento de un puente terrestre iraní desde Teherán a Beirut (Ibish 2017). De hecho, dichos corredores de infraestructura representarían un gran avance económico y social para los pueblos de la región saboteada y dividida. Los efectos indirectos positivos de las grandes infraestructuras, si se gestionan adecuadamente, pueden funcionar tanto a nivel regional como a nivel nacional (Najkar, Kohansal y Ghorbani 2018). Algo similar podría decirse sobre el proyecto ferroviario conjunto Rusia-Irán, que une Asia y Europa (SRB 2017). La resurrección de proyectos energéticos como el oleoducto Kirkuk-Baniyas (Boev 2017) entra en la misma categoría. Estos proyectos transnacionales pueden romper el intento de asedio a los países de Asia occidental y abrir nuevas posibilidades en beneficio de los pueblos de la región. Pero requieren cooperación, inversión conjunta y una estrecha cooperación en materia de seguridad. Esto plantea la cuestión de hacer cumplir las garantías de seguridad de los inversores externos que deseen unirse al probable auge del desarrollo de Asia occidental. ¿No debería exigirse a los socios estratégicos que contribuyan a proteger los grandes proyectos de repetidos intentos de desestabilización?

La conectividad terrestre está resultando importante tanto para el comercio como para evitar intervenciones oceánicas por parte de potencias externas, a pesar de que los enlaces ferroviarios, aunque suelen ser más rápidos, pueden ser más costosos que el transporte marítimo (Ruta 2018). Esa conectividad terrestre sigue siendo un factor importante en la Iniciativa de la Franja y la Ruta de China, así como también para Irán en la construcción de sus redes regionales y extrarregionales. Resalta la gran promesa a Ankara y Teherán en las relaciones Rusia-China (Duarte 2014), así como la importancia de Asia Central y Occidental en los oleoductos y corredores de transporte de la India (Mubarik 2017), y un corredor China-Pakistán como mecanismo para la "integración regional y la paz" (Khan y Marwat 2016).

Una zona comercial integrada con condiciones preferenciales claramente abre un amplio mercado. Quizás parte de ese mercado ya exista, por ejemplo con la industria automotriz de Irán. Sin embargo, las preferencias comerciales sistemáticas profundizan esas ventajas. Si tomamos simplemente un modelo simple de cuatro naciones como se muestra en la Tabla 4a, podemos ver que un bloque comercial preferencial podría más que duplicar el mercado iraní, pero podría expandir el mercado de los socios más pequeños en una mayor medida. Las asignaciones iniciales en condiciones favorables pueden impulsar la producción periférica. Por ejemplo, si hubiera una industria particularmente eficiente en Yemen (suponiendo que el país estuviera unificado y estable), un acuerdo de integración y una concesión inicial podrían expandir su mercado nacional de 29 millones a un mercado regional de 171 millones. Esto es lo que ocurrió con el Complejo de Componentes Electrónicos Ernesto Guevara de Cuba en el marco del ALBA. Una pequeña fábrica rural que suministraba paneles solares a escuelas rurales de repente se convirtió en una empresa mucho más grande después de obtener acceso preferencial a varios otros países. Esa fábrica luego pudo diversificarse hacia otros componentes electrónicos (Prensa Latina 2014).

Table 4a: Four country model of market integration		
4 countries	National population/market	Regional population/market
Iran	83m	171m
Yemen	29m	171m
Iraq	39m	171m
Syria	20m	171m

Cuadro 4a: Modelo de integración de mercados de cuatro países

No obstante, la integración no es simplemente una cuestión de amplios mercados. El crecimiento regional incipiente puede generar "poderosas fuerzas centrífugas dentro de las regiones" y así no fortalecería necesariamente la capacidad coherente (Garzón 2017). Además, es necesario un liderazgo eficaz con valores compartidos para que un bloque económico tenga influencia en los acuerdos alcanzados con otros bloques y Estados poderosos. Se necesita influencia o peso para obtener condiciones ventajosas en cuestiones específicas y amplias, tanto con países más neutrales como con adversarios. Ese principio también se aplica al lugar que ocupa Asia Occidental en la iniciativa de infraestructura de la Franja y la Ruta de China (Lehr 2018). Un analista indio ha señalado el desafío que plantean las relaciones entre Irán y China a las ambiciones de Washington (Bhat 2012); tal desafío tendría mayor solidéz con un bloque de Asia Occidental liderado por Irán y vinculado a China.

Está la importante cuestión de fortalecer los valores compartidos y el carácter de una Alianza de Asia Occidental, que pueda generar fortaleza interna y al mismo tiempo mantener un grado de apertura hacia vecinos y otros socios de confianza. Esto también se aplica al desarrollo industrial. Hace dos décadas, la UNCTAD señaló que los criterios para que los grupos industriales tuvieran éxito iban más allá de la competencia y las exportaciones. Los grupos industriales exitosos se caracterizaron por altos niveles de innovación, confianza, cooperación, aprendizaje y desarrollo de habilidades (UNCTAD 1998). El cultivo de estas cualidades requiere algo más que mercados.

Tanto Irán como la región se beneficiarán de una alianza regional contrahegemónica. Naturalmente, tal alianza presupone una alianza de seguridad, pero las preocupaciones estratégicas siempre han sido centrales para la idea de una economía de resistencia. Hasta aquí lo reconoce un académico radicado en Washington que, si bien sugiere que la influencia estadounidense en la región es una constante, también reconoce que el papel geopolítico de Irán y su expansión comercial están estrechamente vinculados (Peyrouse, 2014). Algunas de las consecuencias necesarias en la integración económica de una región sujeta a repetidas agresiones son que (i) alguna forma de participación en garantías de seguridad sería muy probable un requisito adecuado para quienes buscan beneficiarse de inversiones en grandes infraestructuras, energía y otras actividades de proyectos estratégicos en conjunto; (ii) los socios estratégicos (ya sean países o corporaciones) podrían recibir mejor categorización en cuanto a niveles de confianza para los efectos de asociaciones en inversión y concesiones fiscales.

Esta debate sobre la región se centra principalmente en Irán y sus vecinos árabes independientes. Sin embargo, también son importantes las relaciones con los vecinos de habla persa de Tayikistán y Afganistán (Muzalevsky 2010). Las relaciones con Turquía, determinados países del Golfo Pérsico y, por supuesto, el continente asiático no tienen por qué verse perjudicadas por la formación de una alianza de Asia Occidental. La integración regional, al igual que la industrialización, puede desarrollar efectos extendidos.

Como el país independiente más grande y líder de la región, Irán está perfectamente capacitado para presidir una coalición de líderes conocidos y experimentados de resistencia regional, a fin de determinar la seguridad conjunta, las asociaciones estratégicas y la infraestructura regional. Ese grupo también podría coordinar la cooperación en educación, ciencia, cultura, programas sociales, industria y comercio. Una coalición de este tipo fortalecería la cooperación existente, haciéndola más sistemática y resistente.

Table 4b: Foundations of and potential benefits to Iran and regional partners from West Asian integration	
1	Resistance alliance council to determine joint security, strategy and regional infrastructure priorities
2	Joint development of trusted strategic partnerships and agreements with other blocs and powerful states
3	Systematically expanded markets and joint planning of economic concessions
4	Coordinated development of education, culture, science, industry, commerce and social programs
5	Coordinated development of the values and character of the resistance alliance

Cuadro 4b: Fundamentos y beneficios potenciales para Irán y sus socios regionales de la integración de Asia Occidental

Este capítulo esbozó las promesas fallidas del neoliberalismo, que pasó de una construcción partidista de mercados liberales con reglas amañadas a un despliegue bastante integral de guerra de asedio contra los países y pueblos independientes de Asia Occidental. Los europeos, en su mayor parte, han demostrado ser cómplices o incapaces de romper con la agresión impulsada por Washington, cuyas guerras híbridas han tenido como objetivo mantener a toda la región fragmentada y débil.

En estas circunstancias, es necesario un camino económico decisivo y distinto para el futuro del pueblo iraní y de la región. Las ideas de la economía de resistencia, en particular el llamado a transformar las presiones en oportunidades y desarrollar asociaciones estratégicas, se vuelven aún más pertinentes. Es esencial un "nuevo regionalismo" más amplio y contrahegemónico, que podría extraer algunas lecciones de las experiencias paralelas de América Latina; a pesar de las distintas condiciones de Asia Occidental. La promoción por parte de Irán de un bloque contrahegemónico, con sistemas políticos diversos pero instituciones compartidas, podría producir beneficios rápidos, consolidando intereses reales para disminuir las amenazas externas y construyendo formas distintivas de cooperación. Esto no es simplemente altruismo. Irán se beneficiaría económicamente de un mercado integrado y ampliado, y aún más los países más pequeños. Un bloque económico de Asia Occidental podría mejorar la capacidad humana e industrial, reforzando la seguridad y la estabilidad y al mismo tiempo afianzando valores humanos dignos.

• • • •

Referencias

AFP (2019) 'US slams Iranian revolution for 40 years of failure as Rouhani threatens military expansion', Arab News, 11 February, online: http://www.arabnews.com/node/1450261/middle-east

Abouharb, M. Rodwan and David L. Cingranelli (2006) 'The Human Rights Effects of World Bank Structural Adjustment, 1981–2000', International Studies Quarterly, Volume 50, Issue 2, June, Pages 233–262

ALBA-TCP (2004) 'Agreement for the ALBA Application', 14 December, online: http://www.alba-tcp.org/en/contenido/agreement-alba-application

ALBA-TCP (2008) 'Acuerdos entre Argentina y Venezuela', 3 July, online: http://www.alianzabolivariana.org/modules.php?name=Content&pa=showpage&pid=1765

ALBA-TCP Secretariat (2010) 'SUCRE: Respuesta del ALBA a la Crisis Financiera', Alianza Bolivariana para los Pueblos de Nuestra América-Tratado de Comercio de los Pueblos, Caracas, Julio, pp.1-3

Alzugaray Treto, Carlos (2011) 'The future of ALBA and regional integration: an introduction', *International Journal of Cuban Studies,* Vol. 3, No. 2/3, Special Issue: A new dawn? ALBA and the future of Caribbean and Latin American integration (Summer/Autumn 2011), pp. 95-97

Amadeo, Kimberly (2018) 'FTAA Agreement, Its Members, With Its Pros and Cons', The Balance, 21 December, online: https://www.thebalance.com/ftaa-agreement-member-countries-pros-and-cons-3305577

Amadeo, Kimberly (2019) 'Doha Round of Trade Talks: The Real Reason Why It Failed', The Balance, 25 June, online: https://www.thebalance.com/what-is-the-doha-round-of-trade-talks-3306365

Amuzegar, Jahangir (2006) 'Iran's 20-Year Economic Perspective: Promises and Pitfalls', Middle East Policy

Council, online: https://www.mepc.org/journal/irans-20-year-economic-perspective-promises-and-pitfalls

Balassa, Bela and Ardy Stoutjesdijk (1975) 'Economic integration among developing countries', 14 J. Common Mkt. Stud. 37.

Bhat, Mukhtar Ahmad (2012) 'Iran-China Relations: A challenge for U.S. hegemony', *Quarterly Journal of Chinese Studies*, 3 (2), 113-125

Boev, Borislav (2017) Kirkuk-Baniyas: the forgotten pipeline', South Front, 1 August, online: https://southfront.org/kirkuk-baniyas-forgotten-pipeline/

Chávez, Hugo (2004) 'Inventamos la Nueva América LatinoCaribeña', speech from meeting on December 6, 2004, in Cuadernos para la Emancipación, no. 27 (Caracas: Fundación Emancipación por la Unidad de América Latina y el Caribe, 2005)

Cheru, Fantu (1999) 'Effects of structural adjustment policies on the full enjoyment of human rights', UN Commission on Human Rights, 55th session, review by independent expert, 24 February, online: https://www.ohchr.org/EN/Issues/Development/IEDebt/Pages/Resolutions.aspx

Cuba Standard (2013) 'Cuba stands to gain as ALBA creates common medical market', online: https://www.cubastandard.com/cuba-stands-to-gain-as-alba-creates-common-medical-market/

Duarte, Paulo Afonso Brardo (2014) 'Ankara and Tehran in Russia's 'Near Abroad': The Way to Central Asia', *Turkish Journal of Politics,* Vol. 5 No. 2 Winter

ECLAC (2012) Statistical Yearbook, Latin America and the Caribbean: annual growth rates of per capita Gross Domestic product, 2.1.1.2, online: http://websie.cepal.org/anuario_estadistico/anuario_2012/en/contents_en.asp, 2.1.1.2

ERBV (2011) 'ALBA logra mas avances en Metas del Milenio que otros paises', Embajada de la Republica Bolivariana de Venezuela en Washington, 15 Feb, online: http://venezuela-us.org/es/2011/02/15/alba-logra-mas-avances-en-metas-del-milenio-que-otros-paises/

Ettlinger, Nancy (1991) 'The Roots of Competitive Advantage in California and Japan', Annals of the Association of American Geographers 81:3, September, 391–407

Farhi, Farideh (2012) 'Sanctions and the shaping of Iran's "resistance economy"', Lobe Log, 27 July, online: https://lobelog.com/sanctions-and-the-shaping-of-iran's-"resistance-economy"/[1]

Frank, Marc (2017) 'Cuban military's tentacles reach deep into economy', Reuters, 16 June, online: https://www.reuters.com/article/us-usa-cuba-military/cuban-militarys-tentacles-reach-deep-into-economy-idUSKBN1962VK

---

1. https://lobelog.com/sanctions-and-the-shaping-of-iran's-

FT (2019) '42% Rise in Iran's Non-Oil Trade With VISTA', Financial Tribune, 16 August, online: https://financialtribune.com/articles/domestic-economy/99444/42-rise-in-irans-non-oil-trade-with-vista

Garzón, Jorge F. (2017) 'Multipolarity and the future of economic regionalism, *International Theory*, 17 October, 9:1, 101-135

Grugel, Jean B (2004) 'New Regionalism and Modes of Governance - Comparing US and EU Strategies in Latin America', European Journal of International Relations; London Vol. 10, Issue 4, (Dec): 603-628

Hoogvelt, Ankie (1997) Globalization and the Postcolonial World: The New Political Economy of Development, The Johns Hopkins University Press, Baltimore, MD

Hussain, Imtiaz (2004) 'After Cancún: G21, WTO, and Multilateralism', *Journal of International and Area Studies*, Vol. 11, No. 2, December, pp. 1-16

Ibish, Hussein (2017) 'Iran's long-cherished Tehran to Beirut 'land-bridge' moves closer to reality', 11 November, online: https://www.thenational.ae/opinion/iran-s-long-cherished-tehran-to-beirut-land-bridge-moves-closer-to-reality-1.674875

IFP (2019) 'Iran Unveils Homegrown 'Bavar-373' Missile Defence System', Iran Front Page, 22 August, online: https://ifpnews.com/iran-unveils-homegrown-bavar-373-missile-defence-system

ITA (2018) 'Steel Exports Report: Iran', International Trade Administration, Washington, September, online: https://www.trade.gov/steel/countries/pdfs/2018/q2/exports-iran.pdf

Jalili, Saeed (2017) 'Iran Says WTO Accession No More a Priority', Financial Tribune, 16 August, online: https://financialtribune.com/articles/economy-business-and-markets/70521/iran-says-wto-accession-no-more-a-priority

Jawara, Fatoumata and Aileen Kwa (2003) 'Behind the Scenes at the WTO: The Real World of International Trade Negotiations/Lessons of Cancun', Zed Books, London

Johnson, Chalmers A (1982) MITI and the Japanese Miracle, Stanford University Press, Stanford CA

Keynes, John Maynard (1936) The General Theory of Employment, Interest and Money, Palgrave MacMillan, London

Khamenei, Ali (2005) '20 Year National Vision', Iran Data Portal, online: http://irandataportal.syr.edu/20-year-national-vision

Khamenei, Ali (2012) 'Leader's Speech to Government Officials', Khamenei.IR, 24 July, online: http://english.khamenei.ir/news/1655/Leader-s-Speech-to-Government-Officials

Khamenei, Ali (2016) 'Our problems with America are not solved by negotiations: Ayatollah Khamenei',

Khamenei.IR, 1 August, online: http://english.khamenei.ir/news/4052/Our-problems-with-America-are-not-solved-by-negotiations-Ayatollah

Khan, Shabir and Zahid Ali Khan Marwat (2016) 'CPEC: role in regional integration and peace', South Asian Studies, Vol 31, No 2, July-December, 103-112

Khatinoglu, Dalga (2018) 'French Automakers Suffer As They Lose Iran Market', Radio FARDA, 24 October, online: https://en.radiofarda.com/a/french-automakers-suffer-as-they-lose-iran-market-/29561854.html

Kornbluh, Peter (2017) 'Chile and the United States: Declassified Documents Relating to the Military Coup, September 11, 1973', National Security Archive Electronic Briefing Book No. 8, online: https://nsarchive2.gwu.edu/NSAEBB/NSAEBB8/nsaebb8i.htm

Langhammer, Rolf and Ulrich Hiemenz (1990) Regional Integration among developing countries: opportunities, obstacles and options', Kieler Studien, No 232, ISBN 3161456246, Mohr, Tübingen

Lehr, Deborah (2018) 'How China is winning over the Middle East', The Diplomat, 21 July, online: https://thediplomat.com/2018/07/how-china-is-winning-over-the-middle-east/

Linares, Rosalba (2011) The ALBA alliance and the construction of a new Latin American regionalism', The International Journal of Cuban Studies, suppl. Special issue: A New Dawn? ALBA and the Future of..; London Vol. 3, Iss. 2/3, (Summer): 145-156,263

Lopez Blanch, Hedelberto (2009) 'La integración política del ALBA', Rebelión, 15 December, online: http://www.rebelion.org/noticia.php?id=97037

Mallory, Lester (1960) '499. Memorandum From the Deputy Assistant Secretary of State for Inter-American Affairs (Mallory) to the Assistant Secretary of State for Inter-American Affairs (Rubottom)', FOREIGN RELATIONS OF THE UNITED STATES, 1958–1960, CUBA, VOLUME VI, Washington, 6 April, online: https://history.state.gov/historicaldocuments/frus1958-60v06/d499

Martin, Will (2016) 'Nobel prize-winning economist Stiglitz tells us why 'neoliberalism is dead', Business Insider, 19 August, online: https://www.businessinsider.com.au/joseph-stiglitz-says-neoliberalism-is-dead-2016-8?r=US&IR=T

Martínez, Osvaldo (2005) 'ALBA y ALCA: El Dilema de la Integración o la Anexión', Rebelión, 4, online: http://www.rebelion.org/ noticia.php?id = 19818

Mevel, Simon (2016) 'Mega-regional trade agreements: Threat or opportunity for the future of African trade?' International Centre for Trade and Sustainable Development, 18 April, online: https://www.ictsd.org/bridges-news/bridges-africa/news/mega-regional-trade-agreements-threat-or-opportunity-for-the-future

MI (2019) 'IRAN VEHICLE MARKET - GROWTH, TRENDS, AND FORECAST (2019 - 2024)', Mordor Intelligence, online: https://www.mordorintelligence.com/industry-reports/iran-vehicles-market

Mubarik, Mudasir (2017) 'Connectivity and Geopolitics: Factoring Iran in India-Central Asia Relations', The IUP Journal of International Relations, Vol. XI, No. 2

Muzalevsky, Roman (2010) 'The "Persian Alliance" and Geopolitical Reconfiguration in Central Asia', European Dialogue XXI, 24 September, online: https://eurodialogue.eu/persian-alliance-and-geopolitical-reconfiguration-central-asia

Najkar, Nastaran, Mohammad Kohansal and Mohammad Ghorbani (2018) 'Estimating Spatial Effects of Transport Infrastructure on Agricultural Output of Iran', Agris on-line Papers in Economics and Informatics, Vol 10, No 2, 61-71

Nehru, Meesha (2011) 'Latin America's alternative alliance', Times Higher Education, 3 April, online: http://www.timeshighereducation.co.uk/story.asp?storycode=415693

Paraskova, Tsvetana (2019) 'Iran Says It's Now Self-Sufficient In Gasoline', Oil Price, 18 February, online: https://oilprice.com/Latest-Energy-News/World-News/Iran-Says-Its-Now-Self-Sufficient-In-Gasoline.html

Park, Han S. (2007) 'Military-First Politics (Songun): Understanding Kim Jong-il's North Korea', Korea

Economic Institute of America, online: http://keia.org/publication/military-first-politics-songun-understanding-kim-jong-ils-north-korea

PBC (2019) 'Iran - Telecoms, Mobile and Broadband - Statistics and Analyses', Paul Budde Communication, February, online: https://www.marketresearch.com/Paul-Budde-Communication-Pty-Ltd-v1533/Iran-Telecoms-Mobile-Broadband-Statistics-12264972/

Peyrouse, Sebastian (2014) 'Iran's Growing Role in Central Asia? Geopolitical, Economic and Political Profit and Loss Account', Al Jazeera, 6 April, online: http://studies.aljazeera.net/en/dossiers/2014/04/2014416940377354.html

Piran, Shamseddin Jalili and Mohammad Soleymani Dorche (2015) 'Resistance Economy in International Law', *International Journal of Humanities and Cultural Studies*, December, online: https://www.ijhcs.com/index.php/ijhcs/article/view/1636

Porter, Jesse K; Osei-Hwedie, Bertha Z (2015) Regionalism as a tool for promoting economic and regional development: a case study of the economic community of West African states (ECOWAS), Economic and Social Development: Book of Proceedings; Varazdin: 31-38. Varazdin Development and Entrepreneurship Agency (VADEA), Sep 25

Prensa Latina (2014) 'Cuban Electronic Components Factory Widens Production', Caribbean Energy Information System, 15 January, online: http://www.ceiscaribenergy.org/cuban-electronic-components-factory-widens-production/

Rahmani, Reza (2019) 'Iran enjoys appropriate self-reliance in steel sector: industry min', The Iran Project, 26 June, online: https://theiranproject.com/blog/2019/06/26/iran-enjoys-appropriate-self-reliance-in-steel-sector-industry-min/

Ricardo, David (1817) On the Principles of Political Economy and Taxation, John Murray, London

Rostow, Walt (1960) The Stages of Economic Growth: A Non-Communist Manifesto, Cambridge University Press, Cambridge

RTV (2014) 'Cuba vende medicamentos a más de 50 países', 25 November, online: https://www.radiotelevisionmarti.com/a/cuba-vende-medicamentos-a-mas-de-cincuenta-paises/80917.html

Ruta, Michele (2018) 'Three opportunities and Three Rusks of the Belt and Road Initiative', The Trade Post, 4 May, online: https://blogs.worldbank.org/trade/three-opportunities-and-three-risks-belt-and-road-initiative

Sanz, Rodolfo (2012) 'Rodolfo Sanz: No me imagino a una América Latina con un ALCA y sin un ALBA', *Telesur*, 13 December, online: http://www.telesurtv.net/articulos/2012/12/13/rodolfo-sanz-no-me-imagino-a-una-america-latina-con-un-alca-y-sin-un-alba-4701.html

Selby-Green, Michael (2019) 'Venezuela crisis: Former UN rapporteur says US sanctions are killing citizens', The

Independent, 26 January, online: https://www.independent.co.uk/news/world/americas/venezuela-us-sanctions-united-nations-oil-pdvsa-a8748201.html

Sharara, Karim (2019) 'How "Maximum Pressure" Can Yield Economic Prosperity For Iran', Lobe Log, 2 August, online: https://lobelog.com/how-maximum-pressure-can-yield-economic-prosperity-for-iran/

Shneyer, Paul A. and Virginia Barta (1981) 'The legality of the U.S. Economic Blockade of Cuba under International Law', *Case Western Reserve Journal of International Law*, Vol 13 Issue 3, 450-482

Spencer, Roger W. and William P. Yohe (1970) 'The 'Crowding Out' of Private Expenditures by Fiscal Policy Actions', Federal Reserve Bank of St. Louis Review, October, pp. 12–24.

SRB (2017) 'Iran-Russia Rail Corridor Direct to Europe', 12 September, online: https://www.silkroadbriefing.com/news/2017/09/12/iran-russia-rail-corridor-direct-europe/

Stiglitz, Joseph (2002) Globalization and it Discontents, Norton, New York

Tasnim (2019) 'Top General: Iran on Verge of Self-Sufficiency in Making Aircraft Engines', 17 August, online: https://www.tasnimnews.com/en/news/2019/08/17/2077268/top-general-iran-on-verge-of-self-sufficiency-in-making-aircraft-engines

Toumaj, Amir (2014), Iran's economy of resistance: implications for future sanctions', report by the critical threats project of the American Enterprise Institute, online: https://www.criticalthreats.org/wp-content/uploads/2016/07/imce-imagesToumajA_Irans-Resistance-Economy-Implications_november2014-1.pdf

Trading Economics (2019) 'Iran Steel Production', online: https://tradingeconomics.com/iran/steel-production

UNCTAD (1998) Promoting and sustaining SMEs clusters and networks for development, Issues Paper, TD/B/COM.3/EM.5/2, 26 June, online: https://unctad.org/en/docs/c3em5d2.pdf

UNDP (1999) 'Human Development Report of the Islamic Republic of Iran, 1999', United Nations development programme, Tehran, online: http://hdr.undp.org/sites/default/files/iran_1999_en.pdf

UNDP (2016) Human Development Report, Table 2 'Human Development Index Trends, 1990-2015, online: http://hdr.undp.org/sites/default/files/2016_human_development_report.pdf

UNDP (2018a) 'Briefing note for countries on the 2018 Statistical Update, Iran (Islamic Republic of), online: http://hdr.undp.org/sites/all/themes/hdr_theme/country-notes/IRN.pdf

UNDP (2018b) 'Human Development Indices and Indicators, 2018 Statistical Update', United Nations

Development Programme, online: http://hdr.undp.org/sites/default/files/2018_human_development_statistical_update.pdf

US Dept. of Treasury (2019) 'Active Sanctions Programs', March, online: https://www.treasury.gov/resource-center/sanctions/programs/pages/programs.aspx

White, Nigel (2018) 'Ending the US Embargo of Cuba: International Law in Dispute', Journal of Latin American Studies, online: http://eprints.nottingham.ac.uk/48311/1/White%20JLAS%20Revised5.pdf

Wilkerson, Larry (2018) 'Wilkerson: on Iran, Trump follows the Iraq war playbook', The Real News, 6 February, online: https://therealnews.com/stories/wilkerson-on-iran-trump-follows-the-iraq-war-playbook

Williams, Eric (1944) Capitalism and Slavery, University of North Carolina, Chapel Hill, NC

World Bank (2009) 'What Is Inclusive Growth', online: http://siteresources.worldbank.org/ INTDEBTDEPT/Resources/468980-1218567884549/WhatIsInclusiveGrowth20081230.pdf

World Bank (2019a) 'Poverty & Equity Data Portal: Islamic Republic of Iran', online: http://povertydata.worldbank.org/poverty/country/IRN

World Bank (2019b) 'GINI index (World Bank estimate), Iran, Islamic Rep. online:

https://data.worldbank.org/indicator/SI.POV.GINI?locations=IR

WTO (2019a) 'Regional Trade Agreements', online: https://www.wto.org/english/tratop_e/region_e/region_e.htm#facts

WTO (2019b) 'Yemen and the WTO', online: https://www.wto.org/english/thewto_e/countries_e/yemen_e.htm

Yousefvand, Saman (2016) 'The Islamic Republic of Iran: accession to the WTO', May, online: https://www.wto.org/english/thewto_e/acc_e/iran_sesssion1_e.pdf

16. El desafío de la multipolaridad

Gráfico uno: Vista de Caracas, Venezuela, desde La Cuartel de la Montaña, ubicación de la tumba de Hugo Chávez, uno de los grandes defensores de un Mundo Multipolar.

El fin de un período de dominio global de Washington está marcado por el fracaso de múltiples guerras en Asia Occidental. EE.UU., en relativo declive económico durante varias décadas, aceleró el colapso de su influencia al lanzar una serie de desastrosas guerras en el Nuevo Oriente Medio este siglo XXI, en particular aquellas contra Afganistán, Irak, Libia, Siria y Yemen. En el centro de todo esto ha estado la colonización israelí de Palestina en constante expansión y la conversión de esa colonia en un Estado de apartheid (Falk y Tilley, 2017).

Esas guerras, diseñadas para dominar la región de Asia Occidental eliminando la voluntad política independiente, han producido, al fracasar, el efecto totalmente opuesto. Está surgiendo un nuevo bloque de poder regional, liderado por Irán, y el papel regional de Rusia y China se ha ampliado.

Todos los imperios están obsesionados por rivales potenciales y, en este caso, Washington ha temido durante mucho tiempo el surgimiento de múltiples bloques de potencia independientes, per se. EE.UU. incluso temió el surgimiento de una Unión Europea independiente, y en respuesta creó el TLCAN (Tratado de Libre Comercio con América del Norte). Al ver los dilemas del declive norteamericano a finales del siglo XX, Zbigniew Brzezinski defendió en "El gran tablero mundial" un "nuevo tipo" de hegemonía, basándose en viejas ideas de "estabilidad hegemónica" (Keohane 1984; Schmidt 1998; Grunberg 2009). El Pentágono abordó este desafío en 2000 con su doctrina de *Dominio de Espectro Completo* (Departamento de Defensa de Estados Unidos, 2000). Sin embargo, esas ambiciones se están desvaneciendo; Ya está bastante claro que no habrá un "Nuevo Siglo Americano".

Nada de esto tuvo que ver con las normas acordadas de la era poscolonial. Cada nueva invasión, guerra patrocinada u otra intervención (incluidos los intentos de actuar como policía del mundo y castigar a los malhechores mediante medidas coercitivas unilaterales, erróneamente denominadas "sanciones") violaba tanto la Carta de las Naciones Unidas como el principio establecido en el derecho de los pueblos a la auto-determinación (ACNUDH 2021: Artículo 1). Un rechazo generalizado de lo que en realidad era una nueva forma de imperialismo, incluido el rechazo de las potencias en ascenso, ya ha destruido sus posibilidades futuras.

Entonces surge la pregunta: ¿cuál podría ser la forma de un mundo pos Washington? Digo "pos-Washington" en lugar de "pos-americano", por deferencia hacia los 600 millones de personas y 33 Estados americanos en América que no forman parte de Estados Unidos. Aunque los estadounidenses se autodenominan "americanos", la distinción es importante; fue discutido elocuentemente por el héroe de la independencia cubana, José Martí, en su artículo de 1891: "Nuestra América" (Martí 1891).

Una segunda razón para preferir el "pos-Washington" es que el régimen de Washington está muy lejos de representar democráticamente a sus propios pueblos dentro de sus fronteras. Ninguna potencia imperial, sin ningún mandato de los pueblos subyugados, ni ningún Estado que gaste billones en guerras de conquista pero no proporcione ni siquiera garantías básicas de salud pública a su propia población (Reich 2020), puede considerarse una democracia real.

En cualquier caso, ninguna potencia está lista, dispuesta o capaz de reemplazar a Washington. A pesar de las constantes acusaciones de fuentes estadounidenses (por ejemplo, *CFR* 2012) y las preocupaciones de algunos de sus vecinos (Bello 2019), China rechaza explícitamente la idea del unilateralismo (*Xinhua* 2020). La transición más comúnmente citada por los pensadores críticos es que estamos pasando de un mundo unipolar (con una única potencia hegemónica) a un mundo multipolar (Graebner 1988). Pero, ¿qué tipo de multipolaridad será y cuál es la probable viabilidad de ese nuevo orden?

A partir de esa consideración, este capítulo plantea dos preguntas: ¿está bien reconocida entre las fuerzas contrahegemónicas la necesidad de la multipolaridad? ¿Y se puede construir una cooperación eficaz sobre valores multipolares?

• • • •

1. ¿Se reconoce bien la necesidad de la multipolaridad?

Si bien la multipolaridad a menudo se analiza en términos globales (Graebner 1988; Schwenninger 2003), en realidad no constituye la base para las luchas de independencia locales o regionales en el mundo poscolonial. Más bien vemos doctrinas basadas en valores regionales, culturales y religiosos. Entonces, ¿hasta qué punto estas doctrinas pueden dialogar entre sí y reconocer conjuntamente el proyecto de sustituir la unipolaridad por la multipolaridad?

Los sucesivos imperios angloamericanos construyeron una mitología común, a la que hoy en día a menudo se hace referencia como neoliberalismo. Ese proyecto tomó ideas económicas liberales prestadas pero las aplicó selectivamente. Se utilizaron ideas de libre mercado para romper nuevas fronteras, pero luego se utilizaron cárteles monopolistas para dominar los territorios, recursos y pueblos recién conquistados. Y la idea de Estados débiles y "no intervencionistas" era para otros, no para el gran y benévolo "hegemón" (Kindleberger 1981; Keohane 1984).

Sin embargo, las ideas de libre mercado a veces también convenían a los intereses de las potencias en ascenso, entre ellas la República Popular China, que, para disgusto de Washington, se ha convertido en la nueva potencia mundial de la industria y el comercio. La República Popular China utiliza su peso económico para su propio beneficio, pero en la mayoría de los casos, y a diferencia de Washington, trabaja principalmente dentro de las normas internacionales. No libra múltiples guerras de conquista y no posee cientos de bases militares en docenas de países a través de todo el mundo, como los EE.UU. (Slater 2018). Pero, ¿hasta qué punto se reconoce el principio de multipolaridad entre las fuerzas de este mundo emergente?

La noción de multipolaridad se popularizó en Rusia a finales del siglo XX, cuando esa nación se recuperaba del colapso de su predecesora, la Unión Soviética, y de una posterior depresión económica devastadora. Según Kratochvil, "en la segunda mitad de la década de 1990, la multipolaridad se convirtió en un mantra de los diplomáticos rusos", quienes enfatizaron su importancia para construir un consenso interno dentro de Rusia y ofrecer una justificación para oponerse a la hegemonía estadounidense. El Primer Ministro Yevgeny Primakov fue un defensor clave del término, que se decía que creaba una "herramienta" para promover las relaciones con otros bloques de poder (Kratochvil 2002).

El término fue retomado a principios del siglo XXI por Hugo Chávez de Venezuela, quien dijo que "el neoliberalismo es el camino que lleva al infierno", proclamando que Venezuela "izaría la bandera de la soberanía y se sumaría al llamado por un mundo multipolar" (Comas 2002). Chávez siguió esto yendo más allá de su latinoamericanismo para construir relaciones con Rusia, Irán y el mundo árabe.

Incluso grupos financieros occidentales como Morgan Stanley reconocen la multipolaridad emergente y dicen que, si bien "los EE.UU. y la China no se están desvinculando, se están disociando en áreas económicas clave". El grupo dice que es probable que persistan las tensiones entre estas dos potencias y que otras potencias económicas buscarían un "acto de equilibrio". El multilateralismo (en la forma de globalismo liderado por EE.UU., como en la OMC) estaba "en retirada", modelos alternativos se ofrecen y las preocupaciones por la seguridad sanitaria, dado el gran fracaso de Washington para gestionar su propia crisis de COVID-19 (Reich 2020) alentaría un alejamiento del centrismo estadounidense (Morgan Stanley 2020).

No obstante, entre los movimientos regionales opuestos a las ambiciones hegemónicas de Washington, las ideologías de resistencia se han definido principalmente en términos regionales y culturales.

En Oriente Medio, el panarabismo fue puesto en práctica por Michel Aflaq, Gamal Abdel Nasser, Hafez al Assad y otros. Según Nasser, fue la solidaridad árabe "la que constituyó la base firme sobre la que se pudo construir el nacionalismo árabe". La solidaridad árabe fortalecería "a los Estados árabes a través de su cooperación en los campos económico, militar y cultural, y en la esfera de la política exterior" (Dawisha 2002: Capítulo 1). Aflaq describió el credo árabe baazista como una misión para resucitar al pueblo árabe en un "renacimiento" cultural, para revivir la humanidad y la creatividad que han sido suprimidas por las divisiones políticas. Llamó a la unidad, reuniendo "países y pequeños Estados artificiales y falsos" en una sola nación árabe que permitiría la recuperación de su "espíritu íntegro, ideas claras y moralidad recta" (Dawisha 2002: Capítulo 1).

De manera similar, se decía que el panafricanismo de Jomo Kenyatta, Kwame Nkrumah y otros tenía dos objetivos principales iniciales: unir a los afrodescendientes, recordándoles su cultura e historia comunes, y poner fin a la colonización europea (Davis 2018).

En América Latina, ideas de larga data de integración regional, basadas en una historia y cultura común, estaban vinculadas a líderes históricos de la independencia, como Simón Bolívar, José Martí y Túpac Katari. Este latinoamericanismo se utilizó para crear grupos regionales del siglo XXI como el ALBA (Alianza Bolivariana para los Pueblos de las Américas, formada en 2004), UNASUR (Unión de Naciones Suramericanas, creada en 2008) y la CELAC (Comunidad de Estados de América Latina y el Caribe, desde 2011) (Anderson 2013).

El catalizador inmediato del ALBA –que comenzó como una "alternativa" hasta que fue rebautizado como "alianza"– fue construir un bloque radical para descarrilar la propuesta hegemónica del ALCA (Área de Libre Comercio de las Américas) de Washington (ALBAInfo 2014). Al cruzar varias tradiciones latinoamericanas diferentes, el ALBA no intentó imponer un modelo, sino que enunció valores comunes de transformación radical (originalidad, solidaridad popular, igualitarismo, independencia) que eran, en su mayor parte, socialistas (PortalALBA 2021).

El grupo CELAC más amplio reconoció una historia común en la cultura y el anticolonialismo, pero permitió una gama más amplia de economías políticas, enfatizando la inclusión social, el crecimiento equitativo, el desarrollo sostenible y la integración (CELAC 2011).

En Asia Occidental, la antigua idea de una gran nación islámica (Ummah Islamiya) ha sido promovida por Irán y algunos de sus aliados, pero fue socavada por los colaboradores islamistas sectarios de las potencias de la OTAN, como los wahabíes de Arabia Saudita y los Hermanos Musulmanes (Anderson 2014). Aliados como Siria, Palestina, Cuba y Venezuela están más comprometidos con la resistencia pluralista.

Sin embargo, muchos de los objetivos de "una sociedad islámica" han sido definidos por el líder de Irán, el ayatolá Ali Jamenei, en términos bastante seculares, como "una sociedad en la que hay justicia... libertad... en la que el pueblo desempeña un papel en el gobierno de su país. ... [con] dignidad y riqueza nacional... [sin] pobreza y hambre... con avances integrales en áreas científicas, económicas y políticas... una sociedad que avanza constantemente" (Khamenei 2018). Cuando se expresan de esa manera, estos son valores que pueden ser reconocidos por los no musulmanes.

La noción de un "siglo asiático", un concepto regional y un contrapunto a la noción de un "siglo americano", significa un cambio en el peso de las fuerzas productivas y tecnológicas (Neville 2021). Todavía no ha sugerido el surgimiento de un equivalente chino o asiático al régimen imperial en Washington.

Así pues, existe una paradoja con estas agrupaciones emancipadoras regionales, culturales y religiosas: pueden ser tremendamente poderosas como fuentes de inspiración y cohesión, pero no se traducen bien entre comunidades y regiones. Ninguno de ellos, de forma aislada, puede crear una ideología o mitología internacional común con la que enfrentar el proyecto neoliberal hegemónico.

Este es el caso incluso en algunos niveles locales. Por ejemplo, si bien Hezbolá es, con diferencia, el partido más cohesivo y capaz del Líbano, debido a que se define en términos religiosos minoritarios, nunca podrá convertirse en el partido gobernante de esa pequeña nación culturalmente diversa.

Todo esto significa, sugiero, que deberíamos diferenciar entre la inspiración y las adaptaciones de grupos contrahegemónicos; y que el lenguaje de una cooperación multipolar más amplia debe ser más ampliamente humanista que culturalmente específico.

Eso significaría una definición relativamente flexible de valores comunes, tanto a favor como en contra, algo así como:

• No al globalismo neoliberal sino a la defensa de la soberanía y la cultura;

• No privilegiar el liberalismo corporativo sino la mutualidad y la cooperación social;

• No privilegio individualista sino participación social, beneficios sociales y progreso social.

• • • •

2. ¿Se puede construir una cooperación eficaz sobre valores multipolares?

¿Se puede construir una cooperación eficaz en una red multipolar, escapando de la dominación de un único Estado fuerte y más allá de ideologías culturalmente específicas? Ya vemos una serie de iniciativas del siglo XXI, pero ¿hasta qué punto pueden prosperar y ser coherentes?

No hay duda de que los grupos contrahegemónicos todavía están muy lejos de movilizar las capacidades del bloque liderado por Washington, que disfruta de un control casi monopólico sobre las finanzas internacionales y mantiene monopolios de medios bien interconectados. Todo esto a pesar de la sustancial diversificación de la producción, el desarrollo tecnológico y el comercio global.

Sin embargo, hemos visto algunas iniciativas importantes, especialmente desde principios de siglo. La insatisfacción con las instituciones multilaterales dominadas por los EE.UU. (la OTAN, el

Banco Mundial y el FMI, el G7, la OCDE y la OMC) creció a finales del siglo XX hasta el punto en que esas instituciones comenzaron a perder importancia. Y cuando las conversaciones sobre la Organización Mundial del Comercio se paralizaron, a principios de la década de 2000, los nuevos bloques regionales liderados por Washington se enfrentaron a un contrapeso en coaliciones superpuestas de potencias emergentes y sus socios.

La prolongada insatisfacción de China con el Banco Mundial y el FMI (Huang 2015) la ayudó a iniciar la Organización de Cooperación de Shanghai (OCS) y el bloque BRICS. Creada en 2001, la OCS es un enorme bloque contiguo que representa la mitad de la población mundial, una cuarta parte del PIB mundial y más de las tres cuartas partes de la masa continental de Eurasia (*SCO* 2015). Los Estados del grupo transcontinental BRICS, formado en 2006, representan más del 40 por ciento de la población mundial y una cuarta parte del PIB global (BRICS India 2021).

La OCS tiene los objetivos generales de "fortalecer la confianza mutua y la vecindad" y construir "un nuevo orden político y económico internacional democrático, justo y racional" (*SCO* 2015). Los BRICS han desarrollado objetivos políticos y económicos en áreas como la industria, la reducción de la pobreza y la salud pública, objetivos bastante distintos de los del orden neoliberal (Portal de información de los BRICS 2021).

En América Latina, el bloque ALBA conformada por diez naciones (Telesur 2021) se jacta de sus sustanciales logros sociales, especialmente en salud, alfabetización y solidaridad regional (Minrex 2019) a lo largo de sus 17 años de historia. Los 33 miembros más amplios de la CELAC, con su mayor peso económico, formaron casi de inmediato asociaciones con China y la Unión Europea, con planes de acción para el comercio y una amplia gama de áreas de cooperación más específicas (UE-CELAC 2015; COPOLAD

2021), incluida la Plataforma UE-CELAC de cooperación en investigación e innovación (UE-CELAC 2021).

Recientemente, China ha iniciado programas de cooperación estratégica con Irán (*Xinhuanet* 2021) y Venezuela (*Today* 2021). Rusia está haciendo lo mismo, con iniciativas de infraestructura y defensa en Siria, Irán y Venezuela. Los productos farmacéuticos cubanos se venden a Vietnam y se producen en masa en Irán (Frank 2021). Se trata de medidas bastante novedosas que sin duda socavarán el asedio económico impuesto a una serie de naciones independientes de Asia Occidental y América Latina (Escalonilla, 2021). El acuerdo entre China e Irán es ampliamente reconocido como un posible punto de inflexión para la región (Saikal 2021).

En la esfera financiera, el sistema SWIFT, con sede en Bélgica pero controlado por Washington, ha mantenido el dólar estadounidense (a pesar de la reciente "diversificación") como moneda de cambio central (*Reuters* 2020), un elemento clave en la influencia global de Washington. El papel del dólar se ha visto debilitado recientemente por grandes intercambios bilaterales, pero el mecanismo europeo INSTEX, diseñado para evitar las medidas coercitivas unilaterales ("sanciones") norteamericanas contra Estados específicos como Cuba e Irán, aún no ha tenido mucho impacto (*Tehran Times* 2021). El yuan digital controlado por el Banco Central de China podría tener una mayor capacidad en ofrecer una alternativa real al sistema SWIFT y al dólar (Deutsche Bank 2021).

Así, si bien la diversificación en los centros de producción, tecnología y comercio está en marcha, se necesitan iniciativas sustanciales en cooperación estratégica, finanzas y medios de comunicación para dar sustancia a la multipolaridad práctica. Escapar del monopolio del sistema SWIFT se ha convertido en una necesidad económica, en vista del creciente uso por parte de Washington de medidas coercitivas unilaterales contra docenas de países independientes; y se necesitan redes de medios independientes mejor organizadas para enfrentar las ofensivas propagandísticas de un imperio en decadencia.

¿Está bien reconocida la necesidad de multipolaridad en un mundo pos-Washington? ¿Se puede construir una cooperación efectiva sobre valores multipolares compartidos? El declive estratégico y relativo de Washington es evidente y parece verse acelerado por su ansiosa sobreextensión, que lo llevó a emprender una serie de guerras fallidas en Asia Occidental, a castigar a sus aliados por abrir relaciones con Estados independientes y a realizar una serie de amenazas no provocadas contra China.

La entropía natural de este proceso, que ya está en marcha, sugiere una continua disminución del poder estadounidense y el surgimiento de distintos bloques regionales, aunque sólo sea por razones de autopreservación. Se han formado importantes agrupaciones contrahegemónicas en Asia y América Latina. Los contrapesos en la producción y el comercio ya están generalizados. Sin embargo, la coherencia y la independencia definitiva de estas agrupaciones independientes aún requieren una mayor claridad en los objetivos compartidos, la cooperación estratégica, una nueva arquitectura financiera y redes de medios sólidas.

• • • •

Referencias

ALBAInfo (2014) 'What is the ALBA? online: https://albainfo.org/what-is-the-alba/

Anderson, Tim (2013) 'Chávez and Regional Integration', in Luis Fernando Angosto-Ferrandez (Ed) Democracy, Revolution and Geopolitics in Latin America, Routledge, available at: https://counter-hegemonic-studies.site/wp-content/uploads/2020/12/5-anderson-chavez-2013.pdf

Anderson, Tim (2014) 'Wahhabis, the Brotherhood and the Empire: Syria and the Limits of Political Islam', available online: https://ingaza.wordpress.com/2014/08/29/excerpts-from-a-detailed-2-part-article-wahhabis-the-brotherhood-and-the-empire-syria-and-the-limits-of-political-islam/

Bello, Walden (2019) 'China: An Imperial Power in the Image of the West?', 2 October, online: https://focusweb.org/publications/china-an-imperial-power-in-the-image-of-the-west/

BRICS Information Portal (2021) '13th BRICS Summit Pledges to Build on Multilateralism and Reform UN Security Council', online: https://infobrics.org/

BRICS India (2021) 'Evolution of BRICS', online: https://brics2021.gov.in/about-brics

CELAC (2011) 'Caracas Declaration', Summit of the Community of Latin American and Caribbean States (CELAC), online: http://www.pnuma.org/forodeministros/19-reunion%20intersesional/documentos/CARACAS%20DECLARATION.pdf

CFR (2021) 'China's Approach to Global Governance', online: https://www.cfr.org/china-global-governance/

Comas, José (2002) 'Hugo Chávez: 'El neoliberalismo es el camino que conduce al infierno', El Pais, 17 May, online: https://elpais.com/diario/2002/05/17/internacional/1021586404_850215.html

COPOLAD (2021) Thematic Areas, online: http://copolad.eu/en/areastematicas

Dawisha, Adeed (2002) 'Defining Arab Nationalism', in Arab Nationalism in the Twentieth Century: From Triumph to Despair, Princeton University Press, Princeton, N.J., online: http://assets.press.princeton.edu/chapters/s7549.pdf

Davis, Ben (2018) 'What was the first goal of the Pan-African Movement?' MVOrganizing, 11 November, online: https://www.mvorganizing.org/what-was-the-first-goal-of-the-pan-african-movement/

Deutsche Bank (2021) 'Digital Yuan: what is it and how does it work?' 14 July, online: https://www.db.com/news/detail/20210714-digital-yuan-what-is-it-and-how-does-it-work

Engdahl, F. William (2009) Full Spectrum Dominance: Totalitarian Democracy in the New World Order, Boxborough, MA, Third Millennium Press

Escalonilla, Alvaro (2021) 'Syria and Iran strengthen economic cooperation to counter "oppressive sanctions imposed by enemies"', Atalayar, 30 August, online: https://atalayar.com/en/content/syria-and-iran-strengthen-economic-cooperation-counter-oppressive-sanctions-imposed-enemies

EU-CELAC (2015) EU-CELAC Action Plan, Summit 2015 Brussels, online: http://alcuenet.eu/assets/25.%20Action%20Plan%20Brussels%20EU-CELAC%202015.pdf

EU-CELAC (2021) 'About Us', online: https://www.eucelac-platform.eu/

Falk, Richard and Virginia Tilley (2017) 'Israeli Practices towards the Palestinian People and the Question of Apartheid', Middle East Policy Council, Vol. XXIV, No 2, online: https://mepc.org/journal/israeli-practices-towards-palestinian-people-and-question-apartheid

Frank, Marc (2021) 'Cuba kicks off COVID-19 vaccine exports with shipment to Vietnam', Reuters, 26 September, online: https://www.reuters.com/business/healthcare-pharmaceuticals/cuba-kicks-off-covid-19-vaccine-exports-with-shipment-vietnam-2021-09-25/

Graebner, Norman (1988) 'Multipolarity In World Politics: the Challenge', VQR, Summer online: https://www.vqronline.org/essay/multipolarity-world-politics-challenge

Grunberg, Isabelle (2009) 'Exploring the "myth" of hegemonic stability', International Organization[1], Volume 44[2], Issue 4[3], Autumn 1990, pp. 431 – 477, online: https://doi.org/10.1017/S0020818300035372

Huang, Cary (2015) 'China frustrated by delayed reforms to increase its say at IMF', SCMP, 20 April, online: https://www.scmp.com/news/china/economy/article/

---

1. https://www.cambridge.org/core/journals/international-organization
2. https://www.cambridge.org/core/journals/international-organization/volume/300DFE9C32773715C27C2885BE0ED3A1
3. https://www.cambridge.org/core/journals/international-organization/issue/28E860CA3FAE89EB760AD2249586AB33

1771630/china-frustrated-delayed-reforms-increase-its-say-imf

Keohane, Robert, O (1984) After Hegemony: Cooperation and Discord in the World Political Economy, Princeton University Press, Princeton, N.J.

Khamenei, Ali (2018) 'What does "Islamic society" mean? Imam Khamenei explains', 21 February, online: https://english.khamenei.ir/news/5484/What-does-Islamic-society-mean-Imam-Khamenei-explains

Kindleberger, Charles, P. (1981) 'Dominance and Leadership in the International Economy: Exploitation, Public Goods, and Free Rides', International Studies Quarterly, vol. 25, June

Kratochvil, Petr (2002) 'Multipolarity, American theory and Russian practice', CEEISA, Moscow, online: https://www.files.ethz.ch/isn/31431/ 2002-00-Multipolarity.pdf

Marti, José (1891) Our America, available at: https://writing.upenn.edu/library/ Marti_Jose_Our-America.html

Minrex (2019) 'Declaration of the XVII Summit of Heads of State and Government of ALBA-TCP. 15 years in defense of unity, peace and integration', 15 December, online: http://misiones.minrex.gob.cu/en/articulo/ declaration-xvii-summit-heads-state-and-government-alba-tcp-15-years-defense-unity-peace-0

Morgan Stanley (2020) Five reasons for the trend towards Multipolarity', 17 July, online: https://www.morganstanley.com.au/ideas/five-reasons-for-the-trend-towards-multipolarity

Neville, Laurence (2021) 'The Asian Century', GFMag, 5 March, online: https://www.gfmag.com/magazine/march-2021/asian-century

OHCHR (2021) International Covenant on Civil and Political Rights, online: https://www.ohchr.org/EN/ProfessionalInterest/Pages/CCPR.aspx

PortalALBA (2021) ¿Qué es el Alba? online: https://portalalba.org/que-es-el-alba/

Reich, Robert (2020) 'America has no real public health system – coronavirus has a clear run', The Guardian, 15 March, online: https://www.theguardian.com/commentisfree/2020/mar/15/america-public-health-system-coronavirus-trump

Reuters (2020) 'Chinese banks urged to switch away from SWIFT as U.S. sanctions loom', 29 July, online: https://www.reuters.com/article/us-china-banks-usa-sanctions-idUSKCN24U0SN

Saikal, Amin (2021) 'Iran–China strategic agreement could be a game-changer', The Strategist, 29 March, online: https://www.aspistrategist.org.au/iran-china-strategic-agreement-could-be-a-game-changer/

Schmidt, Helmut (1998) 'The Grand Chessboard: American Primacy and Its Geostrategic Imperatives',

Review of Zbigniew Brzezinski (1997) The Grand Chessboard, online: https://ciaotest.cc.columbia.edu/olj/fp/schmidt.html

Schwenninger, Sherle (2003) 'The Multipolar World Vs. The Superpower', The Globalist, 5 December, online: https://www.theglobalist.com/the-multipolar-world-vs-the-superpower/

SCO (2015) 'The Shanghai Cooperation Organisation', online: http://eng.sectsco.org/about_sco/

Slater, Alice (2018) 'The US Has Military Bases in 80 Countries. All of Them Must Close', The Nation, 24 January, online: https://www.thenation.com/article/archive/the-us-has-military-bases-in-172-countries-all-of-them-must-close/

Tehran Times (2021) Iran blames EU on INSTEX ineffectiveness', 18 January, online: https://www.tehrantimes.com/news/457059/Iran-blames-EU-on-INSTEX-ineffectiveness

Telesur (2021) 'ALBA-TCP Holds XIX Summit of Heads of State in Venezuela', 24 June, online: https://www.telesurenglish.net/news/ALBA-TCP-Holds-XIX-Summit-of-Heads-of-State-in-Venezuela-20210624-0024.html

Today (2021) 'Venezuela and China agree to deepen their comprehensive strategic partnership', 27 September, online: https://today.in-24.com/News/389978.html

U.S. Department of Defense (2000) Joint Vision 2020, available at: https://mattcegelske.com/joint-vision-2020-americas-military-preparing-for-tomorrow-strategy/

Xinhua (2020) 'Xi's UN speech shows "clearly focused vision,'" says renowned expert', 23 September, online: http://www.xinhuanet.com/english/2020-09/23/c_139390200.htm

Xinhuanet (2021) 'China, Iran sign agreement to map out comprehensive cooperation', 28 March, online: http://www.xinhuanet.com/english/2021-03/28/c_139841044.htm

17. ¿Por qué Asia occidental después de Washington?

Los pueblos de Asia occidental han sufrido intervención, recolonización, división y desestabilización durante el siglo pasado, y este siglo está produciendo una nueva ola de invasiones, guerras patrocinadas y asedio económico. Se trata de un gran contraste con lo que Anis Naqqash llamó un relativo "estado de unidad imperial" en el Levante durante los siglos de dominio otomano. El "triángulo Sykes-Picot-Balfour" cambió todo eso (Naqqash 2021), con la aplicación británica y francesa del principio divide y vencerás. Posteriormente, las guerras del Pentágono por un Nuevo Oriente Medio en el siglo XXI buscaron profundizar esas divisiones.

Ahora que el plan estadounidense está fracasando, podemos observar dos procesos dialécticos. En primer lugar, están aquellos pueblos que se organizaron para resistir las incursiones (como en Irán, Siria, el gobierno revolucionario en Yemen y grupos de resistencia bien organizados en el Líbano e Irak) que han enfrentado ataques masivos pero también desarrollaron una tremenda voluntad política y cohesión; el tipo de voluntad que es necesaria para la construcción de estructuras sociales y Estados independientes. En segundo lugar, está la imprudente ejecución por parte de Washington de una agenda hegemónica despreciada que ha ayudado a acelerar la formación de redes compensatorias, particularmente en América Latina y en Asia Oriental y Occidental. Las repetidas provocaciones a Irán, Rusia y China han ayudado a impulsar la creación de nuevas redes comerciales, de inversión, de medios y, más recientemente, financieras.

Los seres humanos son criaturas sociales que disfrutan de los beneficios de la cooperación basada en estructuras sociales locales responsables. El individualismo extremo no puede ayudar a una especie que pasa muchos años convirtiendo a los niños en adultos. Respondemos a los ataques externos (y necesariamente irresponsables) movilizándonos y reconstruyendo. Esta funcionalidad existe en todas las sociedades, antes de que la disfunción la supere. Cuando las sociedades están bajo ataque externo, el desarrollo social funcional no puede continuar hasta que se eliminen las amenazas. Pero después de eso, el desarrollo responsable puede recurrir a la matriz cohesiva de la cultura y los valores locales.

Asia Occidental ha carecido del espacio necesario para la reconstrucción durante el último siglo. Las divisiones, guerras e intervenciones impuestas han bloqueado la construcción de redes compartidas que los pueblos privilegiados dan por sentado. Las barreras étnicas, culturales y religiosas han sido impuestas en la región por los Estados de la OTAN que, por su parte, cimentan y aprovechan su fuerza combinada a través de federaciones, uniones aduaneras y "coaliciones de voluntades" guerreras.

El desarrollo indígena –en lugar de estructuras impuestas externamente– presupone un período de consolidación después de la derrota y repulsión de invasiones e intervenciones. Las redes y estructuras construidas para derrotar a los enemigos bien pueden constituir la base de la construcción civil. En cualquier caso, son necesarias nuevas alianzas y uniones para protegerse contra nuevos ataques y defender los logros sociales y políticos. Ésta es una lección que se repite a menudo en la historia colonial y poscolonial de América Latina, desde Bolívar hasta Martí y Chávez. A finales del siglo XIX, José Martí destacó la necesidad de proteger a las nuevas repúblicas de América de la depredación europea o norteamericana. "¡Los árboles deben formar filas para bloquear al gigante de siete leguas!" Martí (1891: 119) lo afirmó en su famoso ensayo "Nuestra América". Un siglo después, antes de ser elegido presidente de Venezuela, Hugo Chávez dijo ante una audiencia en la Universidad de La Habana: "No es aventurerismo pensar en un proyecto político, una asociación de Estados latinoamericanos. ¿Por qué no pensamos en eso? ¿Por qué seguir fragmentados?" (Anderson 2018: 14 min). Durante el resto de su vida, Chávez permaneció centrado en ese proyecto, desempeñando un papel importante en la creación de los grupos regionales ALBA, UNASUR y CELAC (Anderson 2013).

Esa lección de unión frente a una gran potencia no ha pasado desapercibida para los pueblos de Asia Occidental, pero queda mucho terreno por recuperar. Se necesitan estructuras sociales resistentes en todos los niveles para consolidar la derrota del esquema del Nuevo Oriente Medio con sus objetivos sectarios y divisivos. Pero ¿cómo y sobre qué valores se puede construir esa unión? No habrá acuerdo al respecto en toda la región y es probable que la inspiración para la movilización y la unión difiera. Naqqash (2021) dice que ninguna nación, por poderosa que sea, puede unir la región. Ni el nacionalismo árabe ni las ideas de una comunidad islámica más grande han logrado hasta ahora unir y socializar la región y liberar a Palestina. En esas circunstancias, pidió una Confederación Levantina sin la hegemonía de ninguna secta. Lo que debe significar identificar valores humanos comunes inspirados pero no vinculados a culturas distintas.

En muchos aspectos eso está sucediendo de manera informal. Si bien la República Islámica de Irán mantiene su enfoque en la civilización islámica, es claro que su cooperación con aliados clave (como China, Rusia y Venezuela) se basa en valores compartidos entre distintas culturas. Por otro lado, la mayoría de las monarquías del Golfo Pérsico, nominalmente islámicas, en un momento u otro se han aliado con Washington, oponiéndose directamente a Irán e incluso han patrocinado la masacre de musulmanes chiítas por parte de grupos armados sectarios. Incluso dentro del Levante ha sido evidente durante décadas que persisten las alianzas más fuertes entre el Irán islámico chiita, la Siria y el Líbano seculares o pluralistas y los grupos de resistencia palestinos nacionalistas, socialistas y suníes. En qué se basará y cómo se llamará esta alianza es precisamente una cuestión de los pueblos de Asia Occidental.

Mientras Washington arrastra a gran parte del mundo a su vórtice de guerra paranoica, es importante recordar que la resistencia, la alianza y la cooperación abren nuevas posibilidades. La progresiva derrota de las guerras de decadencia hegemónica y la retirada de este monstruo nos permiten anticipar y planificar el desmantelamiento de la colonia israelí, la construcción de un puente terrestre iraní y la consideración de nuevas posibilidades en una Confederación Levantina y un mundo multipolar. Son absolutamente necesarias nuevas estructuras sociales y regionales inclusivas y sólidas para aprovechar esas oportunidades. Uno de ellos es un bloque regional que proporcionará una plataforma para negociar los términos de compromiso con la multipolaridad emergente.

Referencias

Anderson, Tim (2013) 'Chavez and American Integration', in Luis Fernando Angosto-Ferrandez (Ed), *Democracy, Revolution and Geopolitics in Latin America*, Routledge, New York, online: https://www.taylorfrancis.com/chapters/edit/10.4324/9781315890111-2/chávez-american-integration-tim-anderson

Anderson, Tim (2018) 'ALBA Part One Cuba and Venezuela, when Chavez met Fidel', YouTube, online: https://www.youtube.com/watch?v=p7_kj9v73C8

Martí, Jose (1891) 'Our America', in Jose Marti (1999) *Jose Marti Reader: writings on the Americas*, Ocean Press, Melbourne

Naqqash, Anis (2021) Proposal for a Levantine Confederation, online: https://counter-hegemonic-studies.site/naqqash-1/